U0946314

“四化”推进下的黑龙江省
产业结构升级研究

谢金箫　著

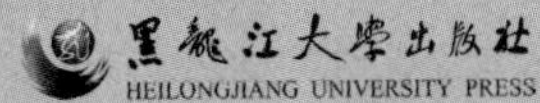

图书在版编目（CIP）数据

“四化”推进下的黑龙江省产业结构升级研究 / 谢金箫著. -- 哈尔滨 : 黑龙江大学出版社, 2017.2
ISBN 978-7-5686-0037-8

Ⅰ. ①四… Ⅱ. ①谢… Ⅲ. ①区域产业结构—产业结构升级—研究—黑龙江省 Ⅳ. ①F127.35

中国版本图书馆CIP数据核字（2016）第180758号

“四化”推进下的黑龙江省产业结构升级研究
SIHUA TUIJIN XIA DE HEILONGJIANG SHENG CHANYE JIEGOU SHENGJI YANJIU
谢金箫 著

责任编辑 肖嘉慧
出版发行 黑龙江大学出版社
地　　址 哈尔滨市南岗区学府三道街36号
印　　刷 哈尔滨市石桥印务有限公司
开　　本 720×1000 1/16
印　　张 14.25
字　　数 255千
版　　次 2017年2月第1版
印　　次 2017年2月第1次印刷
书　　号 ISBN 978-7-5686-0037-8
定　　价 43.00元

前 言

改革开放以来，中国经济以年均 10% 的增长率高速增长。2010 年，中国经济总量超过了日本，成为仅次于美国的第二大经济体。中国的经济增长不仅体现在增长速度方面，也体现为经济结构不断得到优化。但近几年随着经济体制改革的深化，中国农业现代化水平较低、工业结构失衡、产能过剩严重、滞后城镇化问题以及工业化与信息化融合的程度较低等一系列问题日益凸显，经济下行压力逐步增加，产业结构升级迫在眉睫。

通常情况下，在一国或地区经济发展的不同阶段，工业化、城镇化、农业现代化以及信息化对经济增长的贡献也不同。经济发展的最初阶段，通常通过工业化带动经济增长。而随着本国工业经济的快速发展，本国的城镇化进程加快。在本国工资水平不断增长时，本国的农业现代化则能够释放出大量农村剩余劳动力，通过“三化”推进从而实现城乡发展一体化。如果想要通过创新驱动实现经济的持续发展，那么则需要信息化的推动。中国政府所提出的“工业化、城镇化、农业现代化以及信息化”的同步发展正是以此为基础，通过“四化”的同步发展，能够实现中国经济更加和谐的发展。而黑龙江省产业结构有着自身的特征，同时产业结构升级也面临着很多问题，故通过“四化”推进来实现黑龙江省产业结构调整与升级意义重大。

本书构建了包含规模经济和垄断竞争的数理模型，在这种框架下发展了工业化、城镇化、农业现代化、信息化以及“四化”同步发展促进产业结构升级的理论模型。由此提出了三个理论假说：

(1)随着本国的创新驱动，工业化与信息化深度融合的推进，本国或者本地区的产业结构出现了升级，并且经济具有可持续增长性，即创新引起了本国经济的可持续增长。

(2)随着工业化与城镇化良性互动的推进，本国或者本地区需求将会增加，从而产业结构会出现升级。

(3)从供给的角度来看，城镇化与农业现代化的相互协调的推进会导致经济系统中农业产值比重的增加,但是从需求的角度来看,城镇化与农业现代化的相互协调则会带来产业结构的升级。

至于某一阶段经济系统是否出现升级,则完全取决于供给和需求共同带来的效应。此外,研究中还发现工业化、城镇化以及农业现代化通过一系列的因素影响着产业结构的升级,其中包括劳动密集型与资本密集型产业之间的要素密集度的高低差异、农产品在消费者效用函数中的重要性、城乡居民的收入差距、经济系统中居民的数量等。

使用2000~2012年全国31省份的面板数据,根据个体面板效应研究证实了理论假说:通过"四化"同步推进能够有效地促进黑龙江省产业结构的升级,不同的因素对不同产业的占比影响较大。

(1)工业化和城镇化主要提升了第二产业占比,而信息化则主要提升第三产业占比,农业现代化对第二和第三产业影响并不明显。

(2)工业化与信息化的深度融合、工业化与城镇化的良性互动、城镇化与农业现代化的相互协调都能促进中国第三产业的比重不断上升,这也是中国产业结构实现不断升级的重要内容。"四化"融合因素对产业结构的影响更像工业化中后期产业结构调整的情况,第一产业比重基本保持不变,第二产业比重降低,第三产业比重提升。

(3)"四化"同步发展对产业结构的调整升级主要表现为第三产业的比重增加,而对第二产业的比重则产生负向影响,"四化"同步需要依靠"四化"相互融合。"四化"融合对非农产业整体产生了正的额外效应。"四化"同步发展对产业结构升级的影响主要体现在第三产业的增加方面,这种升级在工业化后期显得尤为重要。

尽管工业化、城镇化以及农业现代化的协调发展能够促进经济的增长,但是由于缺乏原动力,增长在一定时点后出现停滞。而创新则能够促进经济的可持续增长,主要通过创新驱动工业化、创新驱动城镇化、创新驱动农业现代化以及创新驱动信息化来实现。在创新的过程中,我们应通过信息化来引领创新驱动,充分将信息化与工业化深度融合、促进城镇化与工业化良性互动以及城镇化与农业现代化协调推进来实现"四化"的同步发展。通过改变需求或者供给,"四化"能够促进产业结构的升级。随着创新驱动下的产业升级,本国或者本地区的产业结构随之实现了优化与升级。

根据本书的研究结论,我们从中得到如下政策启示:

(1)不同国家或者地区应当有针对性地发展本国或者本地区的"四化",制定一些差异化的政策弥补本国或者本地区“四化”中相对不足的因素，为“四化”同步发展铺平道路。

(2)本国或者本地区需要在产业发展梯度、消费结构、资本积累、城乡结构、农业发展等方面做出全面的协调，以促进产业结构的调整与优化升级。

(3)由于不同地区有着不同的产业结构，故不同的“四化”同步或者“四化”融合对不同产业的影响存在较大的差异。因此，在制定地区产业结构升级战略目标时，需要根据本省或本地区现有的产业结构对“四化”同步或者“四化”融合进行选择使用。

(4)创新是地区发展的根本，而国家或者地区可以选择技术以及制度创新，将创新与“四化”充分结合，实现以“创新驱动”引领“四化”同步发展，进而影响产业结构升级。

(5)对于特定地区的发展，除了解决一般性的问题之外，需要对现有的资源进行重新配置，依托本地区已有的优势结合最新的研究成果，实现交叉综合发展来弥补现有产业结构的不足，并最终实现产业结构升级。

目　录

第1章 概 述

1.1 研究背景

改革开放以来,中国经济高速增长。在1997年的亚洲金融危机和2008年的全球金融危机期间,中国经济仍然保持着较高的增长率。2012年,在全球经济尚未得到恢复之际,中国的国内生产总值仍然保持着7.8%的高增长率,明显高于主要发达国家和其他新兴经济体。然而,在经历了30多年的持续增长之后,中国的经济也出现了增长动力不足的迹象。2013年国内生产总值增长率出现了下滑,仅为7.7%,如何刺激我国经济在未来一个长时期内保持稳定增长是我国当前亟待解决的问题。当前中国经济是大而不强,面临的主要任务是实现经济由大到强的转变,在新的层面打开新的产业发展空间。改革开放后的快速增长带来了一系列的问题,而这些问题也是导致中国产业结构失衡的关键。2016年5月,习近平总书记在黑龙江考察调研时指出:制约黑龙江发展的主要因素有“三偏”,就是产业结构偏重、民营经济偏弱、创新人才偏少,要坚持把转方式、调结构作为振兴发展的重中之重。整体而言,中国的农业现代化水平较低、工业结构失衡、产能过剩严重、滞后城镇化问题日益凸显以及工业化、信息化、城镇化、农业现代化相互协调、融合的程度较低等都是实现经济由大到强必须解决的主要问题。

1.1.1 农业现代化水平较低

农业现代化的水平落后既包括机械化水平的落后,也包括经营管理方面的落后。如果说农业机械化是农业现代化的一个“硬件”标准,是农业现代化的一个初级状态;那么,农业现代经营管理则是农业现代化的“软件”标准,是农业现代化的一个高级状态。

当前,中国的农业正在从传统农业向现代农业转变,但是在这一过程中规模化经济仍然相对滞后。小规模独户耕作面临着种植成本不断上升、农村剩余劳动力不断减少等一系列的问题,这些问题不断地阻碍着中国现代农业的发展,从而“倒逼”中国农业走向规模化以及集约化经营的道路。尽管在一些地区试行农村合作社组织,通过生产要素集中以实现规模化经营,但是,农业规模化经营和现代农业的发展有着一定的前提条件,其中最为关键的因素是土地流转。只有土地实现了流转,才能把比较小块的农地集中起来进行规模化耕作。而在2013年11月召开的十八届三中全会也传来了好消息,其为农业现代化铺平了道路。

中国的农业现代化与国外相比,更大的差距是在农业机械化水平方面。《中国农村统计年鉴》(2012)显示:中国的大型拖拉机从1990年的81.4万台增加到2011年的440.6万台,增长了约4.4倍;联合收割机从3.9万台增加到111.4万台,增长了约27.6倍。尽管在这期间中国农业机械化水平取得了大幅进展,但是与其他国家相比,中国的农业机械化水平仍然偏低。

农用拖拉机的数量直接决定该国的农业生产机械化的水平,影响农业生产过程中物资以及农产品的运输情况。与主要农业国家的农用拖拉机水平比较(单位:台/平方千米可耕种土地),2012年中国的每平方千米可耕种土地拥有大中型农用拖拉机数量仅为0.92台,明显低于巴西(1.11)、加拿大(1.66)、德国(6.43)、意大利(1.24)、日本(20.36)、荷兰(4.13)、新西兰(16.99)、波兰(4.59)、泰国(5.44)、乌克兰(7.37)、美国(2.69)。当前中国的大中型农用拖拉机的数量还比较小,这与中国小规模农业生产有着直接的关联,这一点可以从我们下面的数据中看出。2011年,中国的小型农用拖拉机数量为1 811.3万台,大中型农用拖拉机数量为440.6万台,前者是后者的约4.11倍。如果将小型农用拖拉机纳入统计,那么中国每平方千米可耕种土地拥有大中型农用拖拉机数量将达到4.7台,与荷兰、波兰等国家几乎持平。换句话说,中国的农用拖拉机在结构上同样存在较大的问题,具体体现在大中型农用拖拉机在农用拖拉机中比重偏低,小型农用拖拉机比重偏高。这也从侧面反映了中国农业在现阶段仍然以小规模经营为主,缺乏大规模化的经营。

农业现代化与农村工业化是相辅相成的。没有农村工业化水平的提高,农业现代化的进程就会受到影响,也难以推动传统农业文明与现代工业文明的不断融合和小农生产向现代工业、企业生产方式的转变。为了发展县域经济,各地区农村工业化得到了快速发展,但也对生态环境造成了严重破坏,农村工业污染影响了现代生态农业的发展环境,而且农村工业企业规模普遍较小,不利于工业化效率的提高,也不能有效推进农业现代化进程。我国农村工业化地区间发展差距进一步拉大,中西部地区农村工业化发展严重滞后,导致其县域经济发展滞后,进入百强县的数量很少。

黑龙江是农业大省和粮食主产区，长期以来为国家粮食安全做出了重要贡献。自2010年以来，粮食总产量、商品量、调出量保持全国第一，成为维护国家粮食安全的一块“压舱石”。2016年5月，习近平总书记在黑龙江考察调研时强调，坚持把发展现代农业作为振兴发展的重要内容，以稳定的粮食生产为抓手增强农业综合生产能力。当前，我国粮食生产供需仍处于紧平衡状态，农业主要矛盾已由总量不足转变为结构性矛盾。解决这一矛盾，重在推进农业供给侧结构性改革，增强农业综合生产能力，提高农业综合效益和竞争力。2015年我国进口大豆8 000多万吨，占世界大豆贸易的70%左右，占国内大豆消费量的80%以上，成为世界第一大进口国。黑龙江作为大豆传统优势产区，近年来种植面积不断缩减，非转基因大豆市场份额大幅下降。但黑龙江土地广阔、地力肥沃、水系发达、光照充足，农业经营规模大、机械化程度高，基础非常好。所以，黑龙江有条件，有底气，更有潜力，在现有成绩的基础上，以总书记重要要求为指引，继续一往无前、改革创新，要坚持发展现代农业方向，争当农业现代化建设排头兵，坚持以构建产业体系、生产体系、经营体系为抓手，加快推进农业现代化。

1.1.2 工业结构失衡，产能过剩严重

改革开放后，中国制造业逐步开始做大做强。2010年，中国的制造业产值高达1.955万亿美元，占全球制造业总产值的19.8%；美国制造业产值1.952万亿美元，占全球制造业总产值的19.4%。中国制造业总产值首次超过美国。[①] 2011年，中国制造业产值又有小幅提高，制造业产值高达2.34万亿美元，占全球制造业总产值的比重为19.9%，略高于美国的1.9万亿美元和18%的比重，成为全球制造业大国之一。[②] 据中国社科院相关资料，在世界500种主要工业品中，中国有220种产品产量居全球第一位，其中粗钢、电解铝、水泥、精炼铜、船舶、计算机、空调、冰箱等产品产量都超过世界总产量的一半。据德勤和美国竞争力委员会发布的《2010全球制造业竞争力指数》报告，2010年中国制造业竞争力指数在被评的26个国家中排名第一。[③] 整体而言，中国的制造业从规模上在全球具有领先地位。

尽管中国已经成为第一制造大国，但中国的产能过剩问题不能不引起注意。中国的汽车、钢铁、水泥、电解铝、农业、不锈钢、光伏、玻璃等出现了全面的过剩，其

---

① 资料来源：http://finance.sina.com.cn/roll/20110316/11209540563.shtml。

② 资料来源：http://www.qstheory.cn/zxdk/2013/201308/201304/t20130412_222730.htm。

③ 资料来源：http://finance.chinanews.com/cj/2012/09-04/4157349.shtml。

中光伏产能过剩率高达95%、玻璃产能过剩率高达93%。大量产品产能过剩导致中国的经济面临着巨大的风险,以光伏产业为例,尚德、赛维LDK等知名光伏企业在2012年和2013年纷纷倒闭和重组。尽管国家对光伏企业给予了不同程度的扶持,但是很多企业不得不退出市场,光伏产业也逐步从一些高新技术园区退出战略规划。

虽然产能过剩在一些国家的部分行业普遍存在,但是中国的产能过剩仍然是偏高的,尤其是在某些行业极为明显。据国家统计局调查,2013年上半年中国的产能利用率为78%。OECD(经济合作与发展组织,简称经合组织)公布的*Business Tendency and Consumer Opinion Surveys*的数据显示,2013年第一季度OECD国家中新西兰产能过剩率为8.5%、奥地利为15.1%、法国为17.7%、德国为17.8%、英国为18.8%,远低于中国产能过剩率(22%)。美国的产能过剩率与中国持平,丹麦(22.1%)、荷兰(23%)、葡萄牙(26.5%)、西班牙(31.3%)、意大利(31.5%)等国家产能过剩率高于中国。尽管从上述数据来看,中国产能过剩率不算太高,但相关研究指出国家统计局公布的中国的产能过剩率可能比实际值要小得多。换句话说,中国的产能过剩率被低估了。如果事实果真如此,那么中国的产能过剩是相对较为严重的。更为关键的是,中国的产能过剩在某些行业特别明显。仔细探究我们不难发现,中国的产业结构出现了问题:某些行业过度发展,而某些行业发展却严重不足。

我国经济发展正处于转方式、调结构的紧要关口,既是爬坡过坎的攻坚期,也是大有作为的窗口期。2016年5月,习近平总书记在黑龙江考察调研时强调,制约黑龙江振兴发展的突出因素是结构问题。改造升级“老字号”就是要巩固壮大传统优势产业,让老树发新芽。黑龙江特殊的资源禀赋和产业布局不要当作包袱,而是要做好改造升级工作,用先进适用技术改造传统产业,不仅投资少、见效快,而且不需要铺新摊子。要用信息化、绿色化、服务化改造传统产业。同时要深度开发“原字号”,要推动传统优势产业链条向下游延伸。要以“油头化尾”为抓手,推动石油精深加工。要以“煤头电尾”“煤头化尾”为抓手,推动煤炭精深加工。要以“粮头食尾”“农头工尾”为抓手,推动粮食精深加工。

1.1.3 城镇化发展滞后问题日益凸显

改革开放后,中国的工业化取得了快速发展,但是中国的城镇化率推进十分缓慢。对于中国这样一个大国,如何实现城镇化是需要深入探讨的问题。早在20世纪80年代,学术界就对中国城镇化发展道路进行了激烈的争辩,其中最有代表性的两种观点是:小城镇化发展与大都市发展。经过三十多年的发展,无论是大城市还是小城镇都有所进展,但是中国的城镇化率仍然很低。

世界银行对城镇化率的定义是,只有既在城市生活(半年及半年以上)又在城市工作的人群才能算作是城市人口,城镇化率为城市人口与一国(或地区)总人口的比值。按照这一定义,第六次全国人口普查数据显示2010年中国的城镇化率仅为51%。相比城镇化率,中国的工业化显得较为超前。2011年,第二产业增加值占GDP的比重为45.3%,第三产业增加值占GDP的比重为44.6%,第一产业农业人口庞大。

通常而言,一国的工业化与城镇化能够相互促进,共同发展。工业化为城镇化提供产品供给和就业岗位,而城镇化为工业化提供大量的产品需求。纵观全球城镇化与工业化历程,部分国家出现了超前城镇化,如拉美的一些国家;部分国家出现同步化,如美国等。整体而言,尽管有众多国家也出现了城镇化滞后的问题,但是这些国家的滞后城镇化并不算太严重。根据中国与主要国家的城镇化率与工业化率的关系(该指标可以衡量一国城镇化滞后的程度)①,我们可以发现,中国的城镇化水平远低于罗马尼亚、俄罗斯、墨西哥等发展中国家,甚至低于肯尼亚、印度等国家。城镇化与工业化发展的关系通常会表现出平衡联动或者不平衡联动,其中不平衡联动又可以分为滞后城镇化和超前城镇化。长期的滞后城镇化会引起整个国家的产业结构、就业结构、分配结构等出现扭曲,从而影响经济长期增长。

从城市的建成区来看,中国的城市的城区面积在改革开放后扩大了数倍。但是中国的城镇化是伪城镇化,长期居住在大中城市的农民工群体在城市内部缺乏必要的生活保障。十八大明确了“新型城镇化”的内涵,中央和地方政府也提出要积极稳妥地推进城镇化的发展,提高整个城镇化的质量。在过去的数年中,由于大量农村剩余劳动力的存在,工业部门可以用比较低廉的价格雇用生产过程中所需的劳动力。农民工虽然能够在城市工业部门就业,但是他们的收入仍然是偏低的。在这种情况下,中国的工业化发展主要依赖于低廉的劳动力成本以及国外市场的需求,从而导致中国的滞后城镇化越来越显著。在这种情况下,推行“新型城镇化”显得尤为必要,农民工群体的收入水平会逐步提升,国内需求将迅速增加,农民工的收入水平也有望快速增长,工业化和城镇化可以得到良性发展。

---

① 该指标的计算方法是:城镇化率/工业增加值占GDP比重。通常认为该比值在1.4~2.5之间比较合理,工业化与城镇化同步。

1.1.4 工业化与信息化融合程度较低

当前,中国的工业化发展延续着西方国家的老路,主要依靠劳动力成本的优势发展劳动密集型产业。整体而言,中国的工业化仍然属于低端工业化,中国出口的产品主要是劳动密集型产品。随着中国农业现代化、城镇化的发展,中国居民对中高端工业品将会有更多的需求。在过去的二十年内,中国在劳动力成本上具有较大的优势,本国的劳动力技术相对较为娴熟,加之政局稳定以及投资环境较好,从而成为大量外资的首选地区。在低廉的劳动力成本和大量的外资流入的作用下,中国的工业化不断地向前推进。但是我们也发现,近些年中国的劳动力成本上涨明显,比较优势正在逐步丧失,中国工业产值有大幅下滑的趋势。在产品供应链中,中国一直处于低端,如何用现代工业取代传统工业是中国当前面临的重要难题。

现代工业的发展需要电子信息的支撑,只有将电子信息工业与传统工业相融合才能提高工业生产效率。为了能够测度工业化与信息化融合的程度,中国电子信息产业发展研究院构建了“两化”融合发展指数。根据《中国区域“两化”融合发展水平评估报告》(2013),2012 年中国的“两化”融合指数并不高,平均值仅达到 59.07,远低于西方发达国家和新兴经济体。其中,江苏省的“两化”融合指数最高,达到 82.35,但这一指数仍然与发达国家有着一定的差距。更加需要引起我们注意的是,中国区域之间的“两化”融合指数差距极其之大,排名倒数第二的贵州“两化”融合指数仅为 41.8,约为江苏的 50%,而西藏的“两化”融合指数则更低,仅为 29.02。中国的“两化”融合发展水平较低背后有着深刻的原因,而其中主要原因是中国信息化发展水平并不算高。尽管我们看到中国手机拥有量、互联网接入比重快速上涨,但总体而言中国的信息化指数还是比较低的。

在国际电信联盟(International Telecommunication Union,ITU)发布的《衡量信息社会发展》(*Measuring the Information Society*,2012)中,中国 2011 年的信息化水平指数仅仅排全球的第 78 位,比 2010 年提升 1 个位次。中国信息化发展水平(4.88)略高于墨西哥(4.79)和南非(4.42),远远低于土耳其(4.38)、巴西(4.72)、智利(5.01)以及乌拉圭(5.24)等国。仅仅相当于韩国(8.56)的 57%,日本(7.76)的 63%,远远低于东亚发达经济体和主要欧美国家。整体而言,中国的信息化水平相对较低,而在这样的背景下中国现代工业经济的发展也将面临较大的困难。

尽管经过数十年的发展,中国已经成为全球第二大经济体,但是我们也看到,中国经济发展过程中产生了一系列的问题，而这些问题很有可能在未来引起中国的经济增长乏力。中国的农业现代化水平较低、工业结构失衡、产能过剩严重、滞后城镇化问题日益凸显以及工业化与信息化融合的程度较低等一系列问题背后有着一定的逻辑关联。中国有大量的农村剩余劳动力，而工业部门则通过利用廉价劳动力发展较为低端的工业，由此引发了产业发展过度集中、部分产品产能大量过剩的问题。长期发展低端产业吸引了大量农村剩余劳动力向城市转移，但是由于行业利润薄弱等原因，农民工的工资长期得不到增长，无法满足农民工在城市的生活，从而中国的城镇化发展水平一直滞后于工业化发展水平。也正是由于中国长期发展低端工业，中国的信息化得不到发展，中国的工业化只能锁定在低端的劳动密集型产业上。与之相伴随的是，中国的农业仍然以小农经济为主，现代农业无法得到长足发展。

正是基于上述背景，中共十八大报告提出了“坚持走中国特色新型工业化、信息化、城镇化、农业现代化道路，推动信息化和工业化深度融合、工业化和城镇化良性互动、城镇化和农业现代化相互协调，促进工业化、信息化、城镇化、农业现代化同步发展”。从前文的背景分析中我们可以发现，中国的“四化”发展水平相对较低，并引起了国内经济结构的失衡。那么，能否通过“四化”同步发展来推动我国工业化、城镇化、农业现代化以及信息化的发展，进而推动中国产业结构升级，并最终解决中国经济失衡问题呢？为此，本书选择“四化”推进下的黑龙江省产业结构升级作为研究课题，对这个问题进行探索。

1.2 研究的目的与意义

中共十八大报告提出了“坚持走中国特色新型工业化、信息化、城镇化、农业现代化道路”，结合黑龙江省在产业结构升级中存在的深层次问题，本书研究如何推进信息化与工业化的深度融合，信息化与城镇化、农业现代化的有机结合，工业化和城镇化的良性互动，城镇化和农业现代化的相互协调，并最终通过“四化”协同发展来推进黑龙江省的产业结构升级。

1.2.1 研究目的

通过本书的研究，我们试图解决的问题为：首先，“四化”协同发展能否有效地推进产业结构升级，如果可以推进，那么理论上是否存在依据；其次，“四化”推动产业结构升级在实证上是否能够得到检验，不同“四化”因素对不同产业的升级是否存在差异,如果存在差异,是怎样的差异;最后,黑龙江省的产业结构面临着怎样的困境,是否可以通过创新驱动来带动黑龙江省的“四化”同步发展,并最终推动黑龙江省的产业结构优化升级,促进黑龙江省经济的持续稳定发展。

1.2.2 研究意义

“四化”同步发展是中国当前的重要发展战略,同时也是解决中国经济发展诸多问题的重要手段。在面临着众多经济问题时,产业结构的升级迫在眉睫。通过“四化”同步发展,促进产业结构升级,以此来改变当前经济中所存在的诸多问题具有重要的理论和现实意义。

本书研究的理论和现实意义包括如下三个方面:

第一,本书对现有的产业经济学中产业结构升级理论进行了重要的补充。产业结构理论的研究已经大量存在,但是从“四化”同步发展的视角对产业结构升级进行研究并不多见。而本书从“四化”同步发展的视角构建了理论模型来说明其对产业结构升级的影响程度,从而提出了“四化”推进产业结构升级的机理。

第二,本书对中国的产业结构升级和解决诸多现实问题也具有重要的现实意义。中国的产业结构存在着严重的失衡,从而也引起了中国经济结构的失衡。经济结构的失衡势必会影响中国经济的可持续发展,因此我们需要寻求解决办法。本书从“四化”的视角解释了产业结构的失衡,寻求了实现产业结构优化升级的目的、路径与模式,同时也为中国经济消除体制性、机制性矛盾和进行制度创新提供了决策参考。

第三,本书为黑龙江省通过“四化”推进产业结构升级提出了对策,从而有利于黑龙江省经济持续发展。黑龙江省是中国产业结构失衡的一个重要代表,同时黑龙江省也有一些本省相对较为独特的问题。如何扬长避短,发展黑龙江省的产业优势,实现产业结构升级是我们所试图解决的问题,而本书则在这方面进行了尝试,从而为黑龙江省的产业结构升级和经济可持续发展提供了政策建议。

1.3 国内外研究进展

即使只是简单粗略地回顾一下各国经济发展的历史,我们也不难发现各国经济发展主要是依靠工业经济的带动而起飞的。相对于农业经济而言,工业经济生产效率更高,从而促进本国经济的快速增长。而在本国经济增长的同时,本国的资本不断积累、技术不断进步,从而产业结构也出现了演变。正是基于这样的原因,我们不妨沿着"工业化发展之路",分别回顾国外和国内学者关于"工业化"到"四化"同步发展对产业结构升级的影响的文献,并进行评述。

1.3.1 国外关于"四化"推进产业结构升级的研究

早在19世纪中叶,英国在工业革命时期就已经开始了工业化。工业对一国产业结构和经济增长的带动作用是巨大的。正因为如此,在第二次世界大战之后,工业化成为各国经济发展的目标。如果说"工业化"只是经济发展的一个重要开端,那么"四化"同步发展则是经济发展进入到一个相对较为高级的阶段。

1.3.1.1 国外关于工业化与产业结构演变的研究进展

工业化是欠发达国家或地区提高本国居民收入水平的主要途径,同时也是在经济发展中国家引起最多争议的内容之一。传统的经济增长理论也普遍认为,欠发达国家或地区的经济发展需要依赖工业化(Chenery,1955)。其中,制造业更是经济增长的核心。早在1755年,Petty在*Several Essays in Political Arithmetick*一书中就指出了"商业回报率要高于制造业,而制造业的回报率要高于农业"。换句话说,随着一国经济的发展,该国将不再以农业经济为主,为了能够获得更高的回报率,制造业部门和商业部门在利润的驱动下会逐步得到发展。

Clark(1940)是最早对一国经济发展过程中的产业演变规律进行研究的,研究中使用就业来衡量产业比重,产业分类以三次产业分类法为基础。使用20个国家不同部门的劳动力投入和总产出的时间序列数据计算后,Clark发现随着本国人均国民收入水平的提高,劳动力逐步从第一产业向第三产业转移。Kuznets(1957)、Kuznets和Murphy(1966)以及Kuznets(1973)对上述内容进行了进一步研究,通过对二十多个国家的数据分析发现:农业部门(第一产业)占国民收入的比重不断下降;工业部门(第二产业)占国民收入的比重整体处于稳定或略有上升;服务业(第三产业)占国民收入的比重在所有国家几乎都有上升。Rostow(1956)研究发现,各国在经济起飞过程中,农业在国民经济中的比重显著下降,工业在国民经济中的比重显著上升,而服务业比重则变动较少。值得一提的是,Rostow(1956)和Kuznets(1957)研究的样本(包括国家样本和时间样本)是不同的,尤其是在20世纪60年代后三次产业结构的变动出现了新的趋势,第一产业和第二产业的就业比重和生产总值的相对比重不断下降,而第三产业则保持着迅速上升的势头,整个产业结构进入了新的演化阶段。概括而言,在经济发展初期,第一产业比重相对比较高;在经济发展中期,第二产业比重较高;而在经济发展成熟期,第三产业比重较高,第二产业比重逐步降低。上述结论得到了时间和截面数据的证实，西方发达国家的经济发展过程无一例外地沿着这一路径，而发展中国家也正沿着这一路径前行。

在工业化的不同阶段，不仅工业经济在整个国民经济中的比重会发生变化，本国的工业结构也会发生变化。Hoffmann(1958)对工业经济的结构进行了深入的探析，根据数十个国家的相关数据解释了重工业化的规模。他在研究中发现，工业化过程中一国的消费资料工业与资本资料工业的净产值比值(霍夫曼比例)是一直不断地下降的，并根据比值的不同将其分为四个阶段：

第一阶段，霍夫曼比例为4~6之间，该国的消费工资在整个制造业中占绝对地位。

第二个阶段，霍夫曼比例处于1.5~3.5之间，在该阶段资本资料在工业中获得快速的发展。

第三个阶段，霍夫曼比例为1左右，消费资料和资本资料的规模基本持平。

第四阶段，霍夫曼比例低于1，本国制造业以资本资料为主。

由此可知，随着工业化的发展，随着工业结构的重心由轻工业到重工业、从原材料工业向组装加工业的转移，工业的生产要素结构的重心也发生由劳动力到资金，再到技术的相应转移。同时也得知，要顺利完成工业化过程，需要从第一产业中释放劳动力，以进入轻工业部门；需要积累足够的资金，以支持重工业化的发展；需要开发和获得先进技术，使工业结构向高加工度化发展。在工业化高度发展的阶段，即在后工业社会里，高加工度化的概念和技术密集型产业的内涵发生了深刻的变化。一般的技术密集型产业往往指各种机械工业，但现今的技术密集型产业是建立在微电子学、激光、纤维光学、遗传工程、海洋工程等高新科学技术之上的产业部门，技术已成为工业发展中最为重要的要素。因此，工业化过程的阶段，除了重化工业化和高加工度化外，又出现了第三个阶段，即技术知识密集化阶段。

1.3.1.2 国外关于工业化与城镇化联动发展的研究

整体而言，工业化对经济增长的影响我们可以通过生产法来看，工业化提供了产品供给；城镇化对经济增长的影响可以通过支出法来看，城镇化提供了产品的需求。Chenery 等(1975)在《发展的模式 1950~1970》(*Patterns of Development* 1950－1970)一书中提到了城镇化与工业化之间的关系，并将其用模型表示，该模型指出工业化与城镇化的关系经历了从紧密到松弛的阶段。在一国经济发展的初期，经济的增长主要由工业化所推动，工业化的发展速度快于城镇化。经工业化的推动，城市居民对产品和服务需求不断增加，城市逐步获得越来越快的发展。因此，工业化与城镇化同时得到发展显得极为自然。

《世界发展报告》(*World Development Report*,1981)指出:世界银行根据亚洲20多个国家(或地区)的城镇化与工业化的指标建立了二者之间的计量模型,研究发现亚洲国家(或地区)的城镇化与工业化之间有着很强的关联性,工业化对城镇化的弹性系数为1.8。在工业化发展的过程中,城镇化通常也会逐步得到发展。工业化与城镇化的发展可能出现不同的形态:平衡发展或者非平衡发展。平衡发展是指工业化与城镇化同步发展,只有极少数劳动力比较稀缺的国家才会出现这一现象。非平衡发展包括城镇化滞后于工业化和工业化滞后于城镇化两种形态,前者就是常说的滞后城镇化,后者是指超前城镇化。从各国的工业化历程来看,多数国家的工业化超前发展,城镇化发展相对滞后。在工业化初期,本国更多的是劳动力从农村地区转移至城市地区,本国的工业化带动城镇化逐步发展,但是城镇化发展的速度比较慢。有学者在1960年的研究显示,美国在1870~1940年期间城镇化率和工业化率的变动几乎平行上升。发达国家在1820~1950年间工业化与城镇化的相关系数达到0.997,法国、瑞典等国家的工业化与城镇化都是呈显著正相关的。中外学者对中国的城镇化与工业化之间的关系展开了激励的争辩。相比其他国家,中国的工业化发展更加迅猛,但是城镇化发展水平却极低。多数学者认为中国的城镇化明显滞后于工业化(Ebanks,Cheng,1990;叶裕民,1999)。Chang和Brada(2006)采用半对数的估计方法研究发现,中国在改革前不存在滞后城镇化的问题,但是在改革后滞后城镇化则极为明显。

按照Lewis(1954)的研究,在城镇化过程中,城市的工业部门可以利用廉价的农村剩余劳动力,从而促进工业经济的发展。但是,如果本国的城市基础设施没有得到发展,而本国的农民对转移后的工资有着极强的预期(Todaro,1969),则本国的城镇化将会得到快速发展。城镇化的发展过程中产业结构会得到改善,多数时候其由于工业化的作用而被忽视,工业化与城镇化的非均衡发展会对经济增长乃至产业结构产生巨大的影响。

1.3.1.3 国外关于工业化、城镇化与农业现代化的协调互动发展的研究

在工业化和城镇化的发展过程中,由于城市地区的基础设施优于农村地区、城市收入水平相对较高等因素,大量的农村剩余劳动力逐步向城市转移(Lewis,1954;Ranis,Fei,1961;Harris,Todaro,1970)。在工业化和城镇化快速发展的初始阶段,农业部门的生产效率通常并不算高。也正是因为这样的原因,在Lewis(1954)

等的研究中农业部门只是一个低效率的生产部门，其并没有对农业生产给予足够的重视。

但是，在 Ranis 和 Fei（1961）看来，农业部门也是存在技术进步的，农业部门生产效率的提高可促进农村剩余劳动力的产生，从而有大量的剩余劳动力转向工业部门。换句话说，农业部门生产技术的提高是整个工业化过程的先决条件，即通过农业生产技术的提高来不断释放劳动力。他们通过对二元经济的分析，构建一个可以说明欠发达地区实现持续自我增长的理论模型，而这样一个模型也是对 Lewis（1954）的一个修正，完善了古典的二元理论。这样的研究结论也得到了认可，即城镇化伴随着农村农业经济活动向城市工业经济活动转移（Davis，Henderson，2003），通过农业生产效率的提高而释放劳动力，可使大量农村人口逐步转移到城市（Henderson，2003）。

但是值得一提的是，也有一些研究者发现城镇化并非伴随着农业生产技术水平的提高而上升。比如，Matsuyama（1991）在研究中发现，不同于我们以往所认为的那样，农业生产效率更低的国家的经济更加容易起飞。有研究者在 1996 年使用 90 个国家于 1960、1970 以及 1980 年这三年的数据研究同样发现，城镇化与人均 GDP、工业化、出口导向以及外国的援助等都有着显著的正相关关系，但是城镇化与农业发展水平关系显著为负。尽管 Matsuyama 认为他的研究结论不同于以往的研究可能是因为他的研究中并没有考虑到一些相关的因素，但是我们可以这样想，可能正是因为本国农业发展不好，本国才有更多的动力去发展工业经济，通过国际贸易进行交易，满足本国对农产品的需求。但是，对中国这样一个人口大国，不实现农业现代化显然是不可行的。

工业化和城镇化的发展对第二产业和第三产业的发展有着巨大的推动作用，从而促进非农产业的比重不断提高，产业不断升级。而农业经济的发展对非农产业的比重影响则可能是两方面的：一方面，农业经济的发展促进了农业产值的增加，提高了农业比重；另一方面，农业经济的发展释放了更多的农业劳动力，从而促进了非农产业比重的提高。因此，农业经济对产业结构的影响是不定的。尽管如此，但当工业化、城镇化和农业现代化同时推进时，产业结构仍然是会出现升级的。

1.3.1.4 国外关于工业化、城镇化、农业现代化与信息化同步发展的研究

在 20 世纪 80 年代，Romer（1987）和 Lucas（1988）就分别指出技术进步对经济增长的作用。地区或者国家经济要想获得长远的进步，信息化是必不可少的。信息化的过程是整个信息技术的革新与使用过程，信息化的实施需要与工业化、城镇

化以及农业现代化相互融合。Gaspar 和 Glaeser(1998)指出,信息技术是一种能够有效降低人们交易成本的手段,这种手段是一种面对面交流的替代,但同时也会促进交流频率的增加。从而,信息化能够促进企业的集聚,增加城市的集聚功能。当然,信息化对城市的作用除了集聚之外,也可能存在分散的作用(Audirac,2005)。

尽管国外大量文献研究了信息化和技术进步的作用,但是相关研究并没有对"四化"同步展开研究。"四化"同步发展是我国在中共十八大上提出的,相关的研究更多的是具有中国特色的理论,在下文国内的研究进展中会着重介绍。

1.3.2 国内关于"四化"推进产业结构升级的研究

整体而言,国内关于工业化、城镇化、农业现代化以及信息化的研究都要远远滞后于国外,这是由经济体的发展状况所决定的。相比较而言,国外发达国家在工业化、城镇化、农业现代化以及信息化等方面都要早于中国数十年甚至数百年。因此,这些国家会先面临与此相关的问题,从而其在理论方面的研究也会超前于中国。

1.3.2.1 国内关于工业化与产业结构演变的研究

工业化对中国大陆经济的发展同样起着重要的作用,陶应发、郑涛(2009)运用中国 1981 ~ 2006 年的重工业产业与 GDP 的数据进行了计量检验,研究发现重工业在中国经济发展中起着极其重要的作用,重工业对中国经济增长的长期弹性系数为 0.87。杨智峰(2011)通过 1981 ~ 2009 年的数据对中国工业化以及工业内部(轻、重工业)结构的变化进行了检验,结果表明无论是短期还是长期,工业化与经济增长都可以相互促进。长期内工业化对工业整个内部的结构影响较大,但短期内这一影响几乎是不存在的。

在整个经济发展的阶段中,随着 GDP 的增加,工业出现了先增加后减少的过程,即呈倒"U"形曲线(徐朝阳,2010)。这一结论得到了时间和截面数据的证实,西方发达国家的经济发展过程无一例外地沿着这一路径,而发展中国家也正沿着这一路径前行。在一国经济发展初期,本国的资本积累并不充裕,技术水平也比较低下,本国工业通常会从轻工业起步。相比较而言,纺织、食品、造纸和皮革等轻工业部门工艺和技术并不复杂,生产中只是需要阶段性的劳动和操作,产业呈现劳动密集型形态,而这也正是欠发达地区的比较优势所在(林毅夫、刘明兴,2004)。随着本国经济的发展,本国偏向于重工业化,生产中也需要更多的资本投入,产业逐步转向资本密集型。而随着本国工业的高加工度化,机械工业逐步占据经济发展的重心,生产中使用更多的先进技术,产业结构逐步向技术密集型产业转变。

从中国的产业结构演变来看,中国的产业结构基本遵循这样的轨迹:整个产业从传统的部门向现代部门、从轻工业向重化工业、从产业分立向产业融合演进(高煜、刘志彪,2008)。产业结构对中国区域经济的增长也有着显著的影响,根据1978~2006年全国28个省市区的面板数据,高萍、孙群力(2008)研究发现产业结构对中国的东部地区、中部地区和西部地区的经济增长都具有显著的正向作用,其中东部地区的产业结构对经济增长的影响最为重要,而东部地区产业结构的变化对经济增长反而为负。郭克莎(2000)对中国工业化进程进行了研究,并指出截至1998年,中国的工业化只是处于工业化中期的上半期(第一阶段),产业结构出现了偏差,从而影响了中国工业化过程中经济的持续增长。经过数年的发展,2003年中国的工业化完成了中期第一阶段,2008年中国的工业化达到中期的第二阶段(何永芳,2009)。整体而言,中国的工业进程中就业结构也发生了变化,中国第一产业的就业比重不断降低,生产效率不断提高;尽管第二产业在中国经济中的比重保持着重要的优势,但是其就业结构变化在未来可能不会太大,保持相对稳定;第三产业在未来可能有更加重要的地位,就业比重会持续提高(孙蚌珠,2005)。

1.3.2.2 国内关于工业化与城镇化良性互动的研究

中外学者对中国的城镇化与工业化之间的关系也展开了激烈的争辩。相比其他国家,中国的工业化发展更加迅猛,但是城镇化发展水平却极低。整体而言,多数学者认为中国的城镇化明显滞后于工业化。当然,也有一部分学者提出不同的意见,比如工业化与城镇化协调发展研究课题组的研究就指出,中国的城镇化并没有严重滞后于工业化,中国的问题主要是工业化的偏差,而不是城镇化的偏差。安虎森、陈明(2005)的研究也认为中国城镇化水平没有滞后于工业化,但是城镇化过程中结构没有得到改善。采用GNP与城市化率的国际经验作为判定依据,邓宇鹏(1999)甚至认为中国存在隐性超城镇化的行为。Chang和Brada(2006)采用半对数的估计方法研究发现,中国在改革前是不存在滞后城镇化问题的,但是改革后滞后城镇化则极为明显。的确,在改革前中国的工业化水平并不高,但是改革后中国的工业化在大量外资的介入下快速发展。对于中国滞后城镇化,不少研究指出可能与这样几个因素有着直接的关联:

(1)改革前中国侧重于发展重工业,改革后的产业结构模式发生了变化(陈亚军、刘晓萍,1996;陈斌开、林毅夫,2010)。

(2)中国的户籍制度等限制了人口跨区域自由流动(Chang,Brada,2006;陈甬军、景普秋,2008;陆铭等,2011)。

(3)中国的工业具有弱质性(叶裕民,1999)。

与国外的研究不同,国内学者除了对工业化与城镇化联动发展进行了充分研究之外,还对城镇化促进产业结构升级进行了大量的研究。曾芬钰(2002)指出,工业化和城镇化的发展有利于带动我国第三产业结构的调整、优化与升级。苏雪串(2002)研究中也发现,城镇化是支撑第三产业发展的重要因素。后续的研究普遍支持这样的观点,指出城镇化有利于产业结构的升级,同时产业结构的调整会对城镇化有反向的作用(张苗、周侠,2009;陈立俊、王克强,2010;陈彦光,2010;牛婷等,2014)。

1.3.2.3 国内关于工业化、城镇化与农业现代化协调发展的研究

工业化与城镇化的互动发展更多地带动了农村剩余劳动力的转移,这在传统的农村剩余劳动力的转移理论中有着大量的论述。纵观全球各国城镇化的过程,多数国家的工业经济并非是由本国农业生产效率的提高所引起的,而恰恰是由国外的需求所推动的。国外的需求、国外的资本投入等一系列的要素,和本国的低廉的劳动力可使本国出现大量的加工工业,中国就是最好的例子(范剑勇等,2004)。换句话说,对于中国这样的农业大国而言,由于农村剩余劳动力规模巨大,在工业化和城镇化的过程中,大量农村剩余劳动力向城市的转移也为农村地区的经济发展提供了空间,从而农村生产效率有望得到提高。

对于工业化背景下农村地区的经济发展,国内外学者也提出了众多的意见。多数研究认为农村地区的发展需要依赖工业经济带动,工业部门通过不断吸引农村剩余劳动力而提高农业生产效率。但是,这种方式只是一种简单地解决农村存在的隐性失业的方法。在20世纪80年代,中国大量的乡镇企业快速出现,农村工业化发展势头明显。农业的发展需要农用工业来武装(陈先煌、梅茂发,1992)。中国的农村工业化经过发展,已经取得了长足的进步。在20世纪80年代,农村工业对整个工业增长的贡献不足20%,对GDP增长的贡献也不足20%;但是截至1992年,农村工业对中国的工业增长的贡献上升到71.54%,对GDP增长的贡献上升到54.13%(苗长虹,1996)。在中国的工业化过程中,农村工业以乡镇企业的形式而存在,中国工业化形成了自己独有的特征,乡镇企业在中国工业化的过程中具有重要的战略地位(王毅武,1995),用工业化的理论办农业成为农业经济发展的一条重要途径(丁学东,2004)。

尽管改革后中国的农村工业有着长足发展,但是这并没有构成农业现代化的

核心内容。农业对经济增长有着重要的作用,这种作用可能是隐性的,比如通过为工业部门提供原料等。在本国工业经济快速发展的同时,农业部门对工业有着极强的哺育功能,在本国农业哺育出工业之后,工业需要对农业进行反哺。对于农业的哺育,在农业发展初期主要通过工业化来实现,但是在农业现代化水平逐步提高后,则需要城镇化来实现(洪银兴,2007)。农业的发展乃至农业现代化需要通过工业部门为其提供机械和各类技术,以实现农业经济以机械化为主(程霖、毕艳峰,2009)。与此同时,农产品需要向生态化、绿色化转型,同时辅以农产品的深加工,而这就需要城镇化来提高市民的消费能力和对高品质农产品的需求。中国大多数省份目前还处于工业化的初中期,产业结构的偏差和工业结构升级的缓慢严重影响着整个工业化的持续发展,影响着中国经济增长的质量(郭克莎,2000)。工业经济是中国当前经济发展的主要动力,但是工业经济的结构出现了严重的偏离,这种偏离表现为第二产业的产业结构和就业结构的差距正在不断地扩大(唐斌等,2010)。目前,中国的工业化、城镇化以及农业现代化协调互动发展的水平还不高,以劳动生产率比值来衡量,中国“三化”协调度分值仅为4.7(10分制),远远低于巴西、美国、法国、日本等国家(毛智勇等,2013)。根据各国的国际经验和中国的实际情况,推进“三化”发展的关键是要加快农业现代化的推进,充分发挥工业化和城镇化对农业现代化的支撑和带动作用,实现工农和城乡协调互动发展(韩长赋,2011)。

1.3.2.4 国内关于工业化、城镇化、农业现代化与信息化同步发展的研究

信息化并非是对工业化的取代,在工业化发展的同时需要推进与信息化的深度融合,用工业化培育信息化,用信息化促成工业化(乌家培,1993;吴敬琏,2006)。整体而言,信息化对中国第二产业有着很强的带动作用,其弹性系数高达0.5302,远高于第一和第三产业(张兰婷、洪功翔,2013)。中国政府对信息化与工业化的深度融合也给予了较高的重视,党的十五届五中全会提出“要大力推进国民经济和社会信息化”,十六大提出“用信息化带动工业化、工业化促进信息化,走新型工业化道路”。提出信息化带动工业化的动机与中国当前的工业生产率不高有着直接的关系,中国依靠传统的工业无法追赶上西方发达国家(邢伯春,2002)。信息化带动工业化可以通过几个途径来实现,包括企业管理模式的变革、带动工业化纵深发展等(谢晓霞,2002)。发达经济体信息化主要是在工业化完成之后完成的,而当前的国际经济形势已经发生变化,中国需要在工业化的同时引入信息化,促进信息化与

工业化协调发展,实现后发优势(安筱鹏、陈凌虎,2002;郭熙保、崔小勇,2003)。尽管当前中国工业化与信息化融合的社会基础与欧美发达国家无法相比,但是中国还是具备推进两者深度融合的基础,并且核心是提高工业部门的生产效率(谢康等,2009)。依据2005~2009年中国30个省区市的数据,运用主成分分析方法(张亚斌等,2012)研究发现,中国工业化与信息的融合速度虽然很缓慢,但是随着融合环境的改变而有所上升。依据2000~2009年中国29个省区市的数据(谢康等,2012)研究发现,工业化与信息化的融合周期大约为5年,两者的融合除了可以促进工业转型升级,还可以提升工业的创新能力,从而提升产业竞争力。

信息化与城镇化同样有着相互的促进作用。信息化是城市经济发展的重要推动力量,信息化能够快速提升城市的功能体系以及管理效率,提高市民的素质,实现人的现代化,促使城市的集聚功能增强(杨仁争,2000);与此同时,城镇化为信息化提供了载体与服务需求,在城镇化的整个阶段都需要信息化的支撑,信息技术以及信息产业促成城镇内部的网络化及一体化(姜爱林,2001)。在中国经济发展的历程中,信息化与城镇化的协同发展是必然选择(安筱鹏,2003)。信息化对城镇化的作用主要表现在三个方面:信息化对城市经济结构的效应体现在经济活动空间及经济活动组织关系的变化中;信息化能够改进城市经济运行模式,提高城市经济运行效率;信息化能够通过信息系统的应用和信息资源的整合提升城市的管理水平(蒋贵凰、王伟华,2011)。采用2006~2008年的城市数据作为样本,蒋贵凰、王伟华(2011)研究发现信息化与城市GDP之间有着显著的强线性关系,弹性系数大约为1.407,远远高于资本和劳动力对城市GDP增长所做的贡献。邓朝晖、李广鹏(2012)根据信息化对城市影响的不同价值进行了实证检验,使用全国30个省区市2000~2009年期间的面板数据,他们研究发现以邮电业务总量为代理变量的信息化对城镇化率的影响大约为0.13%,并且信息化对西部地区的城镇化的影响显著大于对东部地区和中部地区的城镇化。使用2000~2009年期间的数据,郑子龙(2013)研究发现信息化对城镇化整体而言是具有显著促进作用的,但是信息化对不同地区的促进作用存在差异,并且信息化对城镇化有着门限效应。当人均GDP低于6 247.89元时,信息化率对城镇化率的弹性系数为0.197;当人均GDP处于6 247.89元至26 108.08元之间时,信息化率对城镇化率的弹性系数为0.228;而当人均GDP大于26 108.08元时,信息化率对城镇化率的弹性系数为0.201。

信息化对农业现代化的影响也是多方面的,信息化可以直接提高农业信息化水平,也可以通过工业化提高农业机械化水平,完善现代农业产业体系,提升对农业产前、产中与产后的服务水平,甚至还可以提高农村劳动力的人力资本,从而促进农业发展方式的转变。在中国这样的一个农业大国,通过信息化装备农业显得尤为重要。农业信息化包括计算机的使用以及微电子、通信、遥感等技术的使用,信息技术的使用将促进农业的自动化、信息化和高效化(李苏,2001)。与工业经济的发展历程相似,农业经济的发展也正在面临着现代化转型中信息化的问题,因此农业现代化与农业信息化出现了重叠时期(梅方权,2001)。通过信息技术与农业现代化技术的结合,可大幅和高效地提高农业现代化项目的建设水平,促进农业现代化水平的不断提高(乌东峰,2004),具体表现在:信息化带动农民生活消费现代化,提高农业生产管理水平,提高农业经营管理水平、农产品市场流通效率、农业资源利用效率,带动农业生态环境改善(梅方权,2001)。国外的农业现代化主要采取传统媒体的农业信息服务模式、网络技术的农业信息服务模式以及传统媒体与网络技术混合的农业信息的服务模式(赵英杰,2007),这对中国农业现代化有着很多的启示。当前,中国需要以农业信息化带动农业产业化和农业现代化,以加快传统农业向现代农业的转变。

“四化”同步发展是经济发展到一定阶段的必然要求。毛智勇等(2013)通过研究发现,“四化”之间存在着循环演进和良性互动关系,而熊巍、祁春节(2014)采用距离同步度模型对湖北省 2001 ~2011 年的经济数据进行了综合分析,发现湖北省的“四化”同步度水平在不断地提高,并且在 2011 年达到了较优的水平。

1.3.3 国内外研究文献述评

尽管“四化”同步发展对经济发展的作用已经得到了认识,但从国内外关于“四化”同步的研究来看,相关研究更多的是关于“四化”同步发展的测度以及文字性描述,而对于“四化”同步发展如何来促进经济转型、如何调整优化产业结构的理论研究则显得不足。

从现有关于中国产业结构的研究来看,多数研究将产业的结构失衡归咎于制度因素(周明,2000),指出产业结构失衡主要是因为资源错配(楼东玮,2013)、财税因素(方杰,1990;胡乐亭、卢洪友,1991)、金融因素(任宝元,1991)、信贷因素(邓学衷,1994)以及土地制度(张飞、孔伟,2011)等,并认为产业结构失衡会引起消费者不足(张敏、张时淼,2010)、初次分配扭曲(刘伟,2013),甚至会导致地区的收入差距(范剑勇,2008)。但是,从上文的分析中,我们可以看出:在工业化初期,工业经济快速发展,工业在产业中的比重逐步增加;在工业化中前期,城镇化获得快速发展,工业和服务业的比重增加;在工业化的中后期,农业现代化也获得快速发展,农业生产效率提高;在工业化后期,信息化获得快速发展,产业结构不断得到调整升级。国内外学者对“四化”演进的分析为进一步研究产业结构优化升级问题奠定了研究基础。

城镇化推进产业结构的演变有着重要的意义，通过使用全国1996~2007年30个省区市的面板数据，武春友等(2010)研究发现城镇化过程中的人口集聚效应能够引起产业结构调整与优化，其关键在于城镇化过程中居民的消费水平得到提升。在城镇化的过程中，城市综合水平的提高能够优化城市的产业结构(韩峰、李玉双，2010)。现代经济的发展实质上是工业化、城镇化以产业结构不断调整升级的过程(王可侠，2012)。在前文中我们也提到，工业化的发展和城镇化的发展并不会完全同步，这样势必会造成城乡二元结构。因此，在产业结构的调整过程中，如果只是简单地注重城镇化和工业化还是远远不够的。

如果说城镇化的功能在于促进产业结构的调整与优化，那么，农业现代化也可以产生调整和优化产业结构的效应。农业现代化对产业结构的调整和优化可以通过直接和间接效应两个方面来推进。直接效应是指农业现代化的发展直接提高绿色农业和生态农业的比重，从而提高农业增加值；间接效应是指农业现代化的发展促进城镇化的发展，从而影响产业结构。夏泽义、赵曦(2013)研究发现农业现代化对城镇化的发展有着单向的影响作用，当前中国的产业结构调整需要通过发展现代农业来推动城镇化的发展，从而促进产业结构的调整。根据1970~2007年新疆的样本数据，马远、龚新蜀(2010)研究发现城镇化对产业结构的调整促进作用要高于农业现代化，产业结构的调整同样对城镇化和农业现代化具有正的效应，并且对农业现代化具有持续的推动作用。信息化可促进工业技术创新、商业模式创新，提升农业信息化水平、城市服务功能和工业农业创新能力，进而推动产业结构优化升级。

产业结构的不断调整升级，能够优化和促进区域经济的发展，借助于技术进步促使产业结构不断地向高级化发展，其核心是主导产业的升级(古和今，2009)。产业结构的调整升级不仅对区域的协调发展起着关键的作用，更为重要的是，产业结构的调整能够有效地促进中国的就业水平提高。当然，产业结构的升级对劳动力就业的影响并非是单纯的促进作用，也有可能起到抑制作用。一方面，产业结构的升级尤其是工业化进入重化工业化阶段的产业结构升级，会降低劳动力与资本的比率，从而对就业产生挤出效应；另一方面，劳动生产率的提高会促进企业扩大生产规模，从而能够吸纳劳动力，进而增加就业数量(邹一南、石腾超，2012)。整体而言，产业结构的升级不仅是欠发达地区可持续发展的关键(王跃飞，2012)，同时也是第二产业比重不断循环变化的关键所在，因此其能够有效地促进经济的可持续发展(赵儒煜,2013)。产业结构的调整和升级有着很多的手段,而技术升级或者信息化的应用是至关重要的。

按照马克思的观点,随着社会生产力的发展,消费处在不断升级的状态中,即由对生存资料的需求提高到对发展资料的需求,再提高到对享受资料的需求。这样,作为自变量的消费的升级,必然推动作为因变量的生产的发展和产业结构的升级。产业结构的升级是人类社会生产发展的客观过程的一个基本方面,影响和推进产业结构升级的主要因素是社会生产力的发展,特别科技创新,也包括制度创新,因为能够容纳较高社会生产力的基本经济制度及其实现形式的经济体制也对产业结构升级有重要的推动作用。

产业结构调整升级是当前中国经济发展最为重要的目标,产业结构的升级能够带来生产效率的提升。本质上,地区经济发展到一定阶段都会产生产业结构升级的动力,但是在“路径依赖”等因素的影响下,产业结构升级出现动力不足。国内外学者们的研究成果是本书研究“四化”发展能够推动产业结构升级,并且促进区域经济的发展的基础。正是鉴于现有研究中只是谈论产业结构的调整与升级而忽视以“四化”推进作为产业结构升级驱动力的研究,故本书在研究中侧重于分析“四化”推进对产业结构升级的影响,提出如何通过“四化”同步发展来实现产业结构升级的机理、目标、路径、模式与对策。

1.4 研究方法

本书的研究采用现代经济学的研究方法,包括文献综述法、构建理论模型和实证研究。具体而言,本书的研究方法如下。

1.4.1 文献综述法

文献综述法是自然科学和社会科学研究的一种重要方法。本书研究首先从现有相关文献出发,以此了解现有文献的进展以及不足之处。通过对现有文献的研究,本书掌握了现有研究对“四化”推进产业结构升级的进展,并发现相关研究中缺乏对“四化”推进产业升级机制的研究以及“四化”同步发展对产业结构升级的实证研究,从而提炼出本书的主要研究内容。

1.4.2 构建数理模型进行局部均衡和一般均衡分析

局部均衡和一般均衡是经济学研究中的重要方法。本书在第3章分别建立了四个不同的数理模型分析工业化、城镇化以及农业现代化对产业结构升级的影响。在此基础上,又进一步构建了包含“工业化、城镇化、农业现代化以及信息化”相互融合和同步发展的一般均衡模型。在本书的理论分析中,更多采用数理的边际分析方法,从而得到相关因素对产业结构的影响,并提出理论假设。

1.4.3 采用面板数据进行计量分析

现代经济学的研究中除了需要构建理论模型之外,实证研究也是重要的环节。实证研究方法包括计量方法、案例法等,本书选择了计量分析法。本书在第5章中对2000~2012年全国31个省、直辖市、自治区的面板数据进行计量检验,以此来说明中国的“四化”、“四化”融合以及“四化”同步对产业结构升级的影响。同时,根据个体固定效应计算出黑龙江省“四化”、“四化”融合以及“四化”同步对产业结构升级的影响。在计量过程中,面板数据采用Stata 12.0软件“个体固定效应”对我们所提出的理论假说进行检验。

1.4.4 比较分析法

比较分析法是人文社会科学中常用的一种研究方法。本书研究过程中多处将黑龙江省的相关指标与全国的指标进行比较,通过这种研究发现黑龙江省与全国以及世界主要发达国家的差距,从而有针对性地发展黑龙江省的“四化”以及“四化”同步。

1.5 研究内容与可能的创新点

1.5.1 研究内容

本书主要对黑龙江省“四化”推进产业结构升级进行理论和实证方面的研究,具体的研究内容包括以下几方面。

1.5.1.1 关于“四化”推进产业升级的理论研究

在本书的第2章中,重点回顾了“四化”推进产业升级的理论基础。对于“四化”推进产业升级在本章中已经有了大量的论述。很多地区强调产业结构升级主要是因为产业结构的优化升级促进资源要素配置、能够带来经济的增长,同时也意味着给一国或者地区带来更高的福利水平。按照新古典理论,经济增长最终将会停滞，而这并非是人类所追求的终极目标。区域创新以及协同理论则给我们提供了多种要素协同发展可能会带来“新的增长”的视角，区域可持续增长理论也为我们提供了经济可以持续的理论支撑。因此，在第2章中我们重点回顾了经济增长理论、产业结构理论、区域创新与协同理论以及可持续发展理论。

1.5.1.2 关于“四化”以及“四化”同步发展对产业结构升级影响的理论研究

尽管有大量经济学研究者对工业化、城镇化以及农业现代化、信息化促进产业结构升级进行了研究，但是相关研究中缺乏统一而规范的数理研究。衡量产业结构升级的标准也是多方面的，相关研究主要选择了其中某一个标准。现有研究中主要是对三产的研究，少有文献从三产和产业内部结构的高度化同时进行研究。在本书中，我们则为“四化”以及“四化”同步发展对产业结构升级的影响构建了“规模报酬递增和垄断竞争”相应的理论模型，且分析了其背后的主要因素，并回答了如何通过“创新”来促进“四化”同步发展并最终推进产业结构的升级这一问题。

1.5.1.3 关于“四化”同步发展指标及其对产业结构升级的实证研究

在本书的第5章，我们将构建“四化”同步发展的指标，并在此基础上进一步研究“四化”同步发展对产业结构（第二产业产值占GDP的比重、第三产业产值占GDP的比重以及非农产业产值占GDP的比重）的影响。不同于以往的研究，在第5章中我们首先构建一些更加具有代表性的工业化、城镇化、农业现代化以及信息化的衡量指标，同时还构建了信息化与工业化深度融合、工业化与城镇化良性互动以及城镇化与农业现代化相互协调的融合指标，并最终构建了“四化”同步指标。另外，我们还对“四化”指标、“四化”融合指标以及“四化”同步指标进行了逐个分析，分析出不同因素对不同的产业结构衡量指标的影响。

1.5.1.4 关于黑龙江省“四化”同步发展促进产业结构升级的研究

黑龙江省是中国的老工业基地，同时也是中国的重要粮食生产基地。相比较而言，黑龙江省的第一和第二产业的比重都是偏高的。并且，第二产业内部结构存在严重的失衡。如何通过“四化”同步发展来促进黑龙江省的产业结构升级成为我们关注的问题。为了分析该问题，在本书的第4章我们将分析黑龙江省产业结构的演变历程，并从中找出一些黑龙江省产业结构升级的困境。而在第五、六、七章中，我们则进一步对“四化”推进黑龙江省的产业结构升级影响度、影响因素和路径以及通过创新驱动和“四化”同步发展推进产业结构升级的对策进行全面的研究。

1.5.2　技术路线图

本书的技术路线图如图1－1所示。

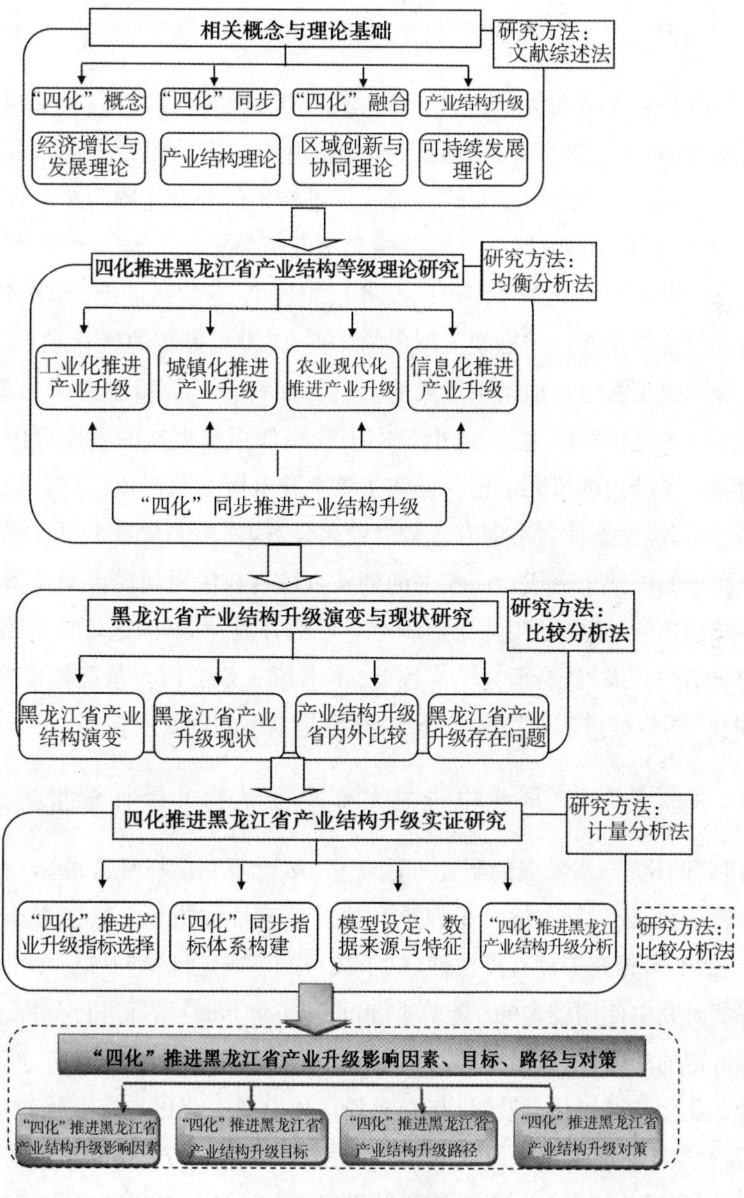

图1－1　技术路线图

1.5.3 可能的创新点

本书研究不同于以往对产业结构升级的研究，本书研究的是如何通过“四化”同步发展来推进产业结构升级。本书对产业结构的研究体现了产业理论、经济增长理论、区域创新与系统理论以及可持续发展理论。从现有我们所能掌握的文献来看，本书在如下方面有一定的创新。

1.5.3.1 关于“四化”推进产业结构升级的理论模型构建

尽管国内外有大量的关于“四化”产业结构升级的研究，但目前从我们所能掌握的文献来看，还没有对“四化”推动产业结构升级的理论模型进行研究和系统梳理的文献。本书第 3 章使用较大的篇幅分析了在规模报酬递增和垄断竞争的框架下“四化”对产业升级的推进。规模报酬和垄断竞争框架在经济学的发展中具有重要作用，20 世纪 70 年代到 90 年代，产业组织理论、新贸易理论、新增长理论以及新经济地理理论都是在这一框架下形成的。而 21 世纪最新的研究成果，如企业异质性贸易理论也是在这一框架下形成的。整体而言，“规模报酬递增和垄断竞争”的框架已经成为经济学的主流，这也是本书选择使用该框架的重要原因。尽管在国外早期对产业结构的研究中已经证实了工业化等因素对产业结构升级有着重要的影响，但是其假设条件与本书有着较大的差异，这些相关文献主要在规模报酬不变和完全竞争的框架下完成。而本书的创新点体现在使用规模报酬递增和垄断竞争的框架对经典的问题（如工业化推动产业结构升级）和新问题（如“四化”同步发展推动产业结构升级）进行研究上。因此，本书第 3 章使用大量篇幅证实了“工业化”到“四化”同步推进产业结构的升级，这也是本书的创新所在。

1.5.3.2 关于“四化”同步推进黑龙江产业结构升级计量指标的研究

目前对“四化”同步发展的研究方法众多，多数研究选择复合指标，通过 AHP、主成分分析、因子分析等方法赋予权重和构建综合性的指标。这些方法存在着一些不足，包括不同研究不具有可比性、赋予权重的不确定性等问题。本书研究采用当前经济学研究中使用较多的“交互项”（interaction item）指标进行分析，该指标不再是针对特定的工业化、城镇化、农业现代化或者信息化的单独效应，而是更加偏重于衡量工业化与城镇化、城镇化与农业现代化以及工业化与信息化的相互影响。这种“交互性”的研究在国际顶级的学术刊物，如 *JPE*、*QJE*、*AER* 等刊物中已经有广泛使用，国内近几年在《经济研究》《世界经济》等权威期刊中也陆续开始使用。

本书研究中我们选择了这样一个研究方法,其具有合理性,同时也是本书的创新之处,隶属于应用创新。从现有国内外关于“四化”同步的研究,甚至“两化”或“三化”的融合来看,尚没有文献使用这样的研究方法。因此,这是本书的一个重要创新之处。

1.5.3.3 关于黑龙江省“四化”同步发展推动产业结构升级的分析研究

当前,黑龙江省作为老工业基地实现产业结构升级具有重要的意义,也引起了广泛的关注。从现有的文献来看,已有一些文献中提及“四化”部分因素促进产业结构升级。而在本书的研究中,我们从黑龙江省产业结构现状着手,通过比较分析得出黑龙江省“四化”同步发展中的不足,并结合黑龙江省的实际提出了产业结构优化升级的相关目标模式与实现路径,使得我们的研究更加具有实践意义。因素“分解”方法同样是经济学中常用的方法,但目前在国内关于“四化”的研究中尚未应用此方法。本书首次将该研究方法应用于“四化”推动产业结构升级的研究中,这也是本书研究中的重要创新之处。

第2章　相关概念与理论基础

随着中国经济的快速发展,人们对于工业化、城市化、农业现代化和信息化的认识也在逐步发生变化。本章首先介绍“四化”的基本定义、“四化”同步发展与融合发展的定义以及产业结构升级的内涵和定义。这些相关内容的界定为下文的研究提供了基础。其后,本章继续介绍本书研究的理论基础,包括经济增长与发展理论、产业结构理论、区域创新与协同理论以及可持续发展理论。相关理论为下文的理论和实证研究提供了依据。

2.1　相关概念的界定

本节主要介绍国内外关于“四化”、“四化”同步与融合以及产业结构升级的一系列的概念,从而指出本书对相关概念的界定。

2.1.1　工业化、城镇化、农业现代化、信息化

工业化、城镇化、农业现代化以及信息化在国际和国内都有着一系列的定义,从现有的定义中我们可以提炼出最核心的内容。

2.1.1.1　工业化

工业化的概念,是从国外引进来的,工业化的英文表述是“Industrialization”。《新帕尔格雷夫经济学大辞典》指出:“工业化是一个过程。”围绕这一过程,其他对工业化的定义都大同小异。工业化是现代机器大工业代替手工生产。在机器时代破晓以后,随着纺织的机械化,随着蒸汽机作为一项新能源,随着从单件生产过渡到系列生产,过渡到大规模生产,人类社会才开始了巨大的变化,我们称之为工业化。

传统的观点认为工业化完成或实现的标志是制造业、采掘业、能源生产等工业部门占据主导地位,具体表现为工业取代农业、重工业取代轻工业在国民经济中占据主导地位,所以实现工业化就是要大力发展制造业或重工业,提高其在 GDP 中

的比重。这个观点现在看来是片面的，工业化并不等于一个国家工业增加值占GDP的比重最大。工业化是一种特殊的组织生产过程，强调国民经济中一系列基本要素的生产函数（或生产要素组合方式）连续发生中低级到高级的突破性变化（或变革）的过程（张培刚，1984），这也是本书研究中所采用的概念。工业化实质是工业生产方式、工业组织方式成为社会所有生产领域，如服务业、农业中主导的生产方式与组织方式，甚至成为整个社会，包括我们的生活诸多方面的资源配置与组织方式（芮明杰，2013）。

工业化的主要特征：

（1）大规模地以机器化大生产代替手工劳动，通过生产技术变革引导生产方式的变革，这种新的生产方式使生产力极大地提高。

（2）大规模、大批量标准化生产方式不仅成为工业部门的主导生产方式，而且随着工业化的推进，这种生产方式也逐渐进入到农业与服务业，成为主导生产方式（芮明杰，2013）。

（3）相应于大规模、大批量标准化生产方式，社会生产的组织与制度也发生了巨大变化，随着经济全球化与国际分工体系的演进，这样的生产组织方式是"集中生产，全球分销"，现代公司制度的确立是最关键的生产组织制度，成为现代意义上的经济组织。

（4）工业化过程也推动了城镇化进程，随着工业、服务业的发展，相应的就业结构也向非农产业倾斜，这会把越来越多的人口吸引、集聚到城镇中来。工业化更重要的是导致人类生活方式、思想观念等方面发生巨大变化。

2.1.1.2　城镇化

国外一般使用城镇化的概念，其英文表述是"Urbanization"。但是，由于中国特殊国情，大量农村人口不仅要向大中城市转移，而且还要向小城市、县城和中心镇转移，实现就地城镇化，中国学者提出了"城镇化"的概念。

从已有的文献看，"城镇化"的界定主要从人口角度展开。大致可分为三种：一是随着经济的发展和工业化的推进，人口也不断地从农村向城镇地区流动并集聚的过程（辜胜阻，1991）。主要表现为城镇居住人口的增加，通常用城镇人口占总人口的比重来表示城镇化率。根据国家统计局数据，中国2013年人口城镇化率已达到53.73%。二是指从事农业生产人口减少的过程，表现为从事农业生产的劳动力人口减少的同时，从事工业和服务业等非农产业生产活动的劳动力人口的增加。三是指转移人口的生产方式、生活方式、社会经济活动以及人口素质都发生了根本变化,认为城镇化是在人口向城镇集聚的基础上,劳动人口脱离了直接的农业生产,工业文明不断扩展,人口素质进一步提高,生活方式也由传统的农村方式转向现代城镇的生活方式。

在中国城镇化过程中,城镇人口与农村人口的划分依据是需要解决的问题。目前,在中国的主要根据有三个:户籍、居住地和从业。从强调户籍条件来看,一些农村户籍人口即便在城镇中生活了多年,从事非农产业,也被界定为农村人口;而一些城镇户籍人口愿意到农村居住,从事农业生产,依然被认定为城镇人口。而在大多数国家并没有城镇与农村户籍分开登记的制度,户籍制度不能用来界定“城镇化”。《中国共产党十八届三中全会全面深化改革决定》的第六部分“健全城乡发展一体化体制机制”,其中强调了“完善城镇化健康发展体制机制”。城乡二元结构是制约城乡发展一体化的主要障碍。要弄清城镇化含义,就需要从城镇与农村的差别入手。城镇与农村的差别实际上来自满足居民需求的供给程度上的差别。从消费需求看,2000 年以来,城乡居民生活正由温饱型向小康型过渡,吃、穿、用等方面的需求已得到较充分满足,城乡差别不明显,但是在教育、文化、医疗、居住、交通、通信、体育和娱乐等方面的需求满足程度上,城乡差别还是很大。《中国共产党十八届三中全会全面深化改革决定》提出推进以人为核心的城镇化,就应从实现社会主义生产目的和城乡居民全面发展角度来看,以最大限度满足城乡居民的消费结构从“吃、穿、用”向“住、行、学”升级为基本内容。新型城镇化以满足城乡居民消费结构从“吃、穿、用”向“住、行、学”升级为基本导向,才能有效推进城乡一体化发展,也为中国经济社会的可持续发展和实现全面小康奠定坚定基础。

2.1.1.3 农业现代化

农业现代化首先建立在农业发展的基础上,通过加速农业产出和生产率的增长,使其与现代化中的其他经济部门相一致。这种增长可以通过技术创新来实现,包括生物技术和机械技术。由于农业与生态环境的密切联系,以及对生态环境的日益关注,农业现代化的内涵又加入了对生态环境的考虑,如高效生态农业。

进入 21 世纪后,随着对农业、农民、农村“三农”问题的关注加深,农业现代化的内涵也在不断扩展。黄国桢(2001)认为农业现代化包括三方面内容:

第一,农业产业现代化,即作为物质生产部门的农业本身的现代化,它主要涉及发展模式、物质装备、结构布局、技术手段、经营管理五个方面。

第二,农业环境的现代化,即农业产业外部社会环境的现代化,实质是农村的现代化,它要求空间环境、经济环境、政治环境和文化环境都有提升。

第三,农业主体现代化,即农业劳动者的现代化,亦即农民的现代化,它要求农民具有现代价值观、文化素质、生产技能和生活方式。

目前学术界基本达成共识,农业现代化和现代农业两个概念是从不同角度表达的同一问题,即农业现代化反映的是农业发展的动态和趋势,现代农业反映的是农业发展的状况和水平,现代农业是农业现代化发展的结果和具体表现。曹俊杰、高峰(2013)总结出农业现代化应体现科学化、企业化、标准化、集约化、社会化(产业化)、多功能化、生态化、信息化、市场化(商品化)和国际化(简称"十化")等特征,并且"十化"之间存在着相互联系、相互制约和相互促进的互动机制。

第一,科学化是农业现代化的最基本特征。其表现为:

(1)现代农业的高技术化。农业机械化、电气化水平越来越高,特别是以生物技术、计算机技术、激光技术、遥感技术、信息技术、原子能技术等现代高新技术在农业中的广泛应用,极大地推动了农业经济的快速发展。

(2)现代农业的知识化。随着经济时代的到来,农业优良品种更新换代比较快,农用生产资料技术含量越来越高,农业生产者和经营者的文化技术素质也相应得到不断提高,知识型、智能型、技术型劳动者将取代传统经验型、体力型劳动者。

(3)现代农业组织管理的科学化。随着农业经营范围、规模的扩大和产业链的延长,社会分工和协作日益深化,需要劳动者质检和各生产环节之间协调与密切配合,要求进行严密的、科学的组织管理,并采用现代化的管理手段和科学的管理方法,使现代农业逐渐实现组织管理的科学化。科技进步不但使农业劳动力的文化技术素质得到了普遍提高,而且使其管理知识和能力素质也不断得以改善,这推动着现代农业经营模式的改变和管理水平的提高。

第二,企业化经营是现代农业的普遍经营模式。通过合同、契约等法律手段使土地、劳动力、资本、技术等生产要素在企业这个制度平台上进行市场化运作,以达到合理配置农业资源、优化农业产业结构、增强农业的抗风险能力、增加农业科技含量、提高农业经济效益和农业产品市场竞争力的目的。

第三,标准化经营是农业现代化的重要标志之一。加速农业标准化建设是应对国际市场竞争和提高农民收入的有效手段。农业标准化建设的重点内容是增强农业标准化意识,重视农业标准化管理,严控农业投入品指标,建立农业标准化体系。

第四,集约化经营是农业现代化发展的必然选择。集约化经营,通过在一定面积的土地上投入较多生产要素和劳动,采用先进的技术装备和技术手段来提高农业生产率,以此来获得较高经济效益。

第五,现代农业的社会化(产业化)。即形成比较完善的包括产前、产中、产后的农业社会化服务体系,既有政府提供的农业公共服务体系,又有企业和中介组织提供的经营性服务体系,还有农业合作组织提供的合作服务体系。我国的农业社会化产业组织形式即各类合作经济组织,包括“企业 + 农户”“合作组织 + 农户”“专业组织 + 农户”“市场 + 中介组织 + 农户”等。

第六,现代农业的多功能化。其是指农业除了具有满足人类和牲畜所需的食物和天然纤维这一基本的经济功能以外,还具有满足其他社会、文化和生态环境等多种功能,包括:使农业生产具有保证食物安全、涵养水源、水土保持、净化环境、乡村休闲、保护历史文化等社会与生态功能。

第七,现代农业的生态化。现代农业具有安全、环保、节水、低能耗和高效等显著特点。优化农业生产结构与生态系统结构可实现农业可持续发展目标。

第八,现代农业信息化。是指以农业高新技术发展为导向,通过信息化与农业的融合,不断提升现代农业的层次和水平,发展信息农业,实现农业基础装备信息化、农业经营管理信息网络化等。

第九,现代农业的市场化。即加快构建新型农业经营体系,建立城乡统一的建设用地市场,使市场在农业资源配置中起决定性作用,通过市场竞争推动农业技术及农产品产量和质量提高,建立完善的农产品和农业生产要素市场体系。

第十,现代农业的国际化。现代农业是开放的国际化农业。

2.1.1.4 信息化

2012 年,党的十八大报告指出,把发展新一代信息技术产业作为优化产业结构的重要战略基点,推动形成继汽车、房地产后的重大投资消费领域。中国的电子信息工业规模已跃居全球第二位,在国内已成为国民经济的支柱产业,移动电话、计算机、显示器、程控交换机、数码照相机等产品的生产数量均已居全球第一。从信息化角度看,电子信息产业在实现自身信息化的同时,主动将业务与服务向工业、农业、服务业延伸,充分发挥了网络技术、通信技术和信息服务的作用,积极参与到各行业、企业的业务流程和经营管理主要环节中,利用信息技术提高劳动生产率水平,进而也为其开发新的信息化制造设备,这也为电子信息工业提供了丰富而广阔的市场。企业信息化的重点是企业的生产和管理的信息化,行业信息化的重点是工业产品研发设计信息化、工业生产过程的自动化,工农业产品流通和市场信息化、企业和行业管理信息化。国家也在大力推进电子商务、电子政务、农村和农业信息化,促进电信、广播电视和计算机网络的三网融合。IT 咨询、IT 解决方案、系统集成、软件外包、软件测试、网络服务、数字内容、动漫游戏等软件新行业构成了现代信息服务业。

中国信息化的发展趋势是,抓住信息产业持续引导经济社会创新发展的历史性机遇,紧跟现代信息技术发展步伐,把发展新一代信息技术产业作为产业结构优化升级的重要战略基点。推动通信业转型发展,统筹信息网络整体布局,加快“宽带中国”建设,构建下一代国家信息基础设施,推动三网融合,重点推动新一代移动通信、下一代互联网、移动互联网、云计算、物联网、智能终端等领域发展。积极迎接新的工业革命的到来,加快信息网络技术在经济社会全方位应用,充分发挥新一代信息技术产业对国家经济、社会发展的支撑能力。完善网络与信息安全保障机制,提高安全保障能力,健全安全保障体系,确保国家经济与信息安全。

2.1.2　“四化”的同步发展与融合发展

“四化”同步发展是一个系统工程,首先要求“四化”得到发展。“四化”同步的过程中,“四化”融合是关键。工业化与信息化的深度融合,城镇化、农业现代化与信息化有机结合,工业化与城镇化以及城镇化与农业现代化的相互协调与融合可以实现“四化”的同步发展。

2.1.2.1　“四化”的同步发展

中共十八大报告指出:“坚持走中国特色新型工业化、信息化、城镇化、农业现代化道路”,结合中国在经济结构转型和产业结构优化升级方面存在的深层次问题,我们应研究如何推进信息化与工业化的深度融合,工业化与城镇化的良性互动,城镇化与农业现代化的相互协调,坚持工业反哺农业,以工促农。建立起新型工业化道路下的现代产业新体系,探索统筹城乡发展的城镇化新模式,找到强农惠农的农业现代化新途径,这是“四化”同步发展的实现目标。

加快信息化与工业化深度融合是推动工业结构优化升级,促进工业绿色发展的有效途径。信息化与工业化融合是以信息技术与工业技术融合为起点,以产品融合、业务融合为过程,进而促进产业融合、新产业衍生的过程。信息化与工业化深度融合,一是能更有效配置工业内部稀缺资源,二是能降低各产业内或产业间的交易成本,三是能提高产业内或产业间贸易的效率,四是能提高企业的知识处理与分配效率,形成产业竞争优势,提升产业竞争力。

工业化与城镇化的良性互动发展表现为:一方面,工业化可以提高社会劳动生产率,工业化发展的集聚和支撑效应,也有利于服务业尤其是生产性服务的发展;

另一方面,城镇是工业发展的空间载体,城镇规模扩大、人口增加,对工业产品和服务的需求也随之扩大。“两化”的良性互动发展可促进生产性服务与工业的融合发展,可使各类生产要素得到充分激活与最优配置,进而提升工业的核心竞争力。

城镇化与农业现代化协调发展是实现城乡发展一体化的关键。城镇化与农业现代化相辅相成、密不可分,城镇化是农业人口转化为非农人口、乡村生活生产方式转化为城镇生活生产方式的过程,这个过程不能回避农业现代化,只有实现了农业现代化,才能把更多的农民从土地上解放出来,从而走向真正的城镇化。

坚持工业反哺农业,以工促农,一方面工业化要为农业现代化提供更多的现代农业所需要的高新技术、农业机械化与农业电气化的技术与装备,另一方面要推进农区的工业化。县域经济既是城镇经济与农村经济的结合部,又是工业经济与农业经济的融合体,其以促进产业集聚为依托,推进县域工业化进程,提高县域经济中第二、三产业比重,是工业支援农业的着力点。

2.1.2.2 “四化”的融合发展

“四化”融合发展是指通过信息化推动下的创新驱动实现工业化与信息化的深度融合,信息化与城镇化和农业现代化的有机结合。工业化与信息化的深度融合,提升了工业的创新能力,提高了工业的经济效率,并促进了工业绿色发展。通过信息化与城镇化的有机结合,提升了城镇的服务功能,打造了智慧城市,促进了城镇生产性服务业的发展。生产性服务业的发展,提升了工业与农业的生产效率和核心竞争力。信息化与农业的有机结合,提升了农业的信息化水平,促进了现代农业的市场国际化进程,发展了农业全产业链物流配送体系与生产经营体系,实现了农业生产数字化管理与质量可溯源,实现了农业与电子商务的融合。农业与文化产业的融合表现为建立了创意农业,建立了数字化农庄模式,进而实现了农业与信息服务业的全面融合。

2.1.3 产业结构升级

从20世纪40年代开始,产业结构理论已经得到了大量研究。伴随着经济的快速发展,对产业结构的升级也有着更高的要求。产业结构的升级不仅包括三次产业结构的变化,也包括产业内部结构的高度化。

2.1.3.1 产业结构内涵

日本经济学家筱原三代平1957年发表了论文《产业结构与投资分配》,认为产业结构就是“产业之间”的结构，即一个国家所有产业的净产值或投入的资本等经济指标在各产业的分布状况或比例关系。产业结构，既可以解释为某个产业内部的企业关系，也可以解释为各个产业之间的关系，直到 1960 年初，对产业结构的理解还是两者并存的。以产业组织理论的创始人之一，哈佛学派的 Bain 在 1959 年出版的《产业组织》一书为标志，“产业内部的企业间关系”被产业组织的概念所界定。在 20 世纪 70 年代，日本经济学者对此概念极力澄清，认为产业结构仅指产业间的关系。

在中国，产业结构是国民经济结构的重要组成部分。产业结构一般是指国民经济各个产业部门之间和每个产业部门内部的构成，以及它们之间相互制约的经济联系和数量比例关系。产业结构是指以国民经济为整体，以某种标志将国民经济分为若干个产业。产业结构是在社会再生产过程中形成的，它受到资源结构、分配结构、投资结构、消费结构、技术结构的影响。由于产业间存在技术联系，每一产业的技术发展都直接和间接地影响或受影响于其他产业的技术发展。由于产业间存在经济联系，故产业之间生产联系紧密程度、产业空间的分布和组合都要通过产业间产品和劳务的交换关系体现出来。产业间数量比例关系，首先反映的是各类经济资源在各产业间的配置情况，如资金、劳动力、技术等生产要素在各产业之间的分布；其次，反映的是国民经济总产出在各产业的分布状况，如一定时期内的总产值、总产量和劳务、利税在各产业间的分布。

广义的产业结构既包括产业的内容结构，即产业结构本身的优化问题；也包括产业的数量结构，即产业关联；还包括产业的空间结构，即产业布局。狭义的产业结构仅指产业的内容结构，即产业结构优化问题。受数据的限制，本书研究的主要是狭义的产业结构。根据研究的需要，必要时会对关于产业结构升级中的部分内容进行研究。

2.1.3.2　产业结构升级

中共十八大报告指出，优化产业结构是推进经济结构战略性调整的主要着力点，通过优化产业结构，努力实现消费、投资、出口协调拉动经济可持续发展，把优化产业结构作为促进消费结构升级的重要动力，把优化产业结构作为区域协调发展的重要支撑。产业结构优化是一个动态过程，一般包括产业结构合理化和产业结构高度化。产业结构合理化是指各产业之间协调能力的加强和关联水平的提高。产业结构的合理化为产业结构高度化提供了基础，而产业结构高度化则推动了产业结构在更高层次上实现合理化。产业结构的高度化，是指在产业技术创新的基础上，产业结构从低水平状态向高水平状态的演进，是一个动态的过程，不断提高产业结构素质，实现了产业结构升级。通过产业结构的调整，实现了产业结构合理化，然后再进一步向产业结构高度化演进。构建现代产业发展新体系是产业结构优化与升级的主要任务，包括加快传统产业转型升级，推动战略性新兴产业、先进制造业健康发展，推动服务业特别是现代服务业发展壮大，发展现代信息技术产业体系等。

产业结构升级的实质内容包括：

(1)结构规模由小变大，即产业结构借助量的扩张而推动质的提升。

(2)结构水平由低变高，以技术密集型为主体的产业关联取代以劳动密集型为主体的产业关联，促进要素投入结构优化。

(3)结构联系由松变紧，是指产业之间聚合程度提高，关联耦合更加紧密。

产业结构升级的动力是创新。一个国家的创新活动和创新能力是产业结构有序发展的核心动因。通过创新驱动，才能从根本上提高产业结构的转换能力，推进产业结构升级。

2.2 理论基础

“四化”推进产业结构的升级有着一定的理论基础，包括经济增长与发展理论、产业结构理论、区域创新与协同论以及可持续发展理论。产业结构升级的最终目的是实现经济的快速稳定的增长，产业结构的升级是实现经济增长的重要途径，这也是众多国家和地区追逐产业升级的原因。“四化”推动产业结构的升级不仅在产业结构上有要求，更对协同发展有着较高的要求。而在“四化”发展中，通过制度和技术等创新能够实现经济的可持续发展。

2.2.1 经济增长与发展理论

经济增长是指一个国或地区生产的物质产品和服务的持续增加，它是增加社会总供给的基本来源，它意味着经济规模和生产能力的扩大，可以反映一个国家或地区经济实力的状况。经济增长是一种长期的经济现象，表示一国或地区经济产业(即物质产品和服务)总量的持续增加。现实的经济产出总是围绕潜在经济产出而表现为周期性波动。在经济周期性波动过程中，处于经济活动高涨的繁荣时期，现实经济产出和就业水平都高；在经济活动低落的萧条时期，经济产出和就业水平都低。处于经济周期的扩张阶段，经济产出会有较快增长，但进入紧缩阶段，经济产出就会显著下降。

经济增长不完全等同于经济发展,一般认为经济发展比经济增长的含义更为广泛和丰富。二者是既有联系,又有区别的概念。一般来说,一国的国内生产总值与人均占有量的增长是同步的。但是在一些发展中国家,两者也不尽一致,在国内生产总值增长的同时,人均占有量和人民生活质量并没有提高。这是由于片面追求经济总量增长,却带来了资源消耗量大、环境承载能力减弱的结果。这种有增长没有发展的状况,被一些经济学家称为“二元结构”社会特征。从两者区别来看,经济增长是指物质产品和服务产业量的增加,包括经济产出总量和人均占有量的增加;经济发展除包含经济产出量(总量和产出量)增加外,还包括经济结构的变化(如产业结构的优化升级)、社会结构的变化(如人口文化教育程度的提高、寿命的延长、婴儿死亡率的下降、环境的治理和改善)、收入分配的变化(如社会福利的增进、贫富差距的缩小)等。从二者联系来看,经济增长与经济发展是相互依存与相互促进的。经济增长是经济发展的前提,没有经济增长,经济发展就因缺乏必要的物质基础而难以进行;经济发展为经济增长创造了新的条件和宽松的环境,没有经济发展,经济增长会因缺乏必要的机制和条件而受到阻碍。只有以经济发展为目标,使经济增长符合经济发展的要求,把二者统一起来,才能推动国民经济更有效率、更加公平、更可持续发展。

传统的经济增长理论认为,经济总量的增长是在竞争均衡的假设条件下资本积累、劳动增长和技术变化长期作用的结果。古典增长理论就其增长模型本身来说是完全将结构因素排斥在外的。Adam Smith 和 David Richardo 等人的古典增长理论归纳起来就是:剩余的出现产生了资本积累,积累的增加又产生了对劳动力需求的增加,劳动就业的增加又带来了生产规模的扩大和产业量的增加,这样剩余再次出现,并刺激了积累的进一步增加和对劳动力需求的增加,以及生产规模的进一步扩大和产出量的增加。他们的增长理论没有把部门之间资源流动等诸多结构变化当作经济增长的重要因素。Harrod - Domar 模型强调了经济增长的原动力是投资,认为评价经济增长率的高低不仅要注意储蓄率(积累率)的高低,还要注意资本产出率(投资效果系数)的高低。但这一增长模型没有将技术进步和结构变化因素考虑进去。在新古典增长模型中,Solow(1956)采用总量生产函数来建立经济增长模型,这一模型考虑了时间变量,即技术进步因素,能够非常清楚地显示技术进步因素对经济增长的作用。之后,又有研究者们把结构因素作为一个变量放进其模型中。

经济增长的结构主义观点认为:经济增长是生产结构转变的一个方面,生产结构的变化适应需求结构的变化;资本和劳动从生产率较低的部门向生产率较高的部门转移能够加速经济增长。结构主义观点放弃了传统增长理论的均衡竞争达到帕累托最优(资源配置最优)的企图,转而追求“次优”。许多经济学家如 Clark(1940)、Rostow(1956)和 Chenery(1955)等人对经济增长中的结构因素都做过深入研究,对丰富产业结构理论做出了重大贡献。

中国传统的经济发展方式的主要弊端是能源资源消耗多,环境损害成本大,经济总量在世界上的份额与中国资源消耗总量在世界上的份额不相适应,内需与外需、投资与消费严重失衡,三次产业发展不协调,这些都是片面追求经济增长、忽视结构优化的结果。因此,以加快转变经济发展方式为主线,是推动科学发展的必由之路,这符合中国基本国情和发展阶段的新特征。加快转变经济发展方式是中国经济社会领域的一场深刻变革,必须贯穿于经济社会发展的全过程和各领域,提高经济发展的全面性、协调性、可持续性,坚持在发展中促转变、在转变中谋发展,实现经济社会又好又快发展。

2.2.2 产业结构理论

产业结构理论是人们将经济分析深入到产业结构层次,在进行“产业结构”分析和“产业结构政策”实践探索过程中逐步产生和发展起来的。西方不同经济学科的形成和发展都起源于一定的历史背景之下,伴随着资本主义发展足迹的不断变化,大体经历了个量分析—总量分析—产业分析的漫长过程。以完全竞争为假设条件的古典经济理论,其分析侧重于个量分析,其重要结论为:市场机制通过“看不见的手”能够自动调节资源的有效配置,不需要任何外来的干预。但是在现实的市场上,完全竞争是不存在的,而且自由竞争本身孕育着垄断。1929 年爆发的世界经济大危机,使古典经济理论发生了严重危机,市场失效了,看不见的手不灵了,正是在这种情况下出现了凯恩斯理论。凯恩斯及其追随者,将经济分析转向宏观层次,即总量分析,认为由于各种因素的影响,通常情况下有效需求不足,“非自愿失业”总会存在,市场机制没有足够力量使总需求与总供给相等。因此,政府有必要且有能力来调节市场,即通过财政政策和货币政策来弥补市场机制的缺陷。凯恩斯的主张虽然一度获得成功,并在一定程度上使危机中的经济有所复苏,却孕育了更大的失衡,出现了财政赤字、通货膨胀居高不下、经济停滞不前的“滞胀”局面。于是经济学家把研究目光投向了社会再生产过程的中观层次——产业层次,这推动了产业分析理论的问世,出现了以较粗产业分类为基础,以寻求产业结构演变规律为主线的狭义产业结构理论,以各产业部门之间一定技术经济关联所发生的投入与产出量化关系为研究领域的产业关联理论等。

产业结构理论的兴起与产业结构政策的问世同实践有着密切关系。二战后的日本经济濒临崩溃，为重建和振兴经济，迅速赶超欧美发达国家，日本政府通过规划产业结构高度化发展目标，设计产业结构高度化的途径，确定不同时期带动整个国民经济起飞的“主导产业”，并通过政府一系列的相应政策、措施来确保“主导产业”的崛起，从而引导经济按既定目标发展。日本制定和实施产业结构政策的实践活动取得了成功，促进了人们对产业结构理论的研究，从而推动了产业结构理论的形成与发展。

产业结构理论是以研究产业之间的比例关系为对象，以寻求最优经济增长途径为目的的应用经济理论，主要运用动态的比较方法研究一国或国际的产业结构的历史、现状与未来，探讨产业结构发展与变化的一般趋势，为规划未来的产业结构提供理论依据。产业结构理论的基本体系主要由产业结构形成理论、产业结构演变理论、产业结构影响因素理论、产业结构优化升级理论、主导产业选择理论、产业关联理论、产业结构政策理论等组成。本书主要介绍产业结构优化升级理论。

产业结构优化包含两方面的含义：

一是结构效益优化，即在产业结构演进过程中由于协调化而产生的结构效益不断提高。

二是转换能力优化，即产业发展过程中，不断提高技术创新能力，提高对社会资源供给状况和市场需求状况变化的适应能力，在创新中提高产业结构转换能力、推动产业结构升级。

产业结构优化的路径：

(1)内向型优化路径，是指在国内市场导向下内部各相互关联的产业协调互动，实现本国产业结构合理化、高度化和高效化，以实现本国经济的可持续发展。内向型优化主要功能为：强化技术扩散效应、强化产业集聚功能、提升产业的高度化。

(2)外向型优化路径，即从国际比较优势和产业国际竞争优势的角度出发，优化本国产业在世界产业分工体系中的位置，推动本国产业经济系统融入世界产业分工体系，分享全球资源和市场，获得更大的成长空间，形成开放型产业经济体系，扩大本国比较优势和竞争优势，最终提升本国产业的国际竞争力。

产业结构优化升级的策略包括：

(1)产业空间转移，包括产业从国内一个地区转移至另一个地区，也包括产业从一个国家转移到另一个国家。通常是指产业的国际转移，国际产业转移是产业结构升级的结果,也是推动产业结构升级的手段。

(2)产品升级换代,是产业发展优化的一个重要标志,产品升级是产业内产品结构优化,也是产业升级的基础。产品升级首先是进行产品技术升级,其次是品牌的升级,再次是功能升级。

(3)产业链升级,发展中国家在全球价值链中处于被动地位,应加快产业的升级转型,尽快在全球产业链条上占据有利位置,并争取实现“跨越式”链条升级,即产业间优化升级,从一条产业链条转换到另一条产业链条的升级方式,这种转换一般来源于突破性创新,是一种重新创建新链条和新产业的全新升级模式。

产业结构优化升级的效果评价主要通过以下四个指标来衡量:

(1)附加价值溢出量,产业附加价值量的大小与经济发展和产业结构优化升级的经济现象密切相关。产业结构优化升级前后产品和服务附加值是不同的,其附加值溢出量能够直接说明产业结构优化升级的效益。

(2)产业高加工度系数,它是测量制造业内部构成变化的,特别是深加工、高新技术和知识资本含量的产业占制造业比重的变化。

(3)结构效益系数,这项指标表明产业构成比例变化引起的效益变化。该系数值上升说明产业结构优化升级使结构效益得到了提高。

(4)结构效应链分析,是指产业结构变化、升级带来的效益是通过系列的效应链表现出来的。如产业结构要满足投入结构、资源结构、能源结构等的协调性要求,一定的需求结构要满足消费结构、投资结构和进出口结构等的协调性要求。产业结构在总需求与总供给总量平衡中处于供给方面的基础地位。

2.2.3 区域创新与协同论

随着一国经济的发展,创新对经济增长的作用越来越重要。早期的经济理论通常认为经济增长主要归功于劳动力和资本。但20世纪80年代的新增长理论则对创新给予了足够的重视,采用多国经验数据也证明了技术进步或者创新已成为经济增长中更加重要的因素。在党的十七大报告中明确提出了“提高自主创新能力、建设创新型国家”,这也表明我国对创新的认识提高到了新的高度。

2.2.3.1 区域创新系统

创新促进经济发展的理论的提出可以追溯到 Adam Smith(亚当·斯密)以及 Karl Marx(卡尔·马克思),但真正首次对创新做出大篇幅研究的却是 Schumpeter(熊彼特,1934)。1912年,熊彼特在《经济发展理论》(*The Theory of Economic Devel-*

opment)中首次提出了“创新”。在后续的熊彼特周期系列研究中,熊彼特也提到了“创新”的概念。熊彼特的“创新理论”主要强调生产技术和生产方式的变革,他认为创新是“建立一种新的生产函数”,是一种“生产要素的重新组合”。生产过程中,企业家通过对生产要素或者生产条件的重新组合实现了“创新”,从而实现了资本主要经济增长和发展的动力。

熊彼特认为:

(1)创新基本上是一个非均衡的过程。

(2)经济发展与创新是同等的。

(3)资本主义的经济运行在创新的推动下具有周期性波动的性质。

(4)资本主义经济就是在经济主体企业家的企业家精神的推动下才实现创新和发展的。

(5)实现创新需要一定的社会环境和经济条件。

(6)实现创新的途径有两种模型。

在20世纪50到60年代,随着美国高科技的发展,西方经济学界对技术给予了更多关注。比较具有代表性的人物是Solow(1956),其在研究中发现除了投入要素资本和劳动力对经济增长做出贡献之外,还存在着一个“索洛剩余”①。“索洛剩余”也被称为“技术进步”,从而“创新”逐步被纳入到增长经济学中,并随着“技术进步”内生化形成“新增长理论”。当然,“创新”并非只是技术方面的创新,同样还包括“制度”方面的创新。在科斯等人的推动下,以制度变革和制度形成为研究对象的“制度创新”理论逐步形成。因此,“技术创新”和“制度创新”也就成了继熊彼特“创新”理论之后的经济学的两个重要发展。

在现代社会中,创新并不是一个企业的独立行为。Cooke(1992)在《区域创新体系:新欧洲竞争规则》(*Regional Innovation Systems: Competitive Regulation in the New Europe*)一文中对区域创新体系(Regional Innovation Systems,RIS)进行了研究,在其后续的论证中也对该理论进行了补充。整体而言,区域创新体系由主体要素、功能要素、环境要素三个部分构成,具有输出技术知识、物质产品和效益三种功能。其中,主体要素包括企业、大学、科研机构、中介服务机构和地方政府,功能要素包括制度创新、技术创新、管理创新和服务创新,环境要素则包括体制、机制、政府或法制调控、基础设施建设和保障条件等。

区域创新体系是国家创新体系在区域层次的延伸和体现,构建区域创新体系

① 索洛剩余也可称为索洛余量。

有利于国家创新战略的实现(王松等,2013)。

区域创新体系是:

(1)一定的地域空间和开放的边界。

(2)以生产企业、研究与开发机构、高等院校、地方政府机构和服务机构为主的创新主体。

(3)不同创新主体之间的社会交互作用,构成了创新系统的组织和空间结构,从而形成一个社会系统。

(4)把制度因素摆在突出的位置上加以考虑,强调制度因素和治理安排对于知识的形成、利用和扩散的重要作用。

(5)以促进区域内创新活动为目的,鼓励区域内的企业充分利用地域范围内的社会关系、规范、价值和交互作用等来形成特殊形式的资本,以增强区域创新能力和竞争力。

整体而言,区域创新体系有着邻近性、主体多元性、文化根植性、系统集成性和网络开放型等一系列的特征。

Cooke(2008)在《区域创新体系:物种起源》(*Regional Innovation Systems: Origin of the Species*)一文中对区域创新体系的来源也给予了分析,他认为区域创新体系主要来源于三个方面:

(1)一般系统理论,尤其是19世纪60年代末开始的系统规划理论。

(2)19世纪80年代创新体系方法深受当时变化了的区域创新政策和实践的影响。

(3)产业区位论、背景研究和与创新体系研究有关的区域网络理论的影响(柳士双,2012)。

这种多学科的来源也造就了区域创新系统的复杂性,同时在该系统中也更加强调系统的协同性。在“四化”同步发展中我们强调信息化的作用,而信息化是创新传播的重要途径,通过信息化能够提高创新传播的速度和效率,从而可加速地区产业结构的调整,并最终促进产业结构升级。

2.2.3.2 协同论

Haken(1977)在《协同学导论》(*Synergetics*)一书中综合了现代理论科学的许多成就,创立了他的系统理论“协同学”(synergetics),并把它应用到物理现象、化学和生物化学现象、生物现象中,甚至用到社会现象中。协同学的主要内容就是用演化方程来研究协同系统的各种非平衡定态和不稳定性(又称非平衡相变),该理论在近几十年得到发展,重点探讨了各种系统从无序变为有序时的相似性。

本质上,“四化”同步发展是协同论的具体应用,通过“四化”同步的发展共同推动经济的发展。无论是工业化、城镇化、农业现代化还是信息化,相互之间具有紧密的关联。党的十八大报告提出“坚持走中国特色新型工业化、信息化、城镇化、农业现代化道路,推动信息化和工业化深度融合、工业化和城镇化良性互动、城镇化和农业现代化相互协调,促进工业化、信息化、城镇化、农业现代化同步发展”。报告中更加强调“同步发展”,体现出“协同”的重要性。“协同”本身也是一种生产力,这种生产力并非是因为要素的投入而产生的,而是因为生产效率的提高而产生的。协同学揭示了系统之所以能够在宏观整体上大于各要素的简单总和以及系统在不断发展进化,是因为各子系统以及要素彼此协同的微观机制(曹亚梅,1991)。

协同创新是一项复杂的创新组织方式,是对协同学在创新理论上的新的应用。对于创新的主体,我们通常认为有研究型机构、营利性企业以及个人。但是,协同创新让人们认识到创新的新来源,并且不同于以往的单一主体。在该创新组织中以大学、企业以及研究机构为主体,经由政府或者中介组织提供的平台而形成网络的创新模式,通过知识创造主体和技术创新主体间的深入合作和资源整合,产生系统叠加的非线性效用(陈劲、阳银娟,2012)。协同创新有着整体性和动态性的特征,这就要求主体之间有更多的交互影响,并且对外部因素有着快速的反应。协同理论的主要内容包括协同效应、伺服原理和自组织原理,“官、产、学、研”一体化的协同创新体系则是对这一理论的充分利用。协同创新充分利用资源和要素,突破创新主体之间的壁垒,释放“人才、资本、信息、技术”等创新要素活力而实现深度合作(周志太,2013)。

协同创新最初在企业内部得到充分发展,这与企业对利润有着较强的追逐动力直接相关(Teece,1986)。Zanfei(1993)对美国电信业中的创新进行了研究,其在研究中发现美国电信业的创新源于企业之间的相互合作,即“协同创新”。“四化”的同步首先要求工业化、城镇化、农业现代化以及信息化的独自发展,并通过创新实现工业化、城镇化、农业现代化以及信息化。这种创新依赖于“官、产、学、研”之间的紧密合作,在制度上和技术上不断实现创新突破,从而改进地区产业结构并最终促进地区经济的发展。

2.2.4 可持续发展理论

中共十八大上,党中央提出了“创新驱动”和“促进工业化、信息化、城镇化、农业现代化同步发展”的战略。那么,创新是如何驱动经济增长的,其中创新又是通过怎样的机制来促进“四化”同步发展,实现经济增长,并推进经济的可持续发展的呢?

2.2.4.1 可持续发展与“四化”同步发展

可持续发展(Sustainable Development)是指既满足当代人的需要,又不对后代人满足其需要的能力构成危害的发展。在20世纪60年代,经济发展与环境之间的不协调日益凸显,环境有限承载力成为人类社会发展面临的重要问题。很多经济学家对经济增长的方式重新进行了审视,1976年Stivers在经济与生态系统均衡的研究中使用了“可持续”的概念。而联合国1987年的报告也对全球的环境和发展进行了全面的分析,提出“可持续发展”包括经济发展、社会发展以及资源的保护等多个方面。

新型工业化、城镇化、农业现代化以及信息化的发展更加体现了我们对可持续发展的重视。新型工业化通过与信息化的深度融合,大幅提高了生产效率,促进资源的可持续利用,从而减少了工业生产对资源的利用以及对生态的破坏。新型城镇化的发展更加强调“以人为本”的城镇化,绿色可持续发展是人类追求的发展方式。在新型城镇化的发展中,城镇化率并非是追求的唯一目标,城市居民的生活水准则是更高的目标。而农业现代化的发展通过与信息化的融合而改善传统的农业,从而达到全面提升农业质量、推进农业发展方式的转变,最终实现农业的可持续发展。在工业化、城镇化、农业现代化以及信息化的发展过程中,其相互之间如果失衡则会引起经济结构的失衡,从而无法实现可持续的发展与增长。

经济增长是人们长期追逐的目标,解决贫困是一个全球性的难题。经济增长很早就引起了经济学家们的广泛关注,但是在20世纪60年代这一领域的研究出现了一个低潮。在沉寂了数十年后,这一个领域在20世纪80年代随着新增长理论的推进也被人们唤醒。经济增长的因素很多,主要归结为劳动力、物质资本、人力资本、技术进步与扩散等因素。劳动力的增加以及物质资本的积累虽然可以带来经济的短期增长,但都不能带来经济的长期增长。因此,经济可持续增长的驱动力主要来自于创新,而这种创新又分为技术创新和制度创新。通过“四化”同步发展,尤其是在信息化的引领下一定会实现创新驱动下的经济可持续增长。

2.2.4.2 技术创新与经济的可持续增长

新古典经济学对劳动力增长、物质资本增长进行了大量的研究,研究发现试图通过人口的增加、储蓄率的提高来增长人均GDP是徒劳的。人口的增长创造了更高的产值,但是同时也有着更多的消耗,随着人口的增长,工人的人均资本稳态值会更大,但是这种增长是不具有长期效应的。同样,储蓄的作用也是有限的,经济的资本回报率递减规律最终使得整个经济体的经济增长率重新回到零(Barro, Sala - i - Martin,2004)。换句话说,储蓄同样不能带来经济的长期增长。在经济增长理论中,大量研究发现技术进步能够带来人均 GDP 的不断上涨,这主要是由于人类的知识增长是没有上限的。正因为如此,新古典经济学指出经济增长的源泉是技术进步(也就是我们这里所谓的创新),而非资本积累等。

为了能够衡量经济增长中各要素的贡献,经济学家们对经济增长的因素进行了分解。在生产的过程中,企业需要使用劳动力以及资本等要素作为投入要素,同时还会使用技术。但是,技术因素不能像劳动力和资本等要素一样衡量,因此需要对经济增长的因素进行分解,从而度量出除了劳动力和资本之外影响经济增长的因素。这种间接度量的方法在 Solow(1957)模型中最先得到了应用,Barro 和Sala - i - Martin(2004)整理了 Elías(1992)以及 Young(1995)等学者对 OECD、拉美以及东亚一些国家经济增长的分解,研究发现了多数 OECD 国家的经济增长主要靠资本积累和技术进步,而新兴经济体的增长则主要靠资本积累(详见附录 A)。整体而言,技术进步对经济增长有着重要的贡献。

从附录 A 中我们可以看出,要素驱动和创新驱动(TFP 贡献)对经济增长都有促进作用。相比较而言,发达国家的创新驱动的贡献远大于要素驱动,并且随着时间的变化,这一现象有增强的趋势。比如,1960 ~ 1995 年期间,法国、德国、意大利、日本、英国以及美国的创新驱动对经济增长的贡献分别为 38%、42%、42%、47%、36%、24%,创新驱动的经济增长占经济增长的 1/3 以上。其中,日本的创新驱动的贡献(47%)更是超过资本驱动的贡献(31%),成为以创新驱动经济增长为主的国家。相比较而言,一些新兴经济体则主要通过要素驱动来实现经济增长,创新驱动对经济增长的贡献有限,创新对经济增长的贡献度基本上都没有达到 1/3。比如,在 1940 ~ 1990 年期间阿根廷、巴西、哥伦比亚、墨西哥、秘鲁、委内瑞拉创新驱动的贡献为 19%、20%、19%、22%、-19%、2%,只有智利达到了 1/3 以上,高达 38%。同样,在 1966 ~ 1990 年期间,韩国、新加坡、中国的台湾和香港等国家和地区的创新对经济增长的贡献也是不足的。香港的创新对经济增长的贡献度最高,达到 32%;台湾次之,高达 28%;韩国仅有 16%;新加坡更是低至 2%。

改革开放后,中国的经济出现了快速的增长,而这主要源于劳动力和资本等要素的投入。在越过"刘易斯转折点"后,随着中国"人口红利"的逐渐消失,中国的劳动力需要重新进行配置,但是在政府的主导下,更多的资本投入是为了提高资本劳动力比(蔡昉,2013)。上面的理论中也提到,随着一国经济的增长,本国的增长驱动因素应该逐步从要素驱动转向创新驱动。在附录A中我们可以看到,新加坡在1966~1990年期间创新驱动的贡献只有2%。但是,在一些国际著名经济学家如Young以及Krugman等人对新加坡增长奇迹的质疑下,新加坡政府还是主动提出每年TFP增长不低于2%的目标。毫无疑问,创新驱动是未来经济增长的主旋律。但是,当前中国的技术创新对经济增长的贡献度还不足,中国当前的技术创新对经济增长的贡献还不足30%,中国是G 20的20个国家中技术创新对经济增长贡献唯一低于50%的国家①。从改革开放后的30多年来看,中国顺利地走出了“市场驱动”阶段(1978~2000年)和“要素驱动”阶段(2001~2009年),目前正在逐步走向“效率驱动”阶段(2010年至今)。这样的规律是符合经济体发展的一般规律的,而“创新驱动”则是经济体发展到高级阶段的主要驱动力。虽然“市场驱动”“要素驱动”能够带动中国经济的快速发展,但是这些因素不能带来经济的可持续发展,而真正能够促进经济的可持续增长的是“效率驱动”和“创新驱动”。

随着中国经济的发展,国内劳动力、资本以及资源等要素成本不断攀升,依靠要素投入驱动的传统增长模式在当前也是难以为继,中国的劳动密集型产业等产品在国际市场上的比较优势也逐步下降。依靠科技创新,促进中国相关产业向高端产业转型,提高整个产业的附加价值,促进经济的可持续发展。工业化、信息化、城镇化与农业现代化的同步发展是能够实现创新驱动下经济的可持续发展的。

2.2.4.3 制度创新与经济的可持续增长

除了技术创新可以促进经济的增长之外,制度的创新同样可以促进经济的增长。制度创新是指在人们现有的生产和生活条件下,通过创设新的、更能有效激励人们行为的制度、规范体系来实现社会的持续发展和变革的创新。创新活动需要得到一定的保护,这样创新才能够得以持续,而这依赖于制度创新。通过制度创新,并将制度创新不断固化,这样可以起到保护创新活动的作用。

相比较而言,发达国家市场自由化程度更高,因而制度创新对发展中国家的经济增长显得更为重要。Lewis(1955)在《经济增长理论》(*Theory of Economic Growth*)一书中提到了制度对经济增长的作用,他认为制度对经济增长起促进还是限制作用,主要取决于制度对努力的保护、为专业化生产提供的机会以及允许经济

---

① 资料来源:《中国需从要素驱动转向创新驱动》,http://finance.chinanews.com/cj/2013/01-21/4504242.shtml。

活动的自由程度。North(1973)指出,经济增长的核心是技术进步,而技术进步则由产权所决定,因此产权制度是经济增长的唯一动力。North 的观点代表了制度经济学派对经济增长的认识,同时也为我们研究经济增长的因素提供了一个新的思路。为了适应市场发展的需要,制度需要不断地进行调整来满足市场的需求,否则市场经济将难以为继,市场失灵也将大范围存在,进而会造成很多不必要的浪费。按照这一思路,制度创新是真正保障经济可持续发展的重要因素,从而制度创新也就成了经济增长的重要因素。

改革开放后,中国走出了一条适合中国市场经济发展的特色道路。作为社会主义阵营中最富代表性的国家,中国所走的社会主义市场经济发展的道路更加富有制度创新的色彩。在中国经济的发展史上有着无数次的制度创新。1978 年,农村家庭承包制的实施一举改变了中国农业生产效率低下的问题。从制度经济学的角度来看,农村家庭承包制是一种能够有效调动农民生产积极性的机制,也是实行现代企业激励的有效方法。这种家庭联产承包制取代了中国农业集体耕种的方式,是中国制度创新的重要探索。在改革开放的 30 多年中,中国社会经济制度不断创新。1992 年邓小平南方谈话后,中国的社会经济制度更是进入了改革的重要阶段,在金融、财政、税收、外汇、外贸以及流动等领域进行了全方位的改革。从而,长期制约中国经济的因素在制度创新的方面有了突破,成为中国经济快速增长的重要动力。以财政分权为例,1994 年施行的"分税制"使得地方政府与企业之间的有效互动不断增加,这增强了地方政府和企业的活力,刺激了地方政府为本地企业提供更多服务的动力,同时企业也从中获得了较多的收益。在经济发展的过程中,经济发展会面临很多的问题,这些问题往往是相互矛盾的,而这些问题就需要制度的创新来解决。当前中国的经济发展同样面临着很多问题,其中城镇化的发展相对滞后显得尤为突出。通过制度创新实现城镇化,我们可以预期未来中国的城镇化将会有高质量的发展,并会推动农业现代化和第三产业的发展。

整体而言,创新是经济可持续发展的动力所在。很多国家落入"中等收入陷阱""城镇化陷阱",其根本原因是本国经济发展中缺乏创新,虽然经济可以在短期获得快速发展,但由于本国的创新乏力,本国的生产效率增速也会放缓,最终趋于稳定的状态而无法获得长期增长。创新包含着制度创新和技术创新两个部分,这两者是相辅相成的。一个国家或者地区如果缺乏技术创新,那么其经济社会的效率将无法得到提升,产业也将长期处于低端;而一个国家或者地区如果缺乏制度创新,那么生产过程中微观主体将会缺乏积极性。简而言之,技术创新和制度创新是必不可少的因素,两者如果不能同时得到推进将会影响本国或者本地区经济的发展,因而无法实现可持续增长。

2.3 本章小结

改革开放后中国的经济获得了快速的增长,而对于“四化”概念的认识也出现了变化。随着“四化”的发展,“四化”同步发展与融合发展日益得到关注,并被作为促进国家和地区的产业结构优化升级的重大举措。“四化”的发展对产业结构升级具有重要的意义,其背后有着大量的理论支撑。

本章首先对“四化”等概念进行了回顾与定义。在本书中,工业化是一种特殊的组织生产过程,强调国民经济中一系列基本要素的生产函数(或生产要素组合方式)连续发生中低级到高级的突破性变化(或变革)的过程(张培刚,1984);城镇化是指人口不断地从农村向城镇地区流动并集聚的过程(辜胜阻,1991),居民的消费水平和层次不断提高;农业现代化是指高效的农业生产,包括生物技术和机械技术、农村产业化发展、现代的经营管理等,农业呈现高效化、生态化;信息化的发展则包括信息产业发展、信息技术的应用等多个方面。

“四化”同步发展体现了“四化”相互之间的融合与同步,其通过“工业化与信息化的融合、工业化与城镇化的良性互动发展、城镇化与农业现代化的协调发展”来实现。广义的产业结构既包括产业的内容结构,即产业结构本身的优化问题,也包括产业的数量结构,即产业关联,还包括产业的空间结构,即产业布局。狭义的产业结构仅指产业的内容结构,即产业结构优化问题。由于受数据的限制,本书的研究主要是狭义的产业结构研究。根据研究的需要,必要时会对关于产业结构升级的部分内容进行研究。

“四化”推进产业结构升级有着一定的理论依据,其中既包括为何要推动产业结构升级的理论,同时也包括为何要通过“四化”同步发展来推动。产业结构升级有着重要的理论基础,其中包括经济增长和发展理论以及产业结构理论。同样,“四化”同步发展则更多体现出了协同论和可持续发展理论。

第3章　“四化”推进黑龙江省产业结构演变和升级的机理分析

从文献回顾中我们发现,相关研究中更多的是实证性的文章,而对机理的研究相对较为缺乏。那么,工业化、城镇化、农业现代化、信息化又是怎样来促进产业结构的升级的呢?其背后又有着怎样的机理呢?在了解了黑龙江省的产业结构存在的一些问题之后,我们提出通过“四化”同步发展来推动黑龙江省的产业结构升级,那么“四化”同步发展推动产业结构升级有着怎样的理论依据?本章中我们从“四化”推进产业结构升级出发,最终构建一个包含“四化”同步发展推进产业结构升级的理论模型,从而为后面章节的研究提供理论支撑。

3.1　工业化推进产业结构的演变机理

工业化推进产业结构的变化有着一般性的规律,包括三次产业的演化以及产业内部结构发展。对于三次产业的演化以及内部结构发展,现有的研究主要集中在现代产业结构理论和实证研究方面,比较缺乏数理模型的分析。

3.1.1　工业化推进产业结构演变的一般规律

现代产业结构理论包括 Clark(1940)的三次产业理论、Kuznets(1957)的现代经济增长理论、Chenery(1955)的经济发展阶段理论以及 Hoffmann(1958)的工业化阶段论。产业结构的演化包括时间和空间两方面的演化:时间的演化主要通过一国时间序列数据来体现,空间的演化则通过截面数据来体现。当然,时空的演化可以通过面板的数据来体现。尽管关于产业结构演化有着很多的理论,但西方经济学中对产业结构演化的研究主要遵循两个思路:三次产业的演化以及产业内部结构的演化。

3.1.1.1 工业化与三次产业的演进

西方经济学关于产业结构的研究，可以追溯到英国古典经济学家 Petty(1755)在 *Several Essays in Political Arithmetick* 中提到的理论：工业比农业收入多，商业又比工业收入多。换句话说，Petty 发现不同行业的附加价值是完全不同的，相比较而言，工业的附加价值比农业的附加价值要高，而商业的附加价值又是高于工业的附加价值的。按照这样的思路，工业比重更高的国家比农业比重更高的国家要富裕，而商业比重更高的国家又要比工业比重更高的国家富裕。同时，按照市场经济的规律，要素会不断地追逐更高的回报率，从而要素会从农业部门向工业部门以及商业部门转移。当然，要素的转移并非是一蹴而就的，其有一个时间的过程。要素可以率先从农业部门向工业部门转移，在经济发展到一定阶段后，再从工业部门向商业部门转移。

Clark(1940)在《经济进步的条件》(*The Conditions of Economic Progress*)一书中对经济发展过程中的产业演变规律进行了研究，他的研究循着 Petty 的思路，采用了三次产业分类法来研究产业演变。研究过程中 Clark 使用了产业的就业来衡量产业的比重，在使用 20 个国家不同部门的劳动力投入和总产出的时间序列数据计算后，Clark 发现在本国人均收入水平提高的过程中，本国的劳动力逐步从第一产业向第二产业转移。随着本国劳动力人均收入水平的进一步提高，本国的第二产业向第三产业转移。这与 Petty 的研究结论是一致的，由于 Clark 的实证研究源于 Petty 的理论，因而这一理论也被称为“Petty - Clark”理论。Kuznets(1957)等对这种产业结构进行了进一步的研究，通过对 20 多个国家的数据分析发现：农业部门(第一产业)占国民收入的比重不断处于下降之中；工业部门(第二产业)占国民收入的比重整体处于稳定中或略有上升；服务业(第三产业)占国民收入的比重在所有国家几乎都有所上升。

尽管各国经济的发展阶段不同，但是各国的产业结构的演进基本沿着同一过程。在美国经济的发展过程中，产业结构就依次出现了第一产业、第二产业以及第三产业为主的过程。在美国的工业化前期，美国的农业比重占据主导地位，三次产业的比重为 50∶36∶14；到了工业化的初期，美国的第二产业逐步上升为主导产业，第二产业比重为 53%，第一产业降为 28% 左右，第三产业占了约 19%；在工业化成熟时期，也就是 20 世纪 20 至 50 年代，美国的第一产业比重进一步下降，降为 14% 左右，而第二产业也出现了下降，比重降为 37%，第三产业的比重超过了第二产业，达到 50% 左右。值得一提的是，尽管美国在工业化阶段产业结构发生了波动，但整体还是满足“Petty - Clark”理论，详见图 3 - 1。

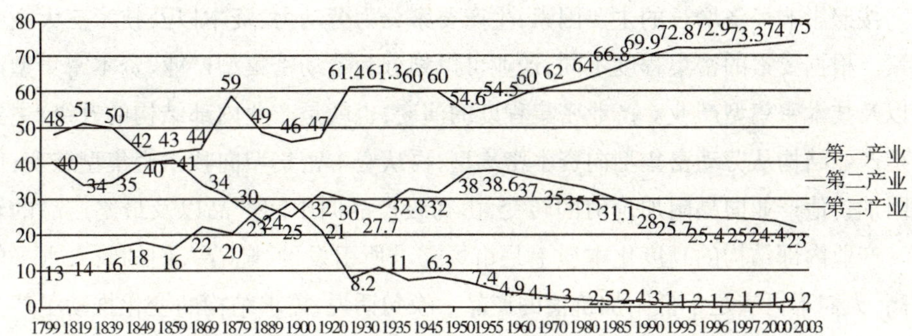

图 3 - 1 美国工业化进程中三次产业结构演变规律

资料来源：李姚矿，《我国工业化进程中产业结构变动研究》，合肥工业大学博士论文，2006

从图 3 - 2 中我们可以发现，英国的产业结构演变也是遵循这一规律的。由于英国的工业化相对更早，因此早在 1801 年英国的农业比重就已经降低到 33%，工业比重高达 44%，第三产业的比重也达到 23%。在 1801 年至 1955 年期间，英国的第二产业比重始终保持上升，第一产业的比重不断下降，第三产业的比重在 1831 ~ 1935 年间不断上升，但在 1935 ~ 1955 年间又出现过下降趋势，直到 1955 年后才出现稳步上升。当然，在这一时期英国的第三产业比重相比第二产业比重还是较低。在英国工业化完成之后，英国的第二产业比重同样不断降低，第三产业的比重逐步超过第二产业。随着经济的发展，英国的农业比重逐步下降到 3% 以下。

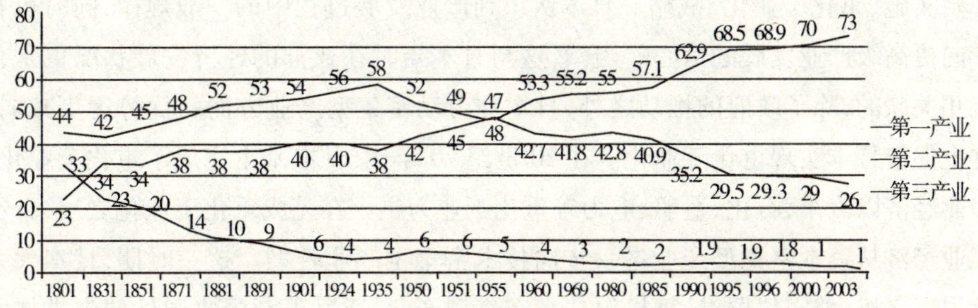

图 3 - 2 英国工业化进程中三次产业结构演变规律

资料来源：李姚矿，《我国工业化进程中产业结构变动研究》，合肥工业大学博士论文，2006

3.1.1.2 工业化与产业内部结构升级

按照影响经济增长的主要因素,生产要素分为劳动力、资本以及技术三大主要因素。根据要素的密集程度不同,产业可以划分为劳动密集型产业、资本密集型产业以及技术密集型产业。产业密集程度的演变,也就是产业内部结构的升级,主要是指产业结构从劳动密集型向资本密集型,再从资本密集型向技术密集型转变,由低附加价值产业向高附加价值的转变,由初级产品向中间产品以及最终产品的转变。产业内部结构的高度化本质上是市场需求所引发的,随着人们的收入水平的提高,人们不再满足于低附加价值的产品。换句话说,需求结构的变化推动了产业结构升级。

产业内部结构升级在欧美的工业化过程中普遍存在。以美国为例,在美国工业化前期,工业经济以纺织、食品、木材制品等劳动密集型的轻纺工业为主;在工业化初期,工业经济进一步得到发展,其中以电子器材、化学工业、汽车工业等发展最为迅猛,资本密集程度进一步提高;在工业化中期,轻工业比重逐步下降,重工业获得快速发展,金属制品、非金属制品以及化工、石油制品成为整个国民经济的支柱;而在工业化后期,美国工业经济以钢铁、汽车、建筑、机电产品等重工业为主;在后工业化阶段,随着电子计算机、新材料以及新能源的快速发展,美国的工业不再以资本密集型为主,而是出现了技术密集型的倾斜。整体而言,美国的工业化出现了由劳动密集型向资本密集型,再由资本密集型向技术密集型的转变。

日韩等亚洲国家工业化的过程基本也是沿着这一路径。在二战后日本经济恢复时期,日本主要以轻工业和农业经济为主,纺织等轻工业是日本这一时期的支柱产业;日本从欧美的经济发展中总结出了规律,在政府的推动下从20世纪50年代开始实施“重化工业化”战略。日本认识到产业发展过程中的一般规律,同时也有着向更高级产业发展的信心。当然,这与日本当时在亚洲的经济发展状况也是直接相关联的,除了政府的推动之外,日本在劳动密集型产业方面的优势逐步减弱,这也促使日本实现重化工业化。在20世纪70年代,日本基本完成了重化工业化,工业经济以汽车、石化、造船、电力等重化工业为主。在完成重化工业化之后,日本工业经济从资本密集型产业进一步向技术密集型产业转型。这一时期,日本大力发展了飞机、精密仪器、计算机等技术密集型产业,通过不断吸收国外的先进技术获得了快速的发展。韩国同样在工业化初期大力发展劳动密集型的轻纺工业,随着本国经济的启发开始发展重工业,在吸收其他国家的先进技术后进一步调整了产业结构,实现了产业结构升级。

3.1.1.3 中国的工业化与产业结构的演变历程

中国的工业化演变历程与欧美发达国家有着一定的差异，主要是中国市场化程度远低于欧美国家。图3-3给出1952~2012年期间中国三次产业结构演变的历程，横轴为年份，纵轴为产业比重。从图中我们可以看出，中国在1952~1960年期间农业比重大幅下降，第二产业比重大幅上升，尤其是1956年之后。这一时期中国产业结构的变化与中国当时的经济发展导向有着直接的关联，在1956年中国政府开始重视轻工业以及重化工业的发展，从而第二产业有大幅的发展，在这之后进入了三年困难时期，从而导致农业大幅减产。在20世纪60年代开始，中国的农业比重出现反弹，第二产业比重出现了下降。在1960~1968年期间，中国的第一产业和第二产业出现了波动。20世纪70年代开始，中国的第二产业比重再次超过了农业，此后一直成为国民经济的最主要的组成部分。

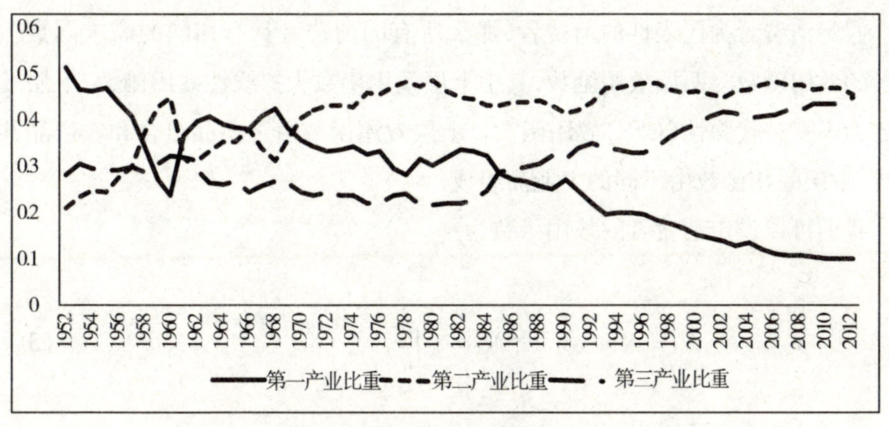

图3-3 1952~2012年中国三次产业结构演变

数据来源：《新中国六十年统计资料汇编》、《中国统计年鉴 2009》至《中国统计年鉴 2013》

从20世纪70年代开始，中国的第三产业比重也出现了上升，并在80年代中期超过了第一产业。改革开放后的中国三次产业结构基本遵循着欧美的产业结构演进之路：第一产业比重不断下降，第二和第三产业比重整体不断上升。随着中国的改革开放，中国工业经济获得快速发展，当然也受到国际经济波动的影响时有波动。整体而言，中国的第三产业在20世纪90年代有着快速的增长，其增长速度远超过第二产业。经过数十年的演化，2013年中国的第三产业占国民经济的比重首次超过了第二产业，中国的产业结构正在向更加合理的阶段演进。

3.1.2 工业化推进产业结构演变的理论模型

为了说明工业化推进产业结构的演变,我们构建了一个由农业部门、工业部门两个部门组成的基本模型。不考虑外部经济的情形,我们假定经济体为封闭的,经济体由两个不同的部门所组成,两部门分别为农业部门和工业部门。农业部门为规模报酬不变的部门,农产品处于完全竞争中,经济系统中有着大量的农产品生产企业,所有农产品完全同质。工业部门为规模报酬递增的部门,工业品处于垄断竞争中,经济系统中工业品之间可以相互替代。生产农产品和工业品过程中都需要使用资本和劳动力两种要素。两部分的要素密集程度不同,农业部门需要更多的劳动力投入,工业部门需要更多的资本投入。换句话说,我们这里构建了一个简单的 1×2×2 模型来考察工业化与产业结构的演变。

3.1.2.1 消费者行为

假定消费者为代表性的消费者,那么所有的消费者具有相同的需求函数。消费者的效用函数为两层效用函数,其中上层效用函数为拟线性效用函数,下层效用函数为不变替代弹性(CES)效用函数。上层效用函数由工业品组合和农产品共同组成,下层效用函数由不同的工业品组成。

我们可以设定消费者的效用函数为:

$$U = M + \alpha \ln A \, , M = [\int_0^n c_i^{\,(\sigma-1)/\sigma} d_i]^{\sigma/(\sigma-1)} \qquad (3-1)$$

其中,A 为代表性消费者对农产品消费的数量,M 为代表性消费者对工业品组合的消费量,α 为常数,n 为经济系统中工业企业的总数量,c_i 为工业品 i 的需求量,σ 为不同工业品之间的替代弹性,对于异质的工业品而言,产品的替代弹性通常是大于1的,即 $\sigma > 1$ 。

消费者的收入部分用于储蓄,部分用于支付农产品和工业品,从而我们可以得到消费者的预算约束函数:

$$p_A A + P_M M = y \, , P_M = [\int_0^n p_i^{\,(\sigma-1)/\sigma} d_i]^{\sigma/(\sigma-1)} \qquad (3-2)$$

其中，p_A 为农产品的价格，P_M 为工业组合的价格，y 为代表性消费者的消费支出。

在预算约束函数(3-2)下最优化代表性消费者的效用水平，我们可以得到代表性消费者对工业产品以及农产品的需求函数：

$$A = \alpha/p_A \text{ , } M = (y - \alpha)/P_M \text{ , } c_i = (y - \alpha)/np_i \tag{3-3}$$

从式(3-3)中我们可以看出，消费者对农产品的需求量与农产品的价格成反比，与消费者的收入水平无关；同样，消费者对工业产品的需求量与同样产品的价格成反比，与消费者的收入水平成正比。单位化农产品的价格设定为 $p_A = 1$，将工业产品以及农产品的需求函数带入消费者的效用函数中，可以得到消费者的间接效用函数：

$$V(p_A, P_M, y) = (y - \alpha)/P_M + \alpha\ln\alpha \tag{3-4}$$

3.1.2.2 厂商行为

我们假定初始的劳动力的禀赋为 L，资本的禀赋为 K。资本由全体劳动者共同拥有，这就表明资本收益归全体劳动者。因此，居民的收入由两部分构成：劳动收入以及资本收入。

农业部门为规模报酬不变的部门，设定农业部门的生产函数为：

$$X_A = L_A{}^{1-\beta_1} K_A{}^{\beta_1} \tag{3-5}$$

其中，L_A 为农业生产投入的劳动力数量，K_A 为资本投入数量。单位化农产品的价格，假定劳动力的工资水平为 w，资本的利息为 r，我们可以得到农业生产的利润函数为：$\pi_A = X_A - w^{1-\beta_1} r^{\beta_1} X_A$。根据零利润，我们可以得到 $w^{1-\beta_1} r^{\beta_1} = 1$。

工业部门为规模报酬递增部门，成本函数为：

$$C(x_i) = (f + ax_i) w^{1-\beta_2} r^{\beta_2} \tag{3-6}$$

其中，生产工业产品的边际投入为 a 单位，固定投入为 f 单位。企业的利润函

数为:

$$\pi_i = p_i x_i - C(x_i) \tag{3-7}$$

先最优化企业的利润函数,由于是张伯伦的垄断竞争,故工业产品的价格为加成定价,从而有:

$$p_i = \frac{\sigma}{\sigma - 1} a w^{1-\beta_2} r^{\beta_2} \tag{3-8}$$

将式(3-8)带入企业的利润函数中,由于工业企业是垄断竞争企业,因此工业产品 i 的产量为: $x_i = (\sigma - 1)f/a$ 。对工业企业而言,要素的价格并不会影响到企业的产量,真正影响企业产量的是生产过程中的固定投入以及可变投入。

3.1.2.3 一般均衡分析

消费者为企业生产提供了资本和劳动力,同时企业也会为消费者提供产品。在经济系统中,均衡时产品市场和要素市场同时得到均衡。工业产品 i 供求均衡时,始终有 $x_i = Lc_i$,即:

$$\sigma f w^{1-\beta_2} r^{\beta_2} = (y - \alpha) L/n \tag{3-9}$$

根据谢泼德引理(Shephard's Lemma),我们可以得到两个部分对劳动力和资本的需求量之比。其中,农业部门资本和劳动力的投入量之比为 $L_A/K_A = r(1 - \beta_1)/w\beta_1$,工业部门的资本和劳动力的投入量之比为 $L_M/K_M = r(1 - \beta_2)/w\beta_2$ 。由于工业是资本密集型产业,因此我们可以判定 $(1 - \beta_1)/\beta_1 > (1 - \beta_2)/\beta_2$,即 $\beta_1 < \beta_2$ 。消费者消费的工业产品产值为 $L(y - \alpha)$,农产品产值为 αL ,因此工业产值的比重为 $1 - \alpha/y$ 。初始的劳动力禀赋为 L ,资本禀赋为 K 。因此,我们可以得到: $L_A + L_M = L$, $K_A + K_M = K$ 。

消费者的两部分收入共同构成总收入,总收入为 $rK + wL$ 。假定消费者工资部分用于消费,资本部分用于继续投资生产。那么资本的存量会逐步增加,下一期资本的存量为 $K(1 + r)$ 。根据 $w^{1-\beta_1} r^{\beta_1} = 1$ 可知, $r/w = w^{-1/\beta_1}$,因此我们可以始终得到 Kr 是不断增加的。假定工业部门的劳动力比重为 $\eta = L_M/L$,我们可以得到

$Kr/Lw = \eta\beta_2/(1-\beta_2) + (1-\eta)\beta_1/(1-\beta_1)$ 。

整理得工业部门的劳动力比重为：

$$\eta = \frac{Kr/Lw - \beta_1/(1-\beta_1)}{\beta_2/(1-\beta_2) - \beta_1/(1-\beta_1)} \qquad (3-10)$$

工业产值的比重为 $1-\alpha/wL$,不妨将之看作是产业结构。由此,可得：$H = 1-\alpha/wL$ 。整理得：$(1-H)/\alpha = wL$ 。

将其带入式(3-10)中进一步我们可以得到：

$$H = 1 - \frac{\alpha Kr}{[\beta_2/(1-\beta_2) - \beta_1/(1-\beta_1)]\eta + \beta_1/(1-\beta_1)} \qquad (3-11)$$

对式(3-11)求关于 η 的偏导：

$$\frac{\partial H}{\partial \eta} = \frac{\alpha Kr[\beta_2/(1-\beta_2) - \beta_1/(1-\beta_1)]}{\{[\beta_2/(1-\beta_2) - \beta_1/(1-\beta_1)]\eta + \beta_1/(1-\beta_1)\}^2} \qquad (3-12)$$

从式(3-12)中我们可以发现 $\partial H/\partial \eta > 0$,这就表明工业化(劳动力在工业部门的比例增加)会引起产业结构的变化。工业化引起了产业从农业部门向工业部门转变,同时也会逐步引起产业内部结构升级,产业逐步从劳动密集型向资本密集型转变。并且我们发现,这种劳动力从农业部门向工业部门的转变是一个自发的过程,是在没有任何外部刺激的情况下独自完成的。

3.1.3 工业化推进产业结构演变的影响因素

从前面的分析中我们可以发现:众多的研究指出工业化的过程中会出现产业从农业向工业演化;也有很多研究指出产业从劳动密集型向资本密集型,再由资本密集型向技术密集型转化。但是,很少有研究将两者相结合。事实上,这两个问题可以看作是一个问题。因此,在本节我们构建了一个一般化的工业化与产业结构演变的模型,同时说明了这两个产业结构的演化。从式(3-12)中我们可以看出,$\partial H/\partial \eta > 0$,即工业化引起了产业结构从劳动密集型向资本密集型的演变。那么这种演变的速度如何呢？从式(3-12)中,我们可以发现有3个影响产业结构演变

的重要因素:

(1)劳动密集型与资本密集型产业之间的要素密集度的高低差异。

(2)农产品在消费者效用函数中的重要性。

(3)资本积累的速度。

3.1.3.1 不同产业的要素密集度差异程度

从式(3-12)中我们可以看出,不同产业的要素密集度差异程度,即β_1以及β_2取值的大小直接影响着产业演变的速度。并且,两者取值的大小还与产业的结构有着交叉的影响。由于分母的影响作用要远大于分子的影响,因此我们可以简单地看分母的变化。从中我们可以看出,β_2的取值越大,则产业演化的速度越慢;而$\beta_2-\beta_1$的值越小,产业演化的速度越快。这也给我们一些启示:如果产业的差异比较小,随着资本的积累,那么产业的演化速度将较快。因此,在制定产业政策时,我们需要根据地区的资本禀赋情况以及资本等要素的积累情况来决定。

3.1.3.2 农产品在消费者效用函数中的重要性

上文中的参数α是一个常数,这体现出农产品对消费者的重要性。α的值越大,代表其对消费者的重要性越强。通常情况下,在居民收入水平相对较低时,按照恩格尔定律①,农产品对消费者的重要性是较强的。随着居民收入水平的增加,恩格尔系数不断下降,农产品对消费者的重要性也逐步减弱。按照这一思路,在工业化过程中,α的值是不断变小的。而从式(3-12)中我们也看出,随着α的值变小,产业结构演化的速度是降低的。因此,我们可以得出这样的一个启示:农产品对居民的重要性越强,产业结构演化的速度是越快的;而农产品对居民的重要性越弱,产业结构演化的速度是越慢的。这也解释了为何在工业化初期产业结构的演化相对较快,而在工业化中后期产业结构的演化相对较慢。

3.1.3.3 关于资本积累的问题

资本的积累会产生两个方面的影响:增加资本的存量和降低资本的收益。随

① 19世纪德国统计学家恩格尔根据统计资料,对消费结构的变化得出一个规律:一个家庭的收入越少,家庭收入中(或总支出中)用来购买食物的支出所占的比例就越大,随着家庭收入的增加,家庭收入中(或总支出中)用来购买食物的支出份额则会下降。推而广之,一个国家越穷,每个国民的平均收入中(或平均支出中)用于购买食物的支出所占比例就越大,随着国家的富裕,这个比例呈下降趋势。这就是恩格尔定律。

着资本的积累,本地的资本存量将会不断地增加。根据要素禀赋论[①],在保持劳动力数量不变时,资本增加会造成劳动力的报酬增加以及资本的收益降低。

在式(3-12)中我们看到了其中有一项是 Kr,该值到底是变大还是变小取决于 K 以及 r 调整的速度。在资本比较稀缺时,利率会对资本数量的变化比较敏感;但是在资本比较丰裕时,利率对资本数量的变化并不会太敏感。总体而言,Kr 会呈倒“U”形变化,也正因为此,我们可以发现在产业结构的演变过程中会出现产业演变先加速后减速的情况。

3.2 城镇化推进产业结构的演变机理

城镇化是人口集聚的过程,在城镇化的过程中大量人口从农村地区向城市转移。当然,城镇化不仅要求人口的集聚,同时需要产业集聚,通过产业集聚支撑人口的集聚,实现真正的产业与城镇化的良性互动。如果只是注重发展产业,那么城镇化过程中会出现大量人口从农业部门向工业部门以及第三产业部门转移,但是这些人口无法在城市长期居住。之所以这些人口无法在城市长期生存下去,除了一些制度方面的因素之外,更主要的是这些人群无法在城市获得生活所必需的收入。在城镇化的过程中,产业结构会随之演变、升级,城镇化与产业结构的变迁有着直接的关联。

3.2.1 城镇化与产业结构演变的一般规律

如果只是注重产业发展,那么在存在大量剩余劳动力的国家或地区,只会造成严重的“滞后城镇化”,这在中国现阶段已经极为明显。反之,如果只是注重城镇化的推进,而在这一过程中没有相应的产业发展,那么这种城镇化只是一种“伪城镇化”,农村居民转移至城市后无法长期生存下去,这在拉美国家表现得十分显著。无论是“滞后城镇化”,还是“伪城镇化”,都是不合理的城镇化过程,都无法获得持续、稳定的经济增长。

3.2.1.1 城镇化与三次产业结构的演变

城镇化对三次产业结构有着重要的影响,主要表现在产业比重以及产业结构

① 要素禀赋论(factor endowment theory),又称 H-O 理论,是现代国际贸易理论的新开端,被誉为国际贸易理论的又一大柱石,是指一个国家拥有的生产资源。

的变化方面。在城镇化过程中，人口和生产要素从农村逐步转移至城市。城市的产业主要是第二和第三产业，因此农业的产业比重在整个经济中将会减少（以农业从业人员数量衡量）。传统的农业在国民经济中的比重是不断下降的，这在城镇化过程中是极为明显的。从西方国家的发展经验来看，在工业化和城镇化基本完成之后，西方国家的农业经济比重基本维持在3%左右。而对于一些发展中国家而言，农业经济仍然是本国经济的主要组成部分。值得一提的是，由于人口从农业部门流向城市，本国的农业生产效率也会不断提高。换言之，虽然城镇化会影响第一产业在国民经济中的比重，但是同时也会提高农业生产效率。在存在大量农村剩余劳动力的国家，农业生产的生产效率相对是最低的，这也是相关国家的农业部门的回报率低于工业部门，而工业部门的回报率低于第三产业部门的原因。事实上，农业部分生产效率相对较低，在很大程度上是因为农业部门是存在大量的剩余农村劳动力的。尽管从表面上来看，农业部门不存在失业，但事实上农业部门存在大量的隐形失业和季节性失业，这一点已经成为经济学家的共识。

由于城镇化通常伴随着工业化，因此城镇化过程中第二产业的比重是不断提高的。除此之外，在城镇化过程中第三产业的比重也是不断增加的。大量人口在城市集聚之后，逐步形成了一些新的产业为相关人群提供服务。第二产业和第三产业的产业集聚效应相对较强，城镇化的过程也正是产业集聚的过程。产业的集聚并非仅仅是第二产业的集聚，同时也是第三产业的集聚。在城镇化的过程中，需要第二产业和第三产业为转移人群提供大量的就业岗位，尤其是第三产业。从完成城镇化的主要国家来看，第三产业比重基本占国内生产总值的70%以上。第三产业或服务业之所以能够得到快速的发展，主要是由于在人们收入水平增加之后对生活质量有着更高的要求。换句话说，当人们的收入达到一定水平之后，人们不再满足于基本的物质生活，人们愿意用自己的收入去购买更多的劳务和商品。而这种劳务的提供，也就产生了大量的服务需求。在人们温饱问题尚未得到解决时，我们是无法想象服务业能够得到发展的。但是，随着生活节奏的加快，人们的时间成本显得格外高，从而人们愿意支付大量的收入用于购买劳务，服务业也会因此而得到快速的发展。服务业的发展也需要更多的人员，从而吸引了大量的农村剩余劳动力向城市转移，这也促进了城镇化的进一步发展。

3.2.1.2 城镇化与产业内部结构升级

在前文中我们提到，工业化引起产业内部结构升级。这里我们需要指出的是，城镇化同样会引起产业内部结构的升级。如果说工业化对产业内部结构提升的影响主要在第二产业，那么城镇化对产业内部结构升级的影响则主要在第三产业。

城镇化的过程不仅仅是人口的转移和集聚，城镇化的过程中更加需要大量的基础设施的建设、公共服务的投入以及社会事业的投入。随着大量的人口集聚在城市，城市的道路需要拓宽，城市的绿化面积需要扩大，同时还有很多方面的城市公共基础设施需要增加。城市的基础设施建设只是城市建设的硬件，在城市建设过程中还需要软件的提升，这就表现在公共服务的投入和社会事业的投入上。与农村居民相比，城市居民集聚地区需要有更多的公共服务，这些公共服务的提高同样属于第三产业。在城镇化的过程中，这些服务从无到有，从小到大。整体而言，公共服务的规模随着城市人口的增加而不断扩大。除了公共服务外，社会事业的投入也不断增加。在人口集聚的城市，教育、卫生、医疗、体育锻炼得到人们的重视，城市需要建设更多的教育机构和健身场所。城市生活与农村生活的差异滋生了一些全新的生活，从而第三产业内部结构日益提升。随着人们收入水平的提高和闲暇时间的增多，人们更多地追求更丰富多彩的物质消费和精神享受，由此促进了城市文化教育、体育娱乐、医疗保健、旅游度假（包括生态旅游）、咨询服务、法律诉讼等行业的发展。这种第三产业的内部结构提升，一方面源于人们的生活品位的提高，另一方面源于服务业的扩张。也正是因为如此，人们通常会认为工业化是城镇化发展的初始动力，但是第三产业才是城镇化发展的后续动力。

需要指出的是，虽然说城镇化对产业内部结构提升的影响主要在第三产业，但是并非说城镇化对第一产业和第二产业的内部结构提升是没有影响的。城镇化过程中第一产业也出现了内部结构提升。在人们的收入水平提高之后，居民对农产品的数量的需求可能并不会增加太多，但是对农产品质量的要求会不断地提高。随着农业生产技术的提高，农产品的产量大幅提升。但是，农产品产量的提升主要依赖于农药、化肥等物资的使用，这引起了人们对农产品安全性的关注。因此，在居民收入提高之后，居民对生态农产品的需求会逐步增加，天然的、绿色的农产品广受欢迎。从这种意义上来说，城镇化发展到一定阶段之后，第一产业的结构也出现了高度化。同样，城镇化过程中第二产业也出现了内部结构提升。在城镇化过程中，大量的人口向城市转移。那么，转移的人口在城市居住在何处？这就引起了房地产业的发展。在中国的统计口径中，房地产中的建筑业是归于第二产业的，而这也会引起第二产业的结构发生变化。此外，随着居民收入水平的提高，人们也不再满足于一些低端的产品，而是对高端产品有着更高的需求。比方说，在三十年前人们可能只满足于有彩电，但是现在人们已经不再满足于有彩电，而是要求有大屏幕的液晶彩电和系列的电子通信产品。整体而言，城镇化对第一产业和第二产业的内部结构提升同样有着重要的影响。

3.2.1.3 中国城镇化与产业结构的演变历程

中国的城镇化与产业结构演变有着较强的相关性，图 3 – 4 描述了 1952 ~ 2012 年期间中国城镇化率和非农产业比重的变化趋势，横轴为年份，纵轴为城镇化率和非农产业比重。从图中我们可以看出，整体而言，中国的城镇化率与非农产业比重的变化趋势是一致的，都呈现出上升的趋势。尤其是在改革开放后，两者的变化更加趋于一致。值得一提的是，在新中国成立初期中国的城镇化率和工业化率都得到快速的发展，但是在 20 世纪 60 年代后出现了下降。这种变化与中国当时的国情是密不可分的，这一点在前文介绍工业化与三产结构演变时我们也提到了。改革开放后，中国的城镇化率上升相对更快，这与中国的人口流动限制逐步减小是息息相关的。尤其是 1990 年以后，中国的流动人口大幅增加，大量内地农民工从农村地区向沿海的城市地区转移。同一时期，沿海地区的非农产业也出现了大幅增加，大量产品出口至发达国家，中国成了世界工厂。正是由于大量劳动力流入沿海地区，同时有大量的外商直接投资流入，沿海地区出现了大量的产业集聚，沿海地区的非农产业的发展拉动了中国整个产业结构的变化。

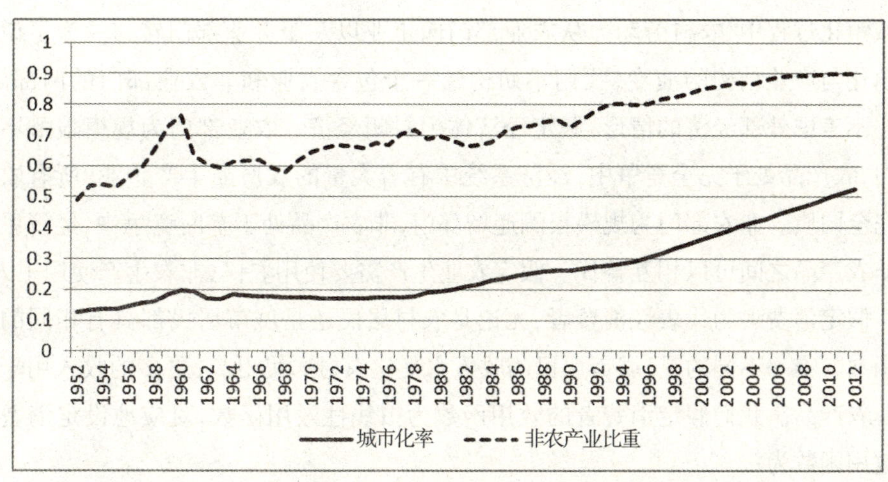

图3-4 1952~2012年中国城镇化率与非农产业比重演变

数据来源:《新中国六十年统计资料汇编》、《中国统计年鉴 2009》至《中国统计年鉴 2013》

需要指出的是,从图3-4中我们可以看到非农产业比重的波动性要强于城镇化率的波动性,这与两个指标受经济波动影响程度不同有关。相比较而言,城镇化率变化相对较为缓慢,2011年中国城镇化率达51.27%,但是按户籍人口计算,也只有35%左右,农村人口在向城镇迁移的过程中牵涉到很多因素,包括工资、就业机会、与亲人分离等,因此人口迁移需要一定的时间来做出决策。尤其是存在迁移成本时,人们更加不愿意迁移,从而导致"人"的城镇化是一个大问题。更为重要的是,中国人口从农村迁移到城市的难度要远远低于从城市迁移至农村地区。在图3-4中我们也只是看到在新中国成立初的几年有大的波动,而这与当时的"上山下乡"有着直接的关联。但是,非农产业在国民经济中的比重则时有变化,这与产品的需求弹性相关。农产品的需求弹性相对较小,但是非农产品的需求弹性相对较大。在经济周期中,农产品受经济周期的影响相对较小,而非农产品受经济周期的影响相对较大。正因为如此,在出现经济波动时,农产品不会受太多影响,但非农产品容易受到影响,从而非农产品的比重发生波动。此外,农产品受自然因素的影响较大,因此在一些年份农产品的比重也会降低,从而也造成了非农产业的比重发生波动。整体而言,中国的城镇化与非农产业结构的演化呈现出了高度一致的趋势,从而也说明了城镇化对非农产业结构的演化有着重要的影响。

3.2.2 城镇化推进产业结构演变的理论模型

从上面的分析中我们可以看出,城镇化的过程是农村人口向城市转移的过程。

在城镇化过程中,农村劳动力从农业部门向工业以及服务业部门转移。为了说明城镇化与产业结构的演变,我们不妨构建一个包含农业和非农业部门的两部门。同样不考虑外部经济的情形,假定经济体为封闭经济。农业部门为规模报酬不变部门,农产品处于完全竞争中,经济系统中有着大量的农产品生产企业,所有农产品完全同质。非农部门为规模报酬递增部门,非农产品处于垄断竞争中,经济系统中非农产品之间可以相互替代。假定农业生产需要使用农民,非农生产使用工人。

假定消费者为代表性消费者,无论是农村居民还是城市居民都具有相同的效用函数。唯一不同的是,城市居民的收入水平比农村居民更高,更多的收入用于购买非农产品。我们假定消费者的效用函数为拟线性效用函数,对应地设定消费者的效用函数为:

$$U = M + \alpha \ln A \tag{3-13}$$

其中,A 为消费者对农产品的消费,M 为消费者对工业品的消费。

假定消费者将所有的收入全部用于购买农产品和非农产品,从而消费者的预算约束函数为:

$$p_A A + p_M M = y \tag{3-14}$$

其中,p_A 为农产品的价格,p_M 为非农产品的价格,y 为代表性消费者的消费支出。

在预算约束下最优化消费者的效用函数,我们可以得到代表性消费者对农产品和非农产品的需求函数:

$$A = \alpha / p_A \text{ , } M = (y - \alpha) / p_M \tag{3-15}$$

假定总人口数为 L ,农业劳动力数量为 L_A ,非农劳动力数量为 L_M ,且农业部门和工业部门均为规模报酬不变部门。生产农产品需要 a_A 单位的农业劳动力投入,生产非农产品需要 a 单位可变非农劳动力的投入。假定农业部门的生产效率相对较低,即在生产过程中需要更多的劳动力的投入,即 $a_A < a$ 。因此,农村劳动力的工资水平相对较低,即 $w_A < w_M$ 。一方面,由于非农劳动力的工资水平更高,因此农业劳动力有向非农产业转移的动力。另一方面,农业劳动力变为非农劳动

力后，有着更高的收入，从而增加了居民对非农产品的需求。

产品市场供求均衡时，我们可以发现农产品的产出为 αL ，整个经济系统总产出为 Y 。由于两部门都是非垄断部门，因此居民收入与总产出相等。经济系统的总产出等于农业劳动力的总收入与非农劳动力总收入之和，即 $Y = L_A w_A + L_M w_M$ 。农产品供给均衡时，$\alpha L = a_A w_A L_A$ ；非农产品供给均衡时，$w_M L_M + w_A L_A - \alpha L = a_M w_M L_M$ 。由于 $a_A < a$ ，更多的劳动力从农村转移至城市，这带来了总收入的增加。从而，我们可以得到 $\partial(\alpha/Y)/\partial(L_M/L) < 0$ 。换句话说，农村劳动力转移城市之后引起了居民对非农产品的更多的需求，从而整个非农产品占经济系统的比重增加，即：城镇化引起了产业结构的演变。

3.2.3 城镇化推进产业结构演变的影响因素

城镇化影响产业结构演变的因素很多，如城镇化发展速度、城乡居民的收入差距、非农产品在消费中的重要性以及农业部门和非农部门的生产效率差异等。从我们的模型中可以发现，影响产业结构演变的城镇化因素可以概括为如下的三个方面。

3.2.3.1 居民的消费结构

从上文的分析中我们发现，参数 α 的大小直接决定了城镇化引起产业结构演变的速度。一个国家或者地区，如果农产品对居民的影响相对较大的话，那么城镇化变化对产业结构的演变会显得相对较小。究其原因为：居民将更多的收入用于消费农产品，城镇化并不会改变农业的重要地位，因此对整个产业结构影响不大。

3.2.3.2 部门效率差异

城乡居民的收入差距在所有的发展中国家是普遍存在的，即便是在发达国家也是存在的，通常认为城乡居民的收入差距保持在 1.5 ~ 2 之间是相对较为合适的。之所以城乡会存在较大的收入差异，很大程度上源于部门生产效率的差异。如果农产品的边际投入 a_A 越少，那么城乡的收入差距越小。同样，如果城市非农产业部门的边际投入 a_M 越多，那么城乡收入差距也会越小。城乡居民的收入差距越大，从农村转移到城市的居民消费结构变化也就越大，而额外增加的收入会用于购买非农产品，从而对产业结构的演变影响也就越大。换句话说，城市居民的收入差距越大，在城镇化过程中产业结构演变也就越快。

3.2.3.3 城乡居民比重

经济系统中居民的数量和比重同样会影响产业结构的演变,尤其是初始农村居民的比重。如果初始农村居民比重相对较高,那么同样的城镇化率的变化会引起产业结构更大的变化;相反,如果初始农村居民的比重相对较低,那么城镇化率的变化对产业结构演变的影响是极其细微的。另外,如果整个经济系统中居民的数量比较多的话,那么相同的城镇化率对产业结构的影响也是更大的。整体而言,经济系统中居民的数量和居民的结构对产业结构的演变都有着重要的影响。

3.3 农业现代化推进产业结构的演变机理

随着经济的发展,农业已经不仅仅是粮食生产。现代化的农业具有相对较高的生产率,而其中需要相对发达的基础设施建设、高效率的组织方式以及先进的农业生产技术。农业的发展不仅包括农产品的生产,同时也应该包括农产品的深加工和科学技术的广泛应用、农业与其他产业的融合发展等。农业现代化的推进对产业结构也会产生重要的影响,同样包括对三次产业的影响以及对产业内部结构提升的影响。

3.3.1 农业现代化推进产业结构演变的一般规律

农业现代化的发展可以促进农业经济的发展,同时也可以推动与农业相关的产业发展。农业现代化还可以释放出来大量剩余劳动力,从而促进工业经济和城市服务业的发展,并最终促进三次产业结构的演变以及产业的内部结构提升。

3.3.1.1 农业现代化对三次产业结构的演变的影响

不仅工业化和城镇化对三次产业结构产生影响,农业现代化对三次产业结构同样会产生一定的影响。与前两者相比,农业现代化对产业结构产生的影响相对较小,这与农业现代化对产业结构产生的影响更多地表现为间接影响是分不开的。当然,除了间接影响之外,农业现代化对三次产业结构也会产生一定的直接影响。

首先,农业现代化对三次产业结构会产生较大的间接影响。在城镇化的过程中,大量的农村劳动力从农村地区向城市地区转移,从而推进了三次产业结构的演变。很明显,在存在大量农村劳动力隐性失业的国家,劳动力的转移是顺其自然的事情。但是,如果农业劳动生产率水平不高,农村剩余劳动力已经完全转移,那么农村劳动力就难以从农村地区转移到城市地区,进而促进三次产业的演变。在传统的农业经济中,农村劳动力难以从农村解脱出来。但是,在现代化农业的推进下,农业劳动生产效率得到了极大的提高,从而有更多的农村劳动力从传统的农业生产中解脱出来,进入到城市的非农产业生产体系中。相对而言,解放出来的农村劳动力进入城市后有着更高的收入,对非农产品的需求也会更多,这也促进了非农产业的发展。

其次,农业现代化对三次产业也会产生相对较为直接的影响。农产品产业化、规模化的生产能够促进很多与农业相关的生产性服务业的产生,尤其是商贸流通行业、仓储物流业以及旅游业等行业的发展。由于大量的人群从农村地区走向城市,更多的人口需要依靠农业的发展来满足生活所需。现代农业已经不能只是简单的种植业,需要进行规模化、产业化的运作,采用更加先进的技术。当农产品从农村地区向城市运输时,就需要良好的仓储物流。尤其是当人们收入水平提高时,人们对新鲜蔬菜的需求会更高,从而相关的物流以及仓储业会得到较快的发展,出现"农超对接"和"农餐对接"。另外,在城市居民增加之后,很多出身于城市的居民对农业有着憧憬,从而农村旅游业、农家乐等受到了极大欢迎,也由此促进了旅游业等行业的发展,包括观光农业、创意农业。

从上述的两个方面来看,现代农业的发展同样会推动三次产业结构的演化,并且现代农业发展越迅猛,相应非农产业发展也越迅猛。正是由于现代农业发展对经济发展具有重要意义,西方发达国家如美国、法国等国家放弃了所谓的"比较优势",每年给予农业大量的补贴,坚持本国发展生产效率相对较低的农业。美国不仅保持着第一经济大国的地位,同时也保持着第一农业大国的地位。

3.3.1.2 农业现代化对产业内部结构提升的影响

随着农业经济的发展,传统农业已经不再适应市场的需要,专业化的农业分工体系逐步形成,从而改变了传统农业的产业结构。农业现代化对产业内部结构提升的影响主要是对农业产业结构的内部结构提升,但同时对第二产业和第三产业的产业内部结构提升也有着一定影响。

第一,农业现代化对农业产业结构的内部结构提升的演化有着重要的影响。农业现代化过程采用了大量先进的生产技术,从而农产品的产量得到了较大的提高。显然,随着居民收入水平的提高,居民对农产品的种类以及品质有着更高的要求。在转基因食品随处可见的今天,居民对绿色的、生态的、健康的粮食与蔬菜有着更高的需求。此外,随着居民收入水平的提高,居民对农产品的消费结构也发生变化,这促进了农业产业的内部结构提升。整体而言,西方国家的畜牧业的比重逐步超过种植业,这主要是由于现代农业发展中种植业的技术进步相对更快。例如,法国的畜牧业占农业产值的比重在20世纪80年代就超过了55%,德国甚至超过了60%(王文玺,2000)。除了种植业与畜牧业的结构发生变化之外,种植业内部的结构也发生了变化,整体趋向于产业内部结构提升发展。

第二,农业现代化除了对农业产业内部结构提升产生重要影响之外,同样对第二和第三产业的产业内部结构提升也产生了重要的影响。在前文中,我们提到了农业现代化派生出了很多新的服务业,而这些服务业在第三产业也属于内部结构提升的部分,因此农业现代化对第三产业的内部结构提升有重要的意义。当然,农业现代化还通过城镇化对第三产业的内部结构提升产生影响。值得一提的是,农业现代化对第二产业的内部结构提升也会产生影响。现代农业生产有着很多延伸,出现了大量的农产品深加工产业,而这些产业已经涉及第二产业,尤其是食品、纺织等轻工产业的发展。尽管与重化工业相比,轻工业的资本投入和技术投入相对较低,但是现代食品轻工业的发展则需要大量的资金和技术投入,尤其是技术方面的投入。农业现代化推动了农业与科学、教育、农技推广等服务业的结合,如农业科技示范园、农业与电子商务的融合、农业与信息服务业的融合。因此,从这个角度来看,农业现代化同样对第二产业和第三产业的产业内部结构提升具有重要的意义。

3.3.1.3 中国农业现代化与产业结构的演变历程

作为一个农业大国,中国的农业现代化对整个国民经济的发展以及产业结构的演变显得尤为重要。改革开放后,中国的工业经济获得了快速发展,但是中国政府并没有因此而放弃发展相对较为缓慢的农业经济。2006年起,中国全面取消存在数千年的“皇粮国税”,开始了工业反哺农业的路程。尽管农业产值在国民经济中的比重是不断降低的,但在近十年的中央文件中,中央一号文件一直是针对解决“三农”问题的,这足以体现中国政府对农业经济的重视。

中国的农业现代化在20世纪50年代就被提出,其经过数十年的发展逐步成形。在20世纪50年代,土地改革为农业现代化做了准备,奠定了农业现代化的制度基础;在20世纪70年代末,家庭联产承包责任制在中国的大地上开始得到推广,农民生产有了更高的积极性,农业机械化的水平也不断得到提高;农业产业化的兴起,进一步促进了农业机械化,从而农业生产效率有了大幅的提升;在新时期,国家不仅取消了农业税,更对农民购买大型农业机械设备给予了大量的补贴,从而进一步促进了农业产业化的发展以及农村机械化的水平。在经历了小农生产之后,专业化、规模化的生产得到了全新的认识,大量新型农村合作社成立,农业的管理水平和机械水平不断提高,农业现代化开始得到全面推进。

图3-5为1973年至2012年期间中国农业现代化与非农产业比重图,其中横轴为农业机械化总动力(单位:万千瓦),纵轴为非农产业占整个国民经济中的比重。农业机械化水平的提高释放了大量的劳动力,也带动了国内对非农产品的需求,从而促进了中国非农产业的快速发展。从图中我们可以看出,农业机械化总动力越高,非农产业的比重也就越大。值得一提的是,在农业机械化总动力为17 000万千瓦左右时,中国的农业现代化与产业结构的波动较大。从中国的经济发展过程来看,这一时期是在1979年之前,中国的农村开始推行家庭联产承包责任制,农产品产量有了大幅的提高,农业比重不断提高,同时非农产业的比重不断下降。但是,由于有着大量的农业机械存量以及对农业机械需求的增加,农业机械化总动力有所增长,从而出现了农业机械化动力与非农产业比重反向变动的关系。在农业机械化总动力为30 000万千瓦左右时,农业机械化动力对非农产业的比重影响较大。从时间点上来看,在农业机械化总动力为30 000万千瓦左右时大概是在1992年前后。在这一时期,邓小平南方谈话后,大量农村闲置劳动力向沿海地区转移,与此同时,大量的FDI流入沿海地区,从而沿海地区的工业经济获得了快速发展。但是,这一时期农业机械的投入并没有太多的变化,从而造成了这一时期农业机械化动力变化不大,但是非农产业比重陡增。综上所述,我们基本可以得出这一的结论:农业现代化对中国产业结构有着重要的影响,农业现代化水平越高,非农产业的比重越大。

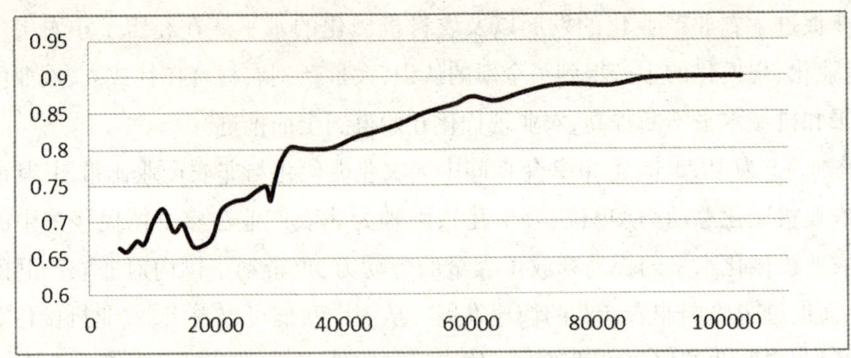

图 3－5　1973～2012 年中国农业现代化与非农产业比重

数据来源:《新中国六十年统计资料汇编》、《中国统计年鉴　2009》至《中国统计年鉴　2013》

3.3.2　农业现代化推进产业结构演变的理论模型

上文中我们指出,农业现代化对产业结构的演变有着直接影响和间接影响。从现有的研究来看,农业现代化对产业结构演变的最大影响还是通过城镇化来实现的。因此,我们不妨在本章上一节的模型基础上加入农业现代化的部分来探讨产业结构的变化。假设消费者的行为保持不变,那么消费者的效用函数为: $U = M + \alpha \ln A$ 。消费者的预算约束函数为: $p_A A + p_M M = y$ 。最优化消费者的效用函数,我们可以得到代表性消费者对农产品和非农产品的需求函数。

与上一节不同的是,我们假定农业生产的技术是不断变化的。假定农业生产技术效率为非农生产效率的 θ 倍。其中, $\theta \in (0,1]$, θ 越大代表农业生产技术越高,当 $\theta = 1$ 时表示农业生产效率与非农生产效率完全相同。由于两部门的生产效率存在差异,因此两部门的工资水平也存在差异。对应地,农业部门的工资 $w_A = \theta w_M$ 。我们发现,在农业生产技术提高的过程中,农业部门的工资水平逐步提升,直至与非农部门相同。均衡时,农业部门和非农部门的收入水平相等。在农业技术提高阶段,非农产业比重不断提高,即产业结构发生了演变。从数理上来说, $\partial(\alpha/Y)/\partial\theta > 0$ 。从而,我们同样可以得到这样的推论:农业现代化能够促进产业结构的演变。

3.3.3　农业现代化推进产业结构演变的影响因素

农业现代化虽然可以通过城镇化对产业结构演变产生一定的影响,并且农业现代化通常伴随着城镇化,但是农业现代化对产业结构的演变与城镇化对产业结构的演变是存在一些差异的。从上面的分析中我们可以发现,城镇化的过程中城乡收入差距与农业技术并无关联。但是,在农业现代化的过程中,城乡收入差距为 $(1-\theta)w_M$ 。这就表明农业现代化的水平 θ 以及非农产业部门的工资水平对产业结构都会产生影响。

3.3.3.1 农业生产技术水平

农业生产技术水平的高低直接决定了农业的生产效率,进而对农业产品的产量、质量以及农村居民的收入水平产生直接的影响。在农民收入水平提高之后,农民对非农产品的需求也会增加,从而促进非农产业的发展。此外,农业生产效率的提高可释放出来大量的农村劳动力,这促进了城镇化和第三产业的发展,进而改变了产业结构。与工业化和城镇化对产业结构产生的影响明显不同,农业生产技术对产业结构产生的影响主要源自大量农村剩余劳动力的释放。如果没有农业生产技术的提高,本地或者本国居民的温饱问题将无法得到解决,城镇化的推进是难以持续的。只有农业走向现代化,更多的农村剩余劳动力被释放,城市非农产业部门才可通过吸纳释放的农村转移劳动力来扩大再生产。与此同时,农村剩余劳动力转移后,农村居民获得更高的收入,同时农村转移劳动力在城市也获得了更高的收入水平,进而能购买更多的非农产品。总之,农业生产技术水平提高一方面通过释放农村转移劳动力为非农产业的生产提供劳动力,另一方面通过增加全体居民的收入水平而增加对非农产品的消费。由于农业生产技术能够同时提高农业经济和有利于非农经济产业,因此其对产业结构的影响是肯定的。

3.3.3.2 居民消费结构

农业生产技术也直接决定了经济系统中城乡居民的比重,因此城乡居民的比重也属于内生的。所不同的是,居民的消费结构同样是外生的。与城镇化对产业结构的影响相同,农产品消费比重的大小直接决定了农业现代化引起产业结构演变的速度。居民消费结构对农业现代化引起的产业结构的变化表现在两个方面。一方面,在居民的消费中,农产品消费比重如果较大,就表明农村居民的比重在初始经济中相对较高。从而,随着农业生产技术的提高,更多的农民从农业生产中释放出来。另一方面,如果居民农产品消费比重较大,那么即使大量的农村劳动力从农业生产中释放出来转移至城市地区,城市居民收入中用于支付农产品的比重也不会减少太多。这两个方面对产业结构产生的影响是相反的,通常而言农产品消费比重越小,非农产业的比重越大。根据恩格尔系数,居民收入中农产品的消费比重是逐步降低的，从这个角度来看非农产业的比重也是会逐步上升的。

3.4 信息化推动产业结构的演变与创新驱动

实现经济结构转型与产业结构升级，需要提高市场一体化和国际化水平，参与全球产业链分工战略，在更高层面上利用国际、国内两种资源和市场。提高市场一体化水平和国际化水平离不开信息化的普及和信息化水平的提高。信息化水平的提高能够促进工农业技术的创新和商业模式的创新，并进入产业领域，形成竞争优势，才能推进我国工业由大变强，才能更好地发展现代农业，才能更好地发展现代服务业。信息化推动了产业结构的演变，以信息化引领的创新驱动，能够推进产业结构的优化升级。总之，我国经济结构必须转型，结构转型也是发展，是内生增长、创新驱动和产业结构优化升级的发展。

3.4.1 信息化对三次产业结构演进的影响机理

3.4.1.1 信息化与工业化的深度融合

信息化推动了工业的升级与创新，而这种升级与创新需要信息化与工业化的深度融合。信息化与工业化的深度融合过程中，信息化带动了工业化的发展，同时工业化也进一步促进了信息化的发展。通过信息化与工业化的相互推动，中国的工业经济从中低端逐步走向高端，智能工业化程度逐步提高。

从产业的价值链来看，利润率最高的两个环节是研发和市场体系完善。长期以来，中国的工业经济主要是依靠着成本低廉的制造业来支撑的，而缺乏在研发和市场体系方面的开发。对比中国本土企业与国外同行业企业，我们可以发现中国企业与国外企业的差距主要是在设计、研发以及品牌营销方面。信息化的发展则能够为中国相关企业开拓新的市场提供帮助，中国很多中小企业正是通过阿里巴巴等网站与国外的采购商取得直接的联系，这减少了一些不必要的中间环节从而提高本公司的利润。除此之外，企业也可以通过信息化充分利用外部资源来增加本单位的研发能力。现代工业研发通常需要多方面的合作，仅仅依靠单一企业很难完成，尤其是一些中小企业。这也是很多企业宁愿花高价引进技术而不愿研发的重要原因之一。而通过信息化大幅降低了与外界沟通的成本后，企业有了动力主动参与研发活动，从而逐步向研发渗透而获得更高的利润。值得一提的是，即便是在传统的领域如采购与市场营销等领域，信息化也可以融入其中而大幅降低其成本,从而达到提高企业利润的目的。

除了在整个产业链中信息化的融入之外,信息化与工业化的深度融合同样体现在信息化对传统产业的改造上。在中国信息化水平相对较低时,很多产业的发展主要是依靠大量的劳动力以及资本的投入。但是,随着信息化水平的不断提高,相关的行业中可以投入更多的技术来替代资本和劳动力等传统的要素,从而实现提高生产效率以及扩大再生产的目的。通过信息技术的融入,装备制造业等支柱产业的技术水平将会大幅度地提升。利用电子计算机控制设计、生产流程能够显著改善人工控制中的很多问题,同时还可以节省大量的劳动力。通过信息化与工业化的深度融合,成套设备及组合加工设备的自动化水平将会提高,生产流水线会向前后进行延伸。在中国工业化与信息化深度融合的过程中,需要重点地改造钢铁、有色金属、化工、建材等行业的加工过程控制,提高整个产品深加工处理能力。

信息化融入工业化后能够增加自动控制过程的能力,从而工业生产效率有了大幅的提升。值得一提的是,工业化的发展过程反过来也会推动信息化的发展。比如,新材料的研发能够提高数据传播速度,自动化工业能够有效保障材料品质等。除此之外,工业化的发展也为信息化的发展提供了输出方向,从而能够不断地推进信息化产业的快速发展。

3.4.1.2 信息化与农业现代化的有机结合

信息化推动农业产业实现现代化。传统农业生产效率相对较低,现代农业的发展需要增加科技含量。从世界农业发展的潮流来看,农业经济的发展需要用科技发展来引领。从西方发达国家的农业发展来看,现代农业的发展科技创新主要表现在生物技术和信息技术在农业生产部门中的应用上。其中,信息技术在整个农业科技创新中的作用举足轻重。美国农业发展中大型现代化的机械(GPS定位)就充分利用了信息技术。通过信息化技术的使用,农业的耕作管理效率也有了大幅的提高,农业产量可以提高25%~30%,同时人力成本节约40%。除了农业机械中智能化程度提高之外,农业技术的推广、科研合作与成果转化等都广泛使用到信息技术。因此,从这个层面来说,信息化同样推动了农业现代化的进程。

建立现代农业产业体系,实现农业发展方式的转变,确保粮食稳定增产,不断提高农产品综合生产能力和供给能力。通过信息化与农业的有机结合,提升农业信息化水平能够极大提升对农业的产前、产中、产后的服务水平,有效地实现广大农村市场与国际化大市场的连接。在信息化推动下,实现气象、农资、农机、农技等生产性服务部门的有机结合,构建起现代农业预警信息系统,以减轻各种灾害损失。采集各地区各设置点现场数据，通过归纳分析、专家回馈、媒体报道等渠道，收集农业各产业的产前、产中、产后的相关信息或对天气、市场、灾害等突发事件做出的迅速反应所形成的数据资料，经过信息系统的整理、归纳、分析、总结而形成一整套的现代预警信息系统，该系统的利用对农业产业发展、结构的优化及未来走势形成了一个比较全面、科学、准确的预警和判断，对农业的现代化和农业产业结构优化升级具有重要意义。农业预警信息系统以农业标准化、绿色安全生产为基础，以农业生产经营与市场风险预警为手段，以提高农业综合生产能力为目标。该系统包括农业气象预警信息系统、农业病虫害预警系统、农产品市场预警信息系统、农资市场预警系统、农村劳动力市场预警系统等。通过提升农业信息化水平加快了传统农业向现代农业发展的跨越步伐，实现了农业产业结构升级。

3.4.1.3 信息化推动了生产服务业的发展

中国是一个制造大国，但不是制造强国，中国第二产业处于全球产业价值链底端是一个不争的事实。很多发达国家和新兴经济体国家产业结构演进的理论和实证研究表明生产服务业的发展通过产业关联作用不仅改进了第二产业生产实物产品的质量，提高了生产效率和产品附加值，还有助于产业结构的优化和升级。生产服务业的本质是“工业化”，因此可以称其为工业化服务业。工业化的产品设计、职能分工、生产线构造、流程再造、组织控制、技术运用、成本核算等都在生产服务业中体现。农业也是如此，现代农业需要用工业化方式组织农民，推进规模经营和农业产业化，农业的稳产、高产离不开有效的产前、产中、产后服务。人们把“电影业”称为“电影工业”，其并非是纯粹的文化娱乐业。工业化服务，是由工业产品(设备)和工业技术支持的服务活动，实际上是工业流程的分解和专业化。

全面运用信息技术改造传统产业，信息化与生产服务业融合发展，推进传统产业业务流程优化再造，提升传统产业竞争力。通过实施“智能制造工程”推动信息技术，在企业研发设计、经营管理、市场营销与物流配送等生产服务环节的覆盖渗透，集成应用和融合创新，加快制造模式向数字化、网络化、智能化和服务化转变。2005 年中国研发服务与第二产业生产服务业的比重仅为 0.46%，远低于西方大国集团 5.6% 的平均水平。随着研发服务的信息化程度提高，着力推进产品研发设计与创新的信息化，深化信息技术在机床、民用航空、汽车、新能源装备制造、重工机械设备、绿色食品、家电等产品研发设计上的渗透融合，提高这些产业产品信息技术含量和附加值。

着力推进信息化在节能减排与技术创新中的支持作用，重点针对冶金、电力、石化、建材、造纸等高污染行业运用绿色信息技术,开展工艺流程信息技术改造,从而减少污染物排放。加强信息技术在节能环保方面的行业准入、管理和行政执法监督等方面的应用。信息技术能有效地降低检测成本。加强对企业能源消耗及污染物排放实时数据的监督,为监督机构的决策提供良好的信息保障。充分利用信息技术,特别是其在技术创新、技术扩散、技术传播中的优势,加快对新技术、新产品、新工艺、新知识的学习、消化和吸收,利用信息网络平台开展研究开发合作,开展各类技术服务与技术咨询,加快技术创新步伐,降低创新成本,缩短创新周期。

推进信息化在物流与供应链管理领域的应用,发展现代物流业。中国的物流成本比较高,与发达国家比还有很大差距,2009 年全社会物流总费用占 GDP 的 21.3%,高于发达国家物流费用。中国物流企业平均库存 35 ~ 45 天,而美国平均库存仅为 1 周。物流企业,通过引入物流信息系统和电子数据交换技术,以提升物流企业信息化、自动化和决策智能化水平。

在信息化推动下,互联网和电子商务技术创新,通过网络批发零售这一新兴商业模式使得传统商贸流通业向现代商贸流通业转型升级。当今网络零售作为电子商务领域中的典型商业模式可以有效提升商贸流通业的信息化应用水平,积极运用新兴网络商务技术和工具可以有效地推进信息化与商贸流通业的深度融合。

3.4.2 信息化引领创新驱动“四化”同步发展

创新之所以能够促进经济发展,主要是因为创新带来了生产效率的提高。由于创新是源源不断的,因此创新驱动下经济内生增长是可持续的。创新驱动能推动产业结构升级,进而有利于经济的可持续发展。

3.4.2.1 信息化引领创新驱动

创新对工业化、城镇化、农业现代化以及信息化有着重要的带动作用,而整个创新需要由信息化的发展来带动。与工业化、城镇化以及农业现代化不同,信息化在工业化、城镇化以及农业现代化中有着广泛的应用,因而可以通过信息化引领的创新驱动来带动工业化、城镇化和农业现代化。根据权威的统计分析,全球 80% 的创新是直接或间接由信息化创造的,由信息知识价值的开发利用带来的。① 换句话说,创新驱动需要通过信息化来引领。

信息化引领工业经济的创新。在现代经济中,工业经济的信息化程度相对较

---

① 资料来源:《信息化引领创新》,http://news.hexun.com/2012-07-29/144093259.html。

高。上文中我们提到美国“再工业化”过程中提出了要以创新来推动，而其创新的源泉来自于信息化与工业化的融合。通过生产过程的智能化控制，企业生产效率有了大幅的提升，产品的质量得到明显的改善，与此同时产业损耗大幅下降。中国的相关政府部门也制定了相关的计划，将信息技术的应用作为智能工业发展的重点，着力推动下一代互联网、物联网、云计算等在工业中的应用。

信息化引领城市经济的创新。随着居民收入水平的提高，居民对居住的环境有着更高的要求。在科技住宅不断增加的同时，智慧城市的建设也逐步展开。智慧城市同样是将一些信息技术应用到城市的建设中去，包括城市的管理、服务业的发展等，主要是基于物联网、云计算等新一代信息技术以及大数据、社交网络等工具和方法的应用。智慧城市的建设本身就是一种创新，能够让更多的信息实现共享，实现人与人、人与物、物与物的互联互动，从而使得整个城市的公共管理、经济发展有着更高的提升。

3.4.2.2 创新驱动新型工业化发展

中国的工业发展以劳动密集型和资本密集型的产业为主，其通过利用本国廉价的劳动力以及国外的市场获得了快速发展。然而，随着中国劳动力成本的不断攀升以及国外市场的萎靡，中国的外向型工业经济受到了很大影响，很多行业出现了的产能过剩问题。究其原因，主要是中国的工业没有逐步向前推进，具有较强的路径依赖，缺乏创新驱动。与传统工业化道路不同，新型工业化需要通过科技创新来驱动，其核心在于信息化带动工业化。

新型工业化之路与传统工业化之路有着本质的区别。首先，新型工业化是以信息化带动工业化，而不是仅仅依靠原来的比较优势进行专业化分工。在信息化带动工业化的同时，再用工业化促进信息化的快速发展，这样工业化和信息化互为推进，从而整个工业经济不断向高端发展，具有可持续性。其次，新型工业化是科技含量高的工业化，这在本质上就要求新型工业化中需要有更多的科技创新，只有这样，新型工业化才能低耗高效。传统粗放型的经济通常具有高耗能、低效率的特征，并且给本地的环境造成极大的污染，经济的发展主要是依赖当地的资源的。这种粗放式的方式只有在工业化的初级阶段适用，随着本国工业化的深入，我们需要跳出传统工业化的发展模式，走出以创新为主的新型工业化道路。在知识经济的时代，如果仅仅依靠资源禀赋发展本国的工业化，则只会引起本国与其他国家经济差距的进一步扩大。通过自主创新获得的技术垄断通常具有更高的利润，并且需要通过不断的创新才能牢牢地把握住本国工业经济的优势。在创新的过程中，不断将创新转变成成果，以此来完善产业链，促进整个工业由劳动密集型、资本密集型向技术密集型转变，促进整个产业链由中低端向高端升级。

国际金融危机以来，西方国家在经历了几十年的“去工业化”后重新认识到工业化的重要性，认为制造业与服务业不是相互替代的关系，而是互补的关系。西方国家此次“再工业化”放弃了传统工业，主要以科技创新为依托，致力于发展高精尖的产业。从整个经济发展趋势来看，新兴产业将是未来工业经济发展的一个重要趋势，而这些新兴产业的发展则需要科技创新来支撑，通过新技术在传统行业中的运用来提高整个行业的生产效率。

在2008年全球金融危机之后，西方国家普遍提高了本国的研发投入以摆脱经济危机所引发的衰退。此次，西方国家发展制造业将以先进制造业为主，通过实体经济的发展来带动本国的经济增长并创造出更多的就业岗位。以美国为代表的西方国家此次依靠科技创新推动本国的“再工业化”也给发展中的中国工业化带来了启示，即本国工业化的发展需要有大量的科技创新，只有通过创新驱动，工业化才会具有可持续性。

3.4.2.3 创新驱动新型城镇化发展

城镇化的发展通常是与工业化的发展相伴随的，并且城镇化发展通常滞后于工业化的发展。在城镇化发展的初期，城镇化主要依靠廉价的“要素驱动”。但是，这种依赖于“要素驱动”和“人口红利”的城镇化不具有可持续性，因而不能成为城镇化发展的主要手段（辜胜阻、刘江日，2012）。当前，中国的城镇化已经严重滞后于工业化，中国的城镇化需要创新来驱动，其中包括制度创新和科技创新。

首先，中国城镇化的发展需要制度方面的创新。与国外城镇化不同，中国城镇化的最大问题是人口的流动受到户籍制度等因素的制约。虽然中国的农民工从农村向城市转移提高了城镇化的水平，但是同时我们也看到中国农民工在城市没有本地户籍，无法享受到与本地居民同等的就业机会、劳动收入、基本公共服务、社会保障以及教育。整体而言，中国当前的城镇化属于“半城镇化”，中国的城镇化不仅速度相对较为缓慢，质量同样也是相对较低的。毫无疑问，中国的城镇化需要进行制度上的创新才能实现。中国的城镇化当前主要面临的问题包括户籍制度、城乡二元的社会保障体系、城乡公共产品供给不均等以及城乡间二元的要素市场，中央政府需要在这几个方面进行制度创新。在十八届三中全会《中共中央关于全面深化改革若干重大问题的决定》中，中央政府提出要“推进农业转移人口市民化，逐步把符合条件的农业转移人口转为城镇居民。创新人口管理，加快户籍制度改革,全面放开建制镇和小城市落户限制,有序放开中等城市落户限制,合理确定大城市落户条件,严格控制特大城市人口规模”。虽然这样的政策还没有能够完全放开户籍制度,让人口在城乡之间自由流动,但是,这一措施已经让城乡人口流动的限制大为减少,这方面尤其表现在让农村人口可以比较容易地入户中小城市上。此外,在该《决定》中还对城镇基本公共服务提出了要求,提出要“稳步推进城镇基本公共服务常住人口全覆盖,把进城落户农民完全纳入城镇住房和社会保障体系,在农村参加的养老保险和医疗保险规范接入城镇社保体系”。这两方面制度的创新破解了现有的城乡分割问题,让城乡要素市场、社会保障体系由二元逐步过渡到一元。

其次,中国城镇化的发展需要科技方面的创新。与国外相比,中国的城镇化过程相对更为困难,这主要是因为中国的人口规模相对较大。中国人口超过 13 亿,如果城镇化率提高 10 个百分点,则需要从农村向城市转移 1.3 亿人,而这一数据已经超出了世界上绝大多数国家的人口数。当然,中国的城镇化也带来了很多契机。相关研究显示城镇化率每提高一个百分点,因此而带来的直接消费将拉动 GDP 增长 1.5 个百分点,而每增加 1 个城镇化人口可以带来 10 万元的城市建设投资(周一平,2013)。因此,不夸张地说,城镇化是中国经济未来发展的最大“发动机”。技术创新通常会带动一些新兴产业的发展,从而也会产生一些以该产业为依托的新兴城市,比如美国的硅谷等。科技的创新不仅扩大了城市的规模,同时也提升了城市的质量。通过信息化的发展,城市智能化水平不断提高,城市的管理效率大幅提高。正是通过科技创新,城乡数据库可以实现即时对接,从而可以统一管理城乡社会保障、公共服务等公共事业,这从软环境方面实现城乡的一体化。

随着中国工业化竞争力的减弱以及外部市场需求的萎靡,城镇化是中国当前经济发展的重要引擎。城镇化会产生大量的内部需求,从而带动经济的发展。传统的城镇化的模式可能会引发很多城市病,并且产生大量的贫民窟,不能让转移出来的农村劳动力真正地市民化。而通过制度和科技的创新,中国的城镇化的质量将有大幅度的提高。与此同时,大量的农村剩余劳动力也得以释放,从而城镇化的数量也有显著提高。综合而言,通过创新驱动的城镇化,无论是从数量上还是从质量上都有提高,这也符合新型城镇化的本质要求。

3.4.2.4 创新驱动农业现代化发展

随着本国工业化和城镇化的发展,本国的农业现代化水平也不断提高。这不仅是因为本国的大量农村劳动力逐步向工业部门和城市转移,同时也是因为创新带动了农业经济的发展。从发达国家的数据来看,农业部门同样有着较高的生产效率。

以美国农业为例,目前美国农业人口大约为 600 万,生产出的农产品总产值大约为整个世界农产品产值的 13% 。美国不仅满足了本国居民的食品需求,甚至还将本国农产品的 2/3 出口至世界其他国家。与中国相比,美国有着更高的生产效率,美国农民人均粮食产量大约为中国农民人均粮食产量的 40 倍。为何美国的农业生产效率比中国高出如此之多呢?从美国农业发展的特征中我们大致可以知道其中原因。与中国农业相比,美国的农业有着这样几个特征:

第一,美国农业生产主要是规模化经营,农业集约化程度较高,平均每个农场的耕种面积为 4 000 英亩(约合 2.4 万亩①),人均可以耕种面积为 2 500 英亩(约合 1.5 万亩土地)。

第二,农业机械化程度较高,播种、施肥、喷洒农药、收割、烘干,甚至入库都主要依靠一些现代化的机械设备来完成(如配备 GPS 大型拖拉机)。

第三,美国农业知识化程度较高,农民普遍接受职业教育和高等教育,平均受教育年限为 12 年。

从美国农业的三个基本特征中我们可以看到,美国农业之所以具有如此高的生产效率,主要得益于美国的创新驱动。美国的农业规模化经营是制度创新的代表,其充分利用了规模经济,从而促进了生产效率的提高。与传统的农业相比,现代农业生产则更多的是规模化、集约化的经营方式,传统的小农经济无法适应现代社会的发展。美国之所以可以用如此少的农业从业人员生产出如此多的粮食,更为重要的一点是美国农业机械化的程度相对较高。农业机械化不仅可以节约大量的劳动力,同时可以实现深耕深松、精量播种、精准栽培、均衡施肥等先进的农业生产技术,而这些是传统农业无法实现的。美国的农业机械化得益于本国的工业经济和信息化的发展,美国农业机械将本国最先进的电子技术、遥感技术等高端技术应用于农业,从而真正实现了美国农业的技术进步。此外,美国的农民教育水平较高,而这也得益于美国教育体制的创新。

虽然中国农业当前还不具备美国农业现代化的条件,但中国农业也在创新方面进行探索。从我们当前取得的成就来看,中国农业现代化还主要体现在特色经营方面,不具有全国推广的可能。由于中国农民的受教育年限相对较低,因此中国农业当前以推广机械化和高产量农产品为主,通过农业科技创新以及制度创新来

① 1 亩≈666.67 平方米。

实现农业生产方式的跨越。在中央政府的支持下,中国建立了北京国家现代农业科技城、杨凌国家农业高新技术产业示范区、黄河三角洲国家现代农业科技示范区等农业技术孵化和推广使用示范区,从而带领我们农业逐步走向现代化。

3.4.2.5 创新驱动信息化发展

创新不仅在工业化、城镇化以及农业现代化中具有重要的意义,而且在信息化方面具有更加深层次的含义。与创新驱动给工业化、城镇化以及农业现代化带来的应用不同,信息化的过程本身就是一个创新的过程。在人类的发展史中经历了三次科技革命,包括蒸汽机革命、电力技术革命以及20世纪中叶开始的第三次科技革命。第三次科技革命以原子能、电子计算机、空间技术和生物工程的发明和应用为主要标志,其是包括信息技术、新能源技术、新材料技术、生物技术、空间技术和海洋技术等诸多领域的一场信息控制技术革命。信息化在第三次科技革命中具有举足轻重的作用,很多技术诸如材料技术、生物技术、空间技术等的应用都与信息化有着紧密的关联。

信息化的快速发展原本就是不断创新的过程,正是因为这种技术创新,信息化产业才支撑着西方国家近些年的经济发展。20世纪90年代,美国出现了快速发展的“新经济时代”,这主要得益于美国知识经济、虚拟经济和网络经济的快速发展,以及传统行业与这些新兴行业的良好结合。随着计算机、互联网的普遍使用,整个世界进入了信息化时代,人们的生活方式也由此发生了变化。人们对信息化产品的需求促进了信息化产业不断更新换代,在进入宽带时代以及移动互联网时代之后,当前信息化产业也正在面临着新的转折点,包括云计算和物联网等一些新的方向。中国的信息化发展的速度也是相当快的,这给中国未来经济的发展带来了更多的契机。《中国信息化形势分析与预测(2010)》数据显示,2008年中国信息产业的销售收入为6.3万亿元,是1978年的4 000多倍,产业增加值占全国GDP的比重高达5%,成为中国支柱产业。当前创新主要集中于信息化产业,因此信息化产业获得如此快速的增长也显得极为自然。

创新驱动对信息化的作用一方面体现在信息化产业自身的发展上,另外一个方面则体现在信息化与其他产业的融合上。国际电信联盟(Committed to connecting the world)的《社会信息化的测度》(*The ITU Measuring the Information Society*, *MIS*)2013年的数据显示,中国信息指数为3.86,位于157个参与排名的国家和地区中的第79位,处于中等水平。值得一提的是,中国的信息化还有很大的发展空间,创新对未来中国信息化发展有着重要的意义,其中既包括创新对信息化产业自身的发展，同时也包括创新对信息化与其他行业的融合发展。

3.5 “四化”推进产业结构升级的作用机制与理论模型

“四化”推进产业结构升级有着特定的机理，通过相互融合而达到同步发展，并最终推动产业结构的升级。在产业结构升级的背后包含农村剩余劳动力转移、工业化产品规模报酬递增以及信息化促进经济增长等一系列的内容。

3.5.1 “四化”推进产业结构升级的作用机制

“四化”的同步发展与融合发展推进产业结构升级的作用机制表现为：

第一，通过新型工业化与信息化深度融合、工业化与城镇化良性互动、以工促农，推进了大中小城市现代产业体系形成，实现了产业转型升级、资源配置城乡通开、生产集聚、特色产业培育，实现了工业生产绿色化、精致化、高端化、信息化与服务化，进而实现了第二产业的升级。

第二，通过城镇化与工业化两者良性互动、城镇化与信息化有机结合、城镇化与农业现代化相互协调，实现了产城融合、吸纳就业、城乡一体化发展和人的城镇化，生产性服务业和生活性服务业规模化发展提升了城市服务功能，资源环境承载力增强，进而实现了第三产业的升级。

第三，通过农业现代化与城镇化相互协调、农业现代化与信息化有机结合、以工促农，实现了农业的工业化，能够保障粮食安全与农产品供给，县域经济活力增强，增收渠道拓宽；城乡收入差距缩小，完善了现代农业产业体系与信息化水平，实现了第一产业的升级。

第四，通过信息化与工业化深度融合，信息化与城镇化、农业现代化的有机结合，运用信息化手段促进技术创新与商业模式创新进入产业领域，促进制造加工基地、生产服务企业、农业与国际市场的链接，通过创新驱动形成产业国际竞争新优势（详见图 3 -6）。

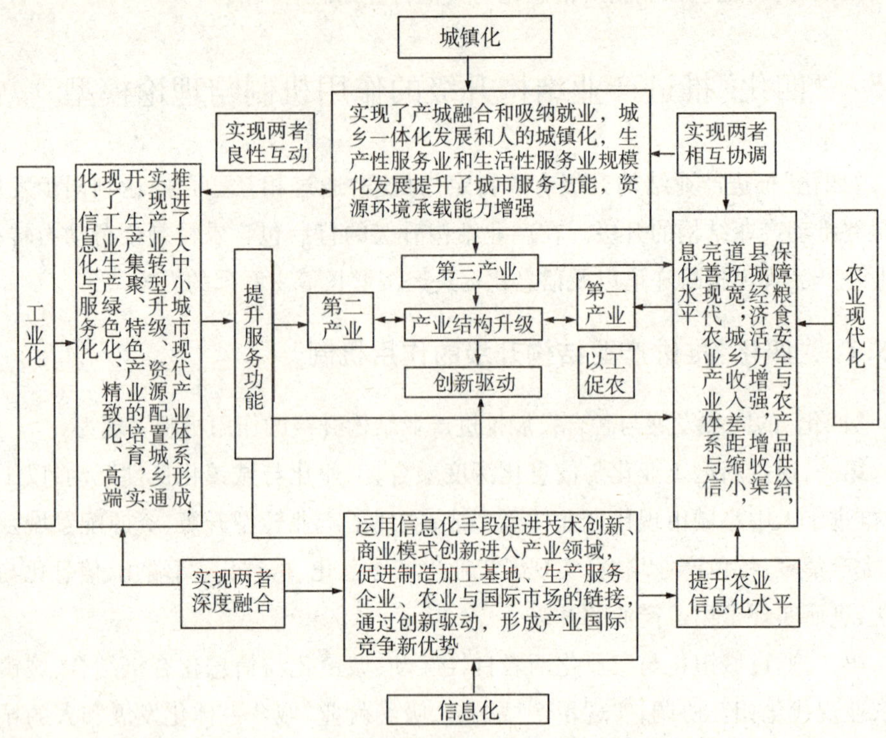

图 3－6 “四化”推进产业结构升级的作用机制

如图 3－7 所示,创新是经济增长的动力源泉,通过经济增长,收入水平不断提高,导致需求结构不断升级和资本不断累积,这使要素禀赋结构不断升级。创新驱动和需求结构升级会相互促进引发产品创新和产业创新。新产品和服务开拓新的需求,或者通过产品创新满足消费者新的需求。需求结构的升级和创新驱动的相互作用会推动新产品不断出现,旧的产业更替、主导产业群的更替推动了产业结构升级。

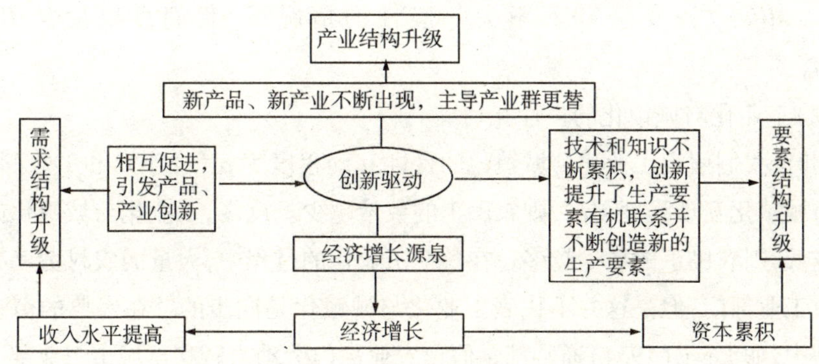

图 3－7 创新驱动产业结构升级的实现机制①

在创新驱动中技术和知识不断累积，创新提升了生产要素有机联系，并不断创造新的生产要素，要素结构升级能够优化要素投入结构，提升技术、知识密集程度，进而转变经济增长方式，实现产业结构升级。

3.5.2 "四化"推进产业结构升级的理论模型

3.5.2.1 理论假设

为了能够说明工业化、城镇化、农业现代化以及信息化同步发展对产业结构升级的影响，我们至少需要设置两个不同的产业，即农业部门和工业部门；同时，我们假定经济体是封闭的，即不考虑外部经济的情况；为了简化，我们假设在生产过程中企业需要使用劳动力和技术作为投入要素。因此我们的基础模型为一个 $1\times2\times2$ 的模型。

(1)信息化与工业化的融合

我们假定信息化与工业化的融合程度主要体现在技术进步方面，技术进步的程度与信息化和工业化融合的程度成正比。设定信息化与工业化的融合程度为 δ（介于 0 和 1 之间），那么技术进步关于工业化与信息化融合程度的函数为 $B(\delta)$。此外，技术进步不仅与信息化和工业化的融合程度相关，同时与信息化总量有着关联。设定信息化初始量为 I_0，并且信息化水平不断提高（将资本收益用于投资信息化产业），任一时刻的信息总存量为 $I_t = e^{rt}I_0$。从而，我们可以得到 $\partial B(\delta, I_t)/$

① 参见李博：《产业结构优化升级的综合评测和动态监测研究》，华中科技大学出版社，2013。

$\partial\delta > 0$，$\partial B(\delta, I_t)/\partial I_t > 0$。不失一般性的情况下，我们可以设定 $B(\delta, I_t) = \delta e^{rt} I_0$。

(2)工业化与城镇化的良性互动

同时，我们假定工业化与城镇化的良性互动程度为 ρ（介于 0 和 1 之间）。工业化与城镇化互动程度越高，则农民工的数量越少。反之，工业化与城镇化的互动程度越低，则农民工的数量越多。在整个工业化的过程中，大量的农村劳动力转移至城市工业部门，但是这并不代表工业化与城镇化是同步的。在经典的劳动力转移模型中，如 Lewis(1954)通常都是假设农业部门劳动力转移至城市工业部门则完成了城镇化。但是，在前文的研究中我们也发现，城镇化与工业化并非完全同步的。也正是基于这样一个原因，十八届三中全会中才会提出工业化与城镇化的良性互动。

(3)城镇化与农业现代化的相互协调

城镇化与农业现代化的相互协调落脚点为农业现代化，农业现代化水平越高，释放出的农村劳动力越多，则农民的收入水平也越高。我们不妨设定农业现代化的水平为 θ（介于 0 和 1 之间），农业现代化的水平越高，θ 越大。值得一提的是，这里的 θ 值是农业相对于工业的技术水平，而不是一个绝对值。由于农业部门的生产效率相对于工业部门的工资水平要低，因此农业部门的工资水平为工业部门工资水平的 θ 倍。

3.5.2.2 消费者行为

假定消费者为代表性的消费者，那么所有的消费者具有相同的需求函数。消费者的效用函数为拟线性效用函数，其由农产品和工业产品共同组成。我们不妨假设消费者效用函数：

$$U = M + \alpha \ln A \tag{3-16}$$

其中，A 为代表性消费者对农产品消费的数量，M 为代表性消费者对工业产品组合的消费量，α 为常数。

消费者的收入全部用于支付农产品和工业品，从而我们可以得到消费者的预算约束函数：

$$p_A A + P_M M = y \tag{3-17}$$

式中，p_A 为农产品的价格，P_M 为工业组合的价格，y 为代表性消费者的消费支出。

在预算约束函数下最优化代表性消费者的效应水平，我们可以得到代表性消费者对工业产品以及农产品的需求函数：

$$A = \alpha / p_A \text{ , } M = (y - \alpha) / P_M \tag{3-18}$$

同样，消费者对农产品的需求量与农产品的价格成正比，但与消费者的收入水平无关，这就表明消费者的农产品需求是刚性的。消费者对工业产品的需求量与同样产品的价格成反比，与消费者的收入水平成正比。

单位化农产品的价格，即设定 $p_A = 1$ ，将工业产品以及农产品的需求函数带入消费者的效用函数中，可以得到消费者的间接效用函数：

$$V(p_A, P_M, y) = (y - \alpha) / P_M + \alpha \ln \alpha \tag{3-19}$$

3.5.2.3 生产者行为

我们设经济系统中劳动力的禀赋为 L 、资本的禀赋为 K 。资本由全体劳动力共同所有，从而资本收益归全体劳动者。除了资本收益之外，居民还获得了劳动收入，因此居民的收入由两部分构成。但是，居民的资本收益用于发展信息化产业，从而居民用于消费的只有劳动力收入部分。

(1)农业部门

假定农业部门为规模报酬不变的部门，农产品的生产需要使用劳动力和资本来投入。生产单位农产品需要使用 a/θ 单位要素组合，农业部门的成本函数设定为：$a w_A{}^{1-\beta} r^{\beta} / \theta$ 。其中，a 为农工业部门的边际投入数量，θ 为农业现代化的水平，w_A 为农业部门的工资水平，r 为资本收益。因此，我们可以得到农产品的价格为：$p_A = a w_A{}^{1-\beta} r^{\beta} / \theta$ 。

(2)工业部门

同样，假定工业部门为规模报酬不变部门，生产函数为新古典函数，技术进步为中性，那么我们可以设定我们的成本函数为 $a w^{1-\beta} r^{\beta} / B(\delta, I_t)$ 。其中，w 为工业部门的工资水平，r 为资本收益。在不失一般性的情况下，我们将工业和农业部门的资本和劳动力的投入比例均设定为 $\beta/(1-\beta)$ ，这与整个经济系统中资本和劳动力的禀赋相同，即 $K/L=\beta/(1-\beta)$ 。这样做的好处是，在研究中我们无须考虑是劳动密集型产业还是资本密集型产业。工业部门与农业部门有以下一些差异：

①工业部门的生产中有着更少的边际投入，即生产过程中的效率相对更高，这主要体现在：农业部门的单位投入为 a/θ ，而工业部门的单位投入为 a 。

②工业部门的生产中创新有着一定的作用，这主要体现在 $B(\delta,I_t)$ 方面。随着技术创新的增加，B 也是要提升的，从而工业生产成本进一步下降。同样，由于工业部门为规模报酬不变部门，并且产品在完全竞争的市场中销售，因此 $p_M=aw_M{}^{1-\beta}r^{\beta}/\theta$ 。

3.5.2.4 一般均衡分析

(1)供求均衡与产业结构

在农业劳动力不断向工业部门转移过程中，由于工业化与城镇化协调程度不足，可能会出现一些农民工。这一群体的工资水平介于农民和工人之间，但是他们在工业部门就业。我们不妨设这一群体服从均匀分布，并且相互的决策行为服从独立同分布(IDD)。那么，我们可以得到这个群体的平均工资水平。设农业部门的工资水平为 w_A ，工业部门的工资水平为 w ，那么农民工平均工资水平为 $w_{AM}=(1-\rho)w_A+\rho w$ 。在极端的情况下，在城镇化与工业化完全协调时，即城市对农民工完全接受($\rho=1$)时，农民工的工资水平将会与城市工人的工资水平完全相等；反之，如果城市对农民工完全不接受($\rho=0$)，那么农民工的工资水平与农民的工资水平相等。如果 ρ 介于0和1之间，那么农民工的工资水平则介于农民和工人的工资水平之间。

在均衡的市场中，工业产品和农产品的生产都完全满足经济系统中的需求，供给均衡。对应地，整个经济系统中农产品的需求为 $\alpha L/p_A$ ，工业产品需求为 $(Y-\alpha L)/p_M$ 。其中，$Y=L_Aw_A+L_{AM}w_{AM}+L_Mw$ ，L_A 为某一时刻经济系统中剩余的农民人数，L_{AM} 为农民工的人数，L_M 为工人的人数。生产单位农产品需要农民的数量为 $a(1-\beta)/\theta$ ，而生产单位工业产品需要工人的数量为 $a(1-\beta)/B$ 。因此，均衡时经济系统中工业产品和农产品的供给比始终为 B/θ 。

设定工业系统中工业产品产值比重为 H ，那么从供给的角度来看，我们可以发现：

$$H = \frac{B}{\theta + B} \tag{3-20}$$

另一方面,从需求来看,工业产品的产值比重为 $H = 1 - \alpha L/Y$。进一步如果设定某一时刻系统中工人的比重为 u,农民的比重为 v,那么农民工的比重则为 $1 - u - v$。对应地,将工人、农民的比重以及居民的总收入带入,我们则可以得到:

$$H = 1 - \frac{\alpha/w}{u\theta + (1 - u - v)[\rho + (1 - \rho)\theta] + v} \tag{3-21}$$

(2)供给引起的产业结构变动

从式(3-20)中我们可以看出,城镇化与农业现代化的互动协调水平以及信息化与工业化的程度直接影响产业结构的变动。为了说明其对产业结构影响的影响大小,我们不妨对式(3-20)求关于 B 的导数,得到 $\mathrm{d}H/\mathrm{d}B = \theta/(\theta + B)^2 > 0$,从而 $\mathrm{d}H/\mathrm{d}\delta > 0$。换句话说,随着本国的创新的增加,本国的产业结构更加偏向于技术密集型产业。并且我们发现总产值是增加的,即代表经济出现了增长。从而,我们可以得到这样的理论假说:

理论假说 1:随着本国的创新增加,本国或者本地区的产业结构出现了升级,并且经济具有可持续增长性,即创新引起了本国经济的可持续增长。

为了能够说明城镇化与农业现代化的互动,我们对式(3-20)求关于 θ 的导数,可以得到 $\mathrm{d}H/\mathrm{d}\theta = -B/(\theta + B)^2 < 0$,这就表明随着本国农业生产技术的提高,本国农业部门的比重将会增长。在城镇化与农业现代化的互动过程中,如果仅从供给引起的产业结构变动来看,农业产业的比重会增加。但是,城镇化与农业现代化的互动更为关键的是对农民工资水平的提高,因此对这一因素的考虑我们应当从需求角度来看。

(3)需求引起的产业结构变动

式(3-21)则反映了需求引起的产业结构的变化,从该式中我们可以看到工业化与城镇化良性互动程度 ρ 以及农业现代化程度 θ 对产业结构的影响。我们不妨对式(3-21)求关于 ρ 的导数,可以得到:

$$\mathrm{d}H/\mathrm{d}\rho = \frac{\alpha(1 - u - v)(1 - \theta)}{w\{u\theta + (1 - u - v)[\rho + (1 - \rho)\theta] + v\}} > 0 \tag{3-22}$$

由此,我们可以得到这样的理论假说:

理论假说 2:随着工业化与城镇化良性互动的增加,本国或者本地区需求将会增加,从而产业结构会出现升级。

从供给的角度来看,城镇化与农业现代化的相互协调引起了农业产业在经济系统中的比重增加。但是如果从需求的角度来看,农业产业在经济系统中的比重将会减小,对式(3-21)求关于 θ 的导数,我们可以得到:

$$\mathrm{d}H/\mathrm{d}\theta = \frac{\alpha[(1-u-v)(1-\rho)+u]}{w\{u\theta+(1-u-v)[\rho+(1-\rho)\theta]+v\}^2} > 0 \qquad (3-23)$$

从式(3-23)中我们同样可以看出,随着 θ 的增加,从需求角度来看,产业结构同样出现了升级。为了说明城镇化与农业现代化相互协调对产业结构的综合影响,我们不妨把两者的效应进行叠加,对应地我们可以得到:

$$\mathrm{d}H/\mathrm{d}\theta = \frac{[(1-u-v)(1-\rho)+u]\theta^2 w/\alpha - B}{(\theta+B)^2} \qquad (3-24)$$

从式(3-24)中我们仍然无法判定该式的大小。长期来看,只有 B 是可以不断增加的,式(3-24)中的其他变量都是固定值。因此,我们不妨对式(3-24)求关于 B 的导数,可以得到 $\partial H^2/(\partial\theta\partial B) > 0$ 。因此,我们可以发现长期内,θ 的增加也会引起产业结构的升级。由此我们可以得到如下假说:

理论假说 3:从供给的角度来看,城镇化与农业现代化的相互协调可能会导致经济系统中农业的比重增加。从需求的角度来看,城镇化与农业现代化的相互协调则会导致产业结构的升级。至于某一阶段经济系统是否出现升级,则完全取决于供给和需求共同带来的效应。

从上文的分析中我们可以得出这样的推论:信息化和工业化深度融合、工业化和城镇化良性互动、城镇化和农业现代化相互协调,能够有效地促进工业化、城镇化、农业现代化、信息化同步发展,而这也将有效地促进产业结构的升级。

因此,当前中国产业结构的升级需要以信息化来引领“四化”中的其他三者,通过信息化促进创新而驱动经济的可持续增长,同时通过“四化”的相互协调发展来促进产业结构优化,并最终达到经济的长期增长的目的。

3.6 本章小结

工业化、城镇化、农业现代化、信息化推进产业结构的演变有着一般的规律性,包括三次产业结构演变以及产业内部结构升级。本章主要研究工业化、城镇化、农业现代化、信息化对三次产业结构以及产业内部结构的影响,通过总结一般的规律性、建立数理模型分析了影响产业结构升级的工业化、城镇化、农业现代化、信息化的影响因素,同时对中国的工业化、城镇化、农业现代化、信息化与产业结构之间的关系进行了研究。

在本章的研究中,通过构建数理模型我们发现了工业化、城镇化、农业现代化影响产业结构背后的因素。

工业化对产业结构升级的影响包括:

(1)劳动密集型产业与资本密集型产业之间的要素密集度的高低差异,差值越小产业演化的速度越快。

(2)农产品在消费者效用函数中的重要性,农产品对居民的重要性越强产业结构演化的速度越快。

(3)资本积累的速度,随着资本积累的增加,产业结构演变出现先加速后减速的规律。

城镇化对产业结构升级的影响包括:

(1)居民的消费中非农产品的消费越多,则城镇化对产业结构的演变的影响会显得越小。

(2)城市居民的收入差距越大,在城镇化过程中产业结构演变得也就越快。

(3)经济系统中居民的数量越多,那么相同的城镇化率对产业结构的影响也越大。

农业现代化影响产业结构演变的因素:

(1)农业生产技术通过释放劳动力和增加居民收入水平能够促进非农产业的发展,同时农业生产技术也能促进农业经济的发展,因此其对产业结构的影响是不定的。

(2)居民消费结构中非农产品的消费比重越高,产业结构演变越快。

整体而言,中国的工业化、城镇化以及农业现代化的演变规律与主要发达国家极为相似,随着工业化、城镇化以及农业现代化的不断推进,三次产业结构出现了演变升级。这也表明,产业结构的升级可以从多个方面入手,最终实现经济的持续、稳定的增长。从产业结构来看,产业结构的失衡也引起了贸易结构、就业结构失衡。与发达国家或者发展中国家同一时期产业结构相比,中国的产业结构存在一系列的问题,包括农业生产技术偏低、第二产业利润相对较低且低端、第三产业生产性服务业比重偏低等。不仅如此,中国的产业结构升级也存在着一些障碍,包括要素价格扭曲导致企业缺乏升级的主动性、技术水平落后导致产业无法及时升级、滞后城镇化导致产业无法升级。

创新能够促进经济的可持续增长,这主要是通过创新驱动工业化、城镇化、农业现代化以及信息化来达到的。在创新的过程中,通过信息化来引领创新,充分将信息化与工业化深度融合、促进城镇化与工业化良性互动以及城镇化与农业现代化相互协调推进来实现“四化”的同步发展。通过改变需求或者供给的变化,“四化”能够促进产业结构的升级。根据理论研究,提出了三个理论假说:

(1)随着本国的创新增加,本国或者本地区的产业结构出现了升级,并且经济具有可持续增长性,即创新引起了本国经济的可持续增长。

(2)随着工业化与城镇化良性互动的增加,本国或者本地区需求将会增加,从而产业结构会出现升级。

(3)从供给的角度来看,城镇化与农业现代化的相互协调可能会导致经济系统中农业的比重增加。从需求的角度来看,城镇化与农业现代化的相互协调则会导致产业结构的升级。至于某一阶段经济系统是否出现升级,则完全取决于供给和需求共同带来的效应。下一章我们将对“四化”推进黑龙江省产业结构升级进行实证研究。

第 4 章　黑龙江省产业结构演变与升级的现状及问题分析

黑龙江省是中国重要的粮食生产基地,同时也是中国的老工业基地。黑龙江省的产业结构演变与升级有着与其他省(区)的共性,同时也有着一些相对较为独有的特征。本书重点研究黑龙江省的"四化"发展推进产业结构优化升级,在我们进行实证分析之前需要对黑龙江省产业结构演变的过程以及当前黑龙江省的产业结构升级现状有着一定的掌握。本章中,首先对黑龙江省的三次产业结构演变进行回顾;其次,对黑龙江省的产业结构升级现状以及与其他地区省份的产业结构现状进行比较分析;最后,指出黑龙江省的产业结构升级所面临的问题。

4.1　黑龙江省三次产业结构的演变过程

新中国成立后,中国工业经济在区域之间进行了调整,东北地区成了中国的重要工业基地。东北地区对中国工业经济的发展做出了重要的贡献,改革开放以来,由于国企比重大,国企改革难度大,以及所带来了产业技术的升级滞后、企业负担过重等一系列的原因,东北地区的工业经济发展滞后,逐步被东部沿海地区所超越。新中国成立之初,通过国家有组织对黑龙江省"北大荒"地区进行开垦,"北大荒"成为名副其实的"北大仓"。黑龙江省成了中国重要的商品粮基地,而农业经济在黑龙江省的经济中也占据着重要的地位。在 20 世纪 50 到 60 年代,中国的工业进行了大规模的调整,"三线"建设时期黑龙江省布局了大量的重化工业,从而推动了黑龙江省的工业经济的快速发展。"三线"建设更多地选择重化工业,这也造成了黑龙江省重工业比重长期居高不下,轻工业发展相对被忽略。在开放型经济的带动下,东北地区的产业结构出现了大幅的调整,其中以辽宁省最为突出。为了促进东北地区的经济发展,2003 年中共中央、国务院正式印发《关于实施东北地区等老工业基地振兴战略的若干意见》,制定了相关政策促进东北老工业基地的产业升级。

从新中国成立后至今,黑龙江省的产业结构多次出现大的调整,产业结构的调整不仅体现在三次产业方面,同时还体现在三次产业内部结构提升方面。那么,黑龙江省的产业结构有着怎样的演变规律呢?按照经济发展的变化,将黑龙江省的三次产业结构演变过程分为三个时期:重化工业经济发展时期(1952~1977)、市场经济转型时期(1978~1991)和沿边开放时期(1992至今),这三个时期的产业结构有着不同的演变规律。

4.1.1 重化工业经济发展时期(1952~1977)

图4-1中给出了重化工业经济发展时期黑龙江省的产业结构的演变图。从图中我们可以看出,黑龙江省的三次产业比重在这一时期发生了巨大的变化。整体来看,工业经济在新中国国成立初稳步地增加,其后出现小幅下降后快速增加。在1960年左右,工业经济比重达到了一个顶峰。随后,工业经济比重出现了下滑,1962年后基本保持稳步上升的趋势。整体而言,这一时期黑龙江省的第三产业比重相对较为平稳,后期出现了小幅下滑。农业比重在新中国成立后出现下滑,1960年出现了回升,之后基本保持稳定。这一时期的产业结构主要受国家的宏观规划以及自然灾害等一系列因素的影响,产业结构的演变中市场基本没有发挥作用。

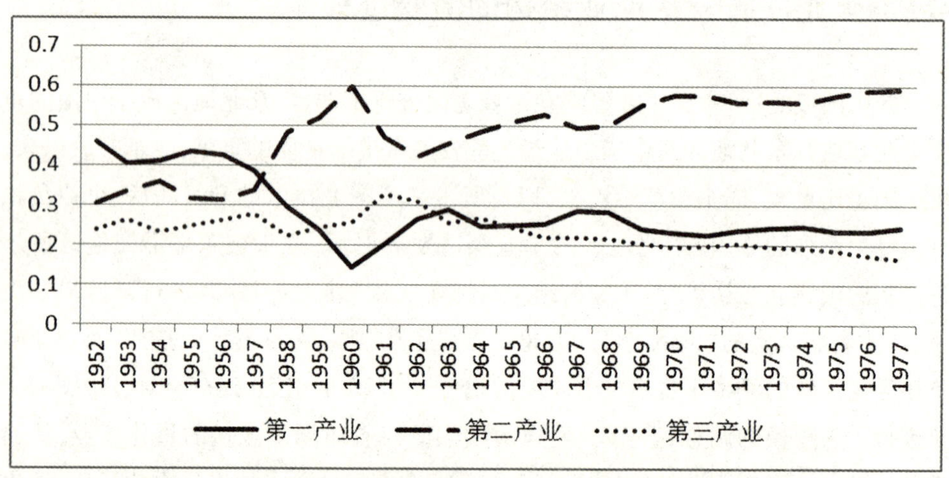

图4-1 重化工业经济发展时期(1952~1977)黑龙江省的产业演变

数据来源:《黑龙江省统计年鉴》(2013)

4.1.1.1 第一产业发展迅速

新中国成立之后,通过土地改革以及农民集体所有制的建设,黑龙江省的农业经济逐步得到恢复。1953 年黑龙江省的农业经济增长率达到了 8.4%。1954 年更是创出新高,农业经济增长率高达 16.3%。其后,1955 年和 1956 年农业经济仍然保持高速增长的势头,增长率分别达到了 10.7% 和 8.4%。受中国工业经济发展政策的导向的影响,1957 年开始黑龙江粮食产量出现了波动下滑。1957 年,农业总产值为 17.2 亿元,比 1956 年下降了 4.4%。1958 年,农业经济有所恢复,但由于自然灾害等因素的影响,其后黑龙江省的农业经济又出现了下滑。1959 年,第一产业产值比 1958 年下降了 4.3%,而 1960 年更是下降到 1952 年以来的最低点,农业总产值仅为 11.7 亿元,与 1959 年相比降幅高达 32.8%。1961 年,农业总产值进一步下降,降到新中国成立后黑龙江省历史最低点,农业总产值仅为 10.9 亿元。之后,黑龙江省的农业经济出现了一些波动,但整体呈现出了上升趋势,在改革开放前夕的 1977 年产值已经达到了 38 亿元。

新中国成立后(尤其是 1952 年之后),黑龙江省的农业经济有着稳步的增长,这与黑龙江的荒地开垦有着重要的联系。大批转业军人以及知识青年的到来,为黑龙江农业经济的发展做出了巨大的贡献。在耕地面积大幅增加时,黑龙江的粮食产量也出现了大幅增加。但从图 4-1 中我们也可以看出,黑龙江省的农业产值比重并没有出现大幅增加,反而出现了下降。而这也与当时的黑龙江省的工业经济获得快速发展是密不可分的。整体而言,这一时期黑龙江省的农业经济有较大的发展,但是农业比重却出现了下降。而农业经济的发展主要依赖于农业耕地面积的增加,农业生产技术在这一时期并没有太大进展。

4.1.1.2　第二产业高速发展

新中国成立初期,通过没收敌伪资产的企业,黑龙江省初步建立了以国有经济为主、多种经济成分并存的经济结构。但是,黑龙江省的工业经济发展更多的是国家产业布局的结果。国家在“一五”计划时期,通过苏联重点援助建设 156 个项目中安排了 56 个项目在东北三省,占投资总额的 37.3%。加之,抗美援朝时期,辽宁的部分企业向黑龙江省逐步迁移(“南厂北迁”),从而奠定了黑龙江省的老工业基地的地位。从图 4-1 中我们可以看出,黑龙江省的第二产业在这一时期有了大幅的增加。第二产业产值从 1952 年的 7.9 亿元提升到 1960 年的 48.1 亿元,年均增长率达到 28.2%。但是,在苏联的援助撤离之后,黑龙江省的第二产业出现了大幅下滑,1963 年的第二产业总产值降到了 23.1 亿元;1966 年,第二产业恢复到了 1960 年的水平,总产值重新达到了 48.6 亿元。其后,黑龙江省的第二产业处于稳步增长中,1977 年第二产业总产值达到了 97.1 亿元。

整体来看,黑龙江省在“一五”期间工业做出了一些调整,开始了发展重化工业之路。工业生产技术得到了更新,基础原材料以及机械制造业得到了快速的发展,这为黑龙江省的工业发展做出了重要贡献。在大庆油田开采的带动下,黑龙江省的石油工业以及输油管道建设等方面都有了长足的进步,机械工业、化学工业、电力工业、冶金工业等都出现了位次上升。重化工业的比重不断上升,而轻工业的比重不断下降。

4.1.1.3 第三产业发展缓慢

与第一、第二产业相比,这一时期黑龙江省第三产业比重相对较低。1951 年至 1960 年期间,第三产业的产值在不断地上升,但增速波动较大。1952 年,黑龙江省的第三产业比重为 23.8%,1953 年、1959 年的第三产业增长率均在 30% 以上,而 1955 ~1958 年期间第三产业的增长率基本保持在 10% ~20% 之间,这一期间忽高忽低。同样,受一些外部因素的影响,第三产业总产值在 1961 年出现了下滑,直到 1969 年才重新恢复到 1960 年的水平,达到 20.7 亿元。此后,第三产业产值出现了稳步增长。但是,由于工业经济的快速增长,第三产业的产值比重出现了下降。尤其是在 1969 年之后,第三产业产值比重不断下降,并在 1977 年达到 1952 年以来的最低比重,仅为 16.5%。

与这一时期快速增长的工业经济相比,第三产业仍然显得发展比较缓慢,第三产业并没有能够随着工业经济的高速发展而发展。整体而言,这一时期黑龙江省的第三产业并不算太过于落后,第三产业的年均增长率为 6.38%。但因为重化工业的高速发展,第三产业的比重出现了下滑。

新中国成立初,黑龙江省仍然是以农业经济为主的大省。但是,通过“一五”和“三线调整”等产业布局出现后,黑龙江省的重化工业经济开始发展。1957 年,黑龙江省的第二产业比重超过了农业经济的比重,黑龙江省成了中国重要的工业基地。工业经济的发展不仅引起了农业比重的下降,同时还引起了第三产业比重的下降。整体而言,这一时期的第二产业的比重较高,第三产业的比重相对较低。三产结构也从“一二三”逐步转变为“二一三”,黑龙江省开始了工业化的历程。

4.1.2 市场经济转型时期(1978 ~1991)

改革开放后,中国逐步从计划经济走向市场经济,沿海地区出现大量的民营企业,工业经济获得了快速的发展。而同一时期,由于企业体制以及负担等问题,黑龙江省的工业经济占全国的比重逐步下降。不仅如此,黑龙江省的工业经济占本省的生产总值也出现了一些下滑。当然,这一时期最为重要的变化是黑龙江省的第三产业有了长足的进步,尤其是在1985年之后发展极为迅猛,并且超越了农业经济,详见图4-2。

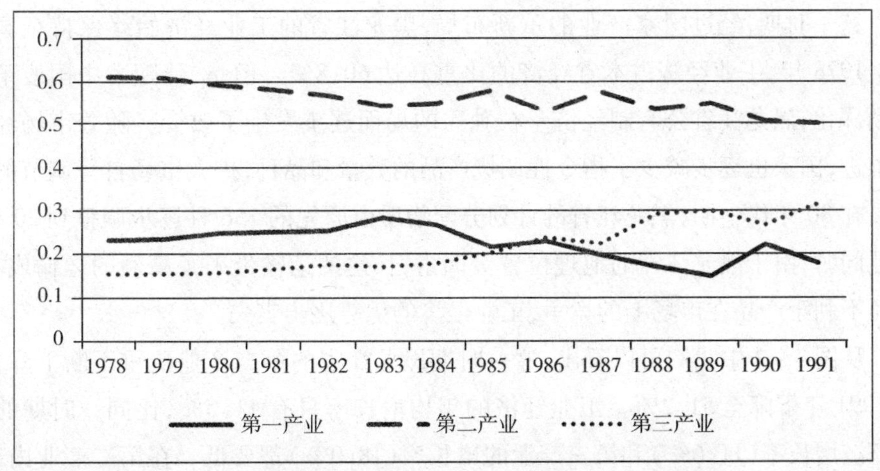

图4-2 市场转型时期(1978~1991)黑龙江省的产业演变

数据来源:《黑龙江省统计年鉴 2013》

4.1.2.1 第一产业稳步发展

1978年,黑龙江省的第一产业总产值为41亿元。在随后的几年中,农业经济稳步增长。这一时期,农村的经济改革取得了巨大成效,农村居民的收入水平快速增加,生活水平也有显著的提高。这一时期,农业经济的年均增长率达到了11.6%。但是,受农村经济改革、气候等因素的影响,这一时期农业生产在部分年份甚至出现了下滑。从农业的发展规模来看,黑龙江省人均耕地面积为全国第一,农业生产经营规模相对较大。但其生产结构比较单一,在开放型经济的作用下,黑龙江省的农业经济易受外部经济的影响。

从图4-2中可以看出,虽然农业经济基本处于稳定状态,但其占全省总产值的比重出现了小幅下降。尤其是在1985年之后,与全省第三产业的发展相比,农业经济发展缓慢的趋势愈发明显。但我们也看到,在1990年时全省的第一产业出现了反弹,农业产值达到了新中国成立以来的新高,总产值高达160.3亿元,比1989年增长了70.7%。即便是剔除通货膨胀的因素,农业产值在1990年也是相对较高的。作为一个农业大省,黑龙江省的农业经济发展有着重要的意义。这一时期黑龙江农业的发展并不能通过产业结构的变化完全体现,落后的经济发展方式同时也制约着工业经济的发展。

4.1.2.2 第二产业发展缓慢

这一时期,经过国家产业的重新布局,黑龙江省的工业经济始终保持全国前列。1978年,工业经济占本省经济的比重高达60.8%。但是,伴随着中国改革的不断深化,黑龙江省公有制经济一枝独秀的局面逐步发生了改变。随着市场经济的推进,国家也逐步减少了指令性调拨产品的数量和品种,扩大市场自身调节的份额。在80年代中期,黑龙江省的计划分配物质由原先的156种逐步调整到20种。与此同时,由于黑龙江省的地理位置等因素,长途的运输带来了高额的运输成本,从而不利于产品在市场上的竞争,工业经济的优势逐步丧失。

从图4-2中我们可以看出,这一时期黑龙江省的第二产业比重不断下降,并于1991年下降至51.2%。工业经济的年均增长率只有11.5%,比同一时期的农业经济增长率(11.6%)和第三产业的增长率(18.9%)都要低。在第二产业内部,黑龙江省也逐步发展了一些轻工业以改变本省轻工业相对落后的态势。并且,黑龙江省对一些行业如电子、冶金、化工等进行了技术改造,大幅提升了产品的品质,降低了重化工业的能耗。虽然变化趋势并不大,但本省的轻重工业失调的状况仍然逐步得到了缓解。在市场经济转型时期,黑龙江省的第二产业年均增长率(11.5%)低于重化工业时期的年均增长率(12.8%)约1.3个百分点。整体而言,这一时期黑龙江省的工业经济发展相对较为缓慢。

4.1.2.3 第三产业迅速发展

改革开放后,尤其是在“六五”、“七五”时期,黑龙江省加大了对科教文卫、金融保险、通信交通等行业的投资,第三产业有了大幅的增加。第三产业中交通、运输、仓储、邮电、通信业的投入逐年增加,从1978年的9.6亿元增加到了1991年的46亿元。但从比重上来看,交通、运输、仓储、邮电、通信业占第三产业的比重在不断下降,从1978年的35.2%下降到1991年的17.6%。随着市场的开放,批发、零售、贸易、餐饮业有了大幅增长,总产值从1978年的5亿元提升到了79亿元,年均增长率达到28%,高于同期第三产业整体的增长率19.5%。

从图4-2中我们可以看出,第三产业在市场经济转型时期内有了大幅提升,年均增长率达到了19.5%,远高于同期的第一产业年均增长率(11.9%)和第二产业的年均增长率(11.2%)。这一时期,第三产业的发展相对较为迅猛。1978年,黑龙江省的第三产业产值为27.2亿元,占全省总产值的15.6%。经过13年的发展,黑龙江省的第三产业产值达到了260.7亿元,占全省总产值的31.7%,有了大幅的增加。整体而言,这一时期黑龙江省的农业经济和工业经济发展相对较为稳定,第三产业有了大幅的增加。产业结构出现了变化,逐步从"二一三"转变为"二三一",出现了工业化前中期的典型的三次产业结构。

4.1.3　沿边对外开放时期(1992至今)

1992年,邓小平南方谈话开启了中国对外开放的新篇章。同年,国家实施沿边开放战略,陆续批准了珲春、黑河、绥芬河、满洲里、二连浩特、伊宁、博乐、塔城、畹町、瑞丽、河口、凭祥、东兴、丹东14个国家级边境经济合作区。黑龙江建设了黑河口岸、绥芬河口岸、东宁口岸、饶河口岸、同江口岸、萝北口岸,形成了对外开放的新格局。1995年,外资占黑龙江省GDP的3.11%,黑龙江省的对外贸易依存度也达到了14.2%,外部经济成为带动黑龙江省经济发展的重要因素。这一时期,黑龙江省的第一产业和第二产业比重进一步下降,第三产业比重逐步增加,产业结构日趋合理,如图4-3所示。

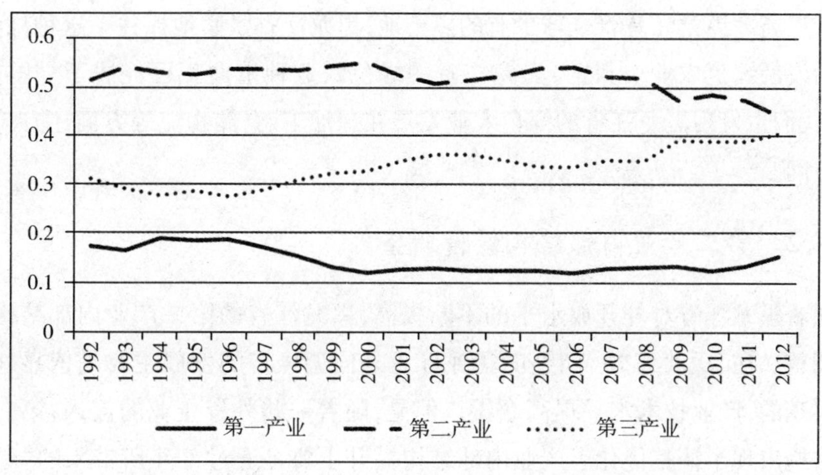

图4-3　沿边对外开放时期(1992至今)黑龙江省的产业演变

数据来源:《黑龙江省统计年鉴》(2013)

4.1.3.1　第一产业稳步增长

作为中国农业大省,黑龙江省的农业经济在本省一直具有重要的地位。1992

年全省的第一产业总产值为167亿元,2012年全省第一产业总产值则达到了2 113.7亿元,约为1992年的12.65倍。在1992年至2012年期间,年均增长率为14.24%,这也得益于国家对“三农”工作的大力支持。但由于服务业的发展,本省的农业占三产总产值的比重出现了进一步的下降,但下降幅度并不太多。这一时期,农业经济处于稳步增长的态势。

值得一提的是,这一时期黑龙江省的农业经济有三个方面发生了变化:

第一,农业产业结构出现了调整。以往黑龙江省一直以种植粮食作物为主,但是近些年大幅增加了经济作物和牧草饲料的种植。高产低值的农产品种植面积逐步减少,优质高效的品种种植面积逐步增加。在粮牧“主辅换位”的战略下,黑龙江省畜牧业比重不断地提高,成了农业经济中的主要组成部分。

第二,农业产业化经营、机械化耕作以及农产品的深加工有所增加。作为一个农业大省,黑龙江省的农业深加工发展一直不是很令人满意。但是,我们也看到这一时期黑龙江省的农业规模化和产业化有了一定的发展,农业机械化水平居于全国首位。2013年,黑龙江省农业综合机械化水平已跃上90%台阶,达到91.67%,比上年提高1.87个百分点,位居全国第一。①

第三,绿色农业发展迅速。随着居民生活水平的提高,居民对农产品的要求会进一步提高。黑龙江有着全球少有的黑土地,黑龙江省紧紧地抓住了这种优势,逐步开始发展绿色农业。目前,黑龙江省的绿色农业种植面积已经居于全国前列。但是,我们也发现黑龙江省的绿色农业发展在深加工、仓储物流等方面还有较大的发展空间。

4.1.3.2 第二产业内部结构缓慢调整

随着黑龙江省对外开放水平的不断提高,黑龙江省的第二产业内部结构也出现了调整。在20世纪90年代初,黑龙江省外向型经济的发展主要是依靠外延投入来实现的,产业技术水平提高缓慢。但是,随着一些外资企业的流入,第二产业内部结构出现了调整优化。产业内部结构提升主要是通过FDI所带来的“学习效应”以及知识“溢出效应”来实现的。贸易以及投资结构的变化也进一步地促进了产业结构的升级。随着改革的深化,市场竞争越来越激烈。一些相对较老的国有企业由于生产效率低、人员负担重等原因而逐步被市场淘汰,这导致黑龙江省的工

---

① 资料来源:《黑龙江农业机械化程度位居全国第一》,http://www.zh-hz.com/html/2013/03/15/179769.html。

业经济在这一时期没有太多的增长，甚至在比重方面出现了下滑。在外向型经济的推动下，黑龙江省现有的企业面临着更加激烈的竞争，全省对产业结构的升级也有着更高的要求。

在这样的背景下，黑龙江省将产业发展的重点转移至第三产业以及高新技术产业。黑龙江省积极地对企业进行技术改造，并发展高新技术产业。在“十五”期间，黑龙江省的高新技术产品进口除 2003 年稍有下降外，总体呈增长态势。由 2001 年的 2.9 亿美元增长至 2005 年的 5.1 亿美元，增长 74.1%。其中，出口由 2001 年的 0.6 亿美元增长至 2005 年的 1.5 亿美元，增长 1.6 倍；进口由 2001 年的 2.3 亿美元增长至 2005 年的 3.6 亿美元，增长 52.8%。[①] 2011 年，黑龙江省高新技术产值 3 900 亿元，年增长速度达到 30% 以上，科技进步对经济增长的贡献率达到 55%。[②] 2012 年黑龙江省高新技术产值达到 6 006 亿元，同比增长 20%。[③] “十二五”以来，黑龙江省高新技术领域成绩可喜，促进科技成果转让 75 项，转让收入 33 408.2万元，创造产值近 142.6 亿元，有 9 项达到国际领先水平，有 32 项达到国际先进水平。[④] 整体而言，黑龙江省这一时期第二产业占比出现了下降，但产业结构出现了内部结构提升的趋势。除了原来的传统重、轻工业以外，一批高新技术产业逐步形成。

4.1.3.3　第三产业稳中有升

在沿边对外开放时期，黑龙江省的第三产业稳步增加，年均增长率为 15.78%。第三产业占全省 GDP 的比重，也由 1992 年的 31.2% 增长到 2012 年的 40.5%。随着第二产业占比的不断下降，第三产业占比与第二产业占比逐步接近，从 1992 年二产与三产两者占比相差 20.2% 缩减到 2012 年两者占比相差的 3.6%。进一步地观察，我们可以发现，两者的差距真正的出现大幅缩减还是在 2009 年之后。从这几年的情况来看，随着中国大量产业大规模地从东部沿海地区向中西部地区转

---

① 资料来源：《黑龙江省高新技术产品进出口“十五”历史回眸与“十一五”发展建议》，http://www.customs.gov.cn/tabid/399/ctl/InfoDetail/InfoID/148649/mid/60432/Default.aspx? ContainerSrc = [G]Containers%2f_default%2fNo + Container。

② 资料来源：《黑龙江省 2011 年高新技术产值 3900 亿元　增速超 30%》，http://www.gov.cn/jrzg/2012 - 02/02/content_2056421.htm。

③ 资料来源：《2012 年黑龙江省高新技术产值达到 6006 亿元 同比增长 20%》，黑龙江日报，2013 - 04 - 07。

④ 资料来源：《黑龙江“十二五”高新技术产值超百亿》，http://scitech.people.com.cn/n/2013/0430/c1057 - 21327815.html。

移,黑龙江的第二产业进一步受到了冲击,而这也是引起第三产业占比上升的重要原因。

黑龙江省的第三产业发展经历了“传统服务业”向“新型服务业”的转变。近些年来,黑龙江省的第三产业发展主要是依靠一些新兴服务业的推动。电子通信服务业、旅游业、金融业等都有了大幅发展。传统的交通、运输、仓储、邮电、通信业等出现了小幅下滑,但这一时期的年均增长率仍然达到了13.45%,占第三产业的比重由1992年的16.4%进一步下降到10.8%。批发零售贸易餐饮业出现了小幅下降,由32.5%下降到30.8%。

整体而言,黑龙江省在沿边开放时期内的产业结构出现了进一步的优化。这种优化不仅体现在第一产业、第二产业的比重下降以及第三产业比重上升的“三次产业”结构的调整;更加体现在产业内部的结构调整,产业内部结构提升成为这一时期的重要特征。

4.2 黑龙江省推进产业结构升级的现状分析

从前文的分析中我们可以看出,黑龙江省的产业发展在不同时期有着不同的特征。在重化工业经济发展时期,在国家产业规划下,黑龙江省的第二产业有着高速的发展,其中以重化工业为主;在市场经济转轨时期,黑龙江省的第三产业获得较快发展,同一时期工业内部重工业和轻工业出现了调整;在沿边开放时期,黑龙江省的第三产业有小幅上升,第二产业出现下降,但无论是第一产业、第二产业还是第三产业,内部结构都得到调整,产业内部结构提升趋势较为明显。

4.2.1 黑龙江省不断推进产业结构调整的现状

重化工业在黑龙江省的产业中一直占据重要的位置,而这些产业也是能耗最高、投资最大以及污染最为严重的产业。随着2003年国家“振兴东北老工业基地”战略的提出与实施,黑龙江省开始大力调整产业结构。“十二五”时期,黑龙江省更是着手加快转变经济发展方式,不断推进产业结构的调整,以进一步促进产业竞争力水平的提升。初步建成了国家重要商品粮生产基地和现代化大农业示范区、国家重要绿色食品产业基地、国家重大装备制造基地、国家战略性新兴产业基地。这一时期内,黑龙江省推出了“八大经济区”和“十大工程”建设,以此提升产业结构升级优化。在2010年出台了《黑龙江省产业结构调整重大项目管理办法》,重点支持战略性新兴产业建设项目、传统产业优化升级建设项目、产学研一体化建设项目以及现代服务业建设项目等。

4.2.1.1 现代农业体系基本构成

“十二五”时期黑龙江省农业产值在不断增加，甚至产值占比也有小幅提升，而这与黑龙江省发展现代农业有着直接的关联。现代农业的发展不仅体现在产业化、规模化农业的生产和经营方面，同样也体现在绿色（有机）农业等方面的发展。通过现代农业的发展，从而农产品的价值得到了提升，农业创造出更多的价值。

2011 年，黑龙江省的五大粮食作物高产栽培模式推广面积达 1.58 亿亩，绿色食品种植面积也不断地扩大。2012 年，黑龙江省粮食总产量创粮食新高，达到了 1 160亿斤。农业产业化水平继续得到提高，农产品精深加工率达到 33%。农业结构也有所调整，农产品与畜牧业产值年增长率达到了 7.9%。2013 年，黑龙江省扩种玉米、水稻，种植面积达到 11 072 万亩和 6 043 万亩，初步建成 5 个高效农业示范区建设，绿色（有机）食品认证面积达到了 7 004 万亩。农业机械化水平也有了大幅提升，田间综合作业机械化程度达到 92.7%。农业规模化经营成效显著，农民合作社达到 4.57 万个，各类新型农业经营主体规模经营面积 5 099 万亩。农业产业化步伐加快，全省规模以上农业产业化龙头企业发展到 1 755 户，比上年增加 150 户；实现销售收入 2 300 亿元、利税 150 亿元，同比分别增长 9.5% 和 8.6%。

4.2.1.2 传统产业的改造与战略性新兴产业形成

黑龙江省有着相对较高比例的重化工业，而这些产业当前需要升级换代。作为中国重要的装备制造业基地，黑龙江省在“十二五”时期对传统的重化工业企业进行改造，以确保其装备制造业基地的地位。在改造传统产业的同时，黑龙江省利用省内外科研技术，不断地培育和发展战略性新兴产业和高新技术产业。

2011 年，黑龙江省六大战略性新兴产业增加值增长 17%、高新技术产业产值 3 900亿元，年增长速度达到 30% 以上。2012 年，黑龙江省规模以上战略性新兴产业单位 721 户，累计实现工业增加值 455.7 亿元，比去年增长 15.1%。其增长速度高于全省规模以上工业增加值增速 4.6 个百分点，占全省规模以上工业企业增加值的 9.6%。在高新技术产业中，新能源产业实现增加值 19.0 亿元，增长 41.8%；新材料产业 116.9 亿元，增长 10.7%；节能环保产业 33.2 亿元，增长 12.2%；生物产业 145.3 亿元，增长 19.2%；新一代信息技术产业 5.0 亿元，下降 15.6%；高端装备制造产业 136.3 亿元，增长 6.3%。2013 年第一季度，黑龙江省规模以上工业企业中，战略性新兴产业单位 727 户，累计实现工业增加值 92.7 亿元，比去年同期增长9.8%，高于全省规模以上工业增加值增速1.1个百分点，占全省规模以上工业企业增加值的8.3%。从产业构成看，新能源产业实现增加值5.1亿元，增长28.2%；新材料产业23.5亿元，增长10.9%；节能环保产业5.8亿元，增长16.9%；生物产业32.1亿元，增长16.5%；新一代信息技术产业1.1亿元，增长14.1%；高端装备制造产业25.1亿元，下降7.6%。2013年，全省高新技术产业增加值增长20%以上。绿色食品产业加快发展，增加值增长19.9%，高于规模以上工业增速13个百分点，已上升为黑龙江省工业经济中第二大产业，对工业经济增长起到明显的拉动作用。

4.2.1.3 现代服务业发展迅速

整体而言，黑龙江省的第三产业具有规模小、比重低、较薄弱的特点。随着现代农业和现代工业经济的进一步推进，对服务业的发展也提出了更多的要求。在“十二五”时期，黑龙江省注重优先发展现代物流、金融保险、服务贸易、电子商务等现代服务业，加大了外包服务业、会展经济、旅游业等一系列新产业的发展。

2011年，黑龙江省旅游业产值创造历史新高，大庆文化创业产业园也入选国家级文化产业试验园区。2012年，文化创意、金融、物流、旅游、云计算、物联网等行业健康发展，服务业总体呈现加快发展势头，对经济增长形成有力支撑。第三产业增加值为5540.3亿元，年增长率达到了12.7%，占GDP的比重更高达到了40.5%，创造了历史的新高。2013年，批发和零售业、住宿和餐饮业稳步发展，金融、物流、信息传输等生产性服务业发展较快，第三产业增加值预计增长10%以上，高于全省经济2个百分点，是拉动全省经济增长的重要力量。由于黑龙江三次产业比重显著低于全国相同经济水平的其他省份，黑龙江拟在商贸流通、物流产业、信息服务业、旅游业、金融业、文化产业方面、健康服务业和养老服务业等方面做出全新的突破。

4.2.2 黑龙江省在调整产业结构中实现优化升级的措施

随着产业结构不合理的弊端日益暴露，黑龙江省开始着手产业结构调整以实现优化升级。为了能够有效地促进产业结构优化升级，黑龙江省紧紧抓住“对外开放”与“承接产业转移”，充分利用规模经济和集聚效应，通过重点新兴项目和技术改造项目带动、产业集聚与集群发展、对外开放等来促进产业结构的快速升级。

4.2.2.1 发展重点新兴项目和技术改造促进产业升级

为了振兴东北老工业基地,国家在2009年投资了重点产业振兴和技术改造项目160项,中央投资440亿元,行业包括装备制造、石化、食品、医药、轻工、纺织、冶金建材和电子信息等行业。

在国家政策的大力扶持下,黑龙江省2009年推出了300个大项目,其中200个项目为新兴产业和传统产业升级项目的"双百工程",涉及装备、能源、石化、食品、医药、高技术、轻工、冶金、建材等领域。从目前的情况来看,黑龙江省的100项新兴产业重点项目建设和100项传统产业改造升级重点项目已见成效。100项投资亿元以上新兴产业重点项目总投资983.4亿元,包括一汽哈尔滨轻型汽车有限公司搬迁改造项目、哈尔滨东安汽车动力股份有限公司关于双VVT小排量汽车发动机开发及产业化项目一期和绥化中晶新能源有限公司太阳能电池板项目一期投产。100项投资亿元以上传统产业改造升级重点项目总投资513.4亿元,包括北方水泥(佳木斯)有限公司新型干法分解窑生产线及余热发电项目、黑龙江九三粮油工业集团有限公司年产1.59万吨保鲜豆腐项目、黑龙江万源粮油有限公司200万吨稻谷及副产品综合加工项目等项目。通过发展重点项目和技术改造,黑龙江省的产业结构有了大幅的优化,第二产业内部结构提升成效显著。

4.2.2.2 发展产业集聚和集群促进产业结构优化升级

产业集聚能够充分发展企业生产过程中的规模经济,同时产业集群也能充分发挥外部性。黑龙江省大力推进产业集聚和产业集聚,从而企业生产效率得到提升,企业之间的竞争加剧,产业结构得到了优化。

黑龙江省集中优势力量,重点打造了产业园区,初步形成了六大产业群:装备制造业产业群、精细化工产业群、能源工业产业群、绿色和特色食品工业产业群、医药工业产业群、新能源产业群。在产业集群过程中,注重发展规模经济以及协同经济的作用,以信息化提升产业集群优势。同时,通过产业链的延伸,提升了产品的价值链,形成了纵向和横向交叉的产业链,促进了产业由分散型向集聚型转变。在发展产业集群的过程中,黑龙江省依据地区资源的特征制定了相关指导方针。黑龙江省提出了推动5个成熟型和6个衰退型资源城市的产业升级,培养资源深加工的龙头产业和产业集群作为支柱产业的接续替代产业。目前,已经初步形成了资源深加工产业集群(鸡西市石墨精深加工)、吸纳就业产业集群(大兴安岭蓝莓、伊春市木制工艺品)、先进制造业产业集群(大庆市石油石化装备制造产业)、资源综合利用产业集群(鸡西市煤炭资源综合利用产业)、文化产业集群(大庆市文化创意产业)、资源供应和木材后备基地(大兴安岭地区和伊春市)。

4.2.2.3 利用开放经济促进产业结构优化升级

通过引进大量FDI与开展对俄贸易后,通常会形成较大的“学习效应”和“示范效应”,引进企业能够从溢出效应中大幅提升生产技术、经营管理水平等。在竞争相对较为激烈的行业中,企业技术升级的速度也会加快。

黑龙江省是中国的农业大省,有大量的粮食、蔬菜出口至远东国家和地区。出口商品需要满足一定的标准,才能通过检验检疫,这也促进了黑龙江省第一产业中绿色食品的比重不断提高。作为资源大省,黑龙江在对外贸易中依靠木材、金属、矿产等自然资源,建成了木材资源合作开发综合利用产业基地、矿产资源深加工基地、石油化工基地,同时积极发展生物化工产业,实现了第二产业的升级。随着国际贸易以及国内贸易的大幅增加,尤其是黑龙江粮食、蔬菜加工与贸易的快速发展,推动了黑龙江省的现代物流业有了较大的发展,哈东现代物流、安达现代物流一批项目逐步成型。在经济规模不断扩大的过程中,金融业也得到了较快的发展,在绥芬河、抚远、黑河和满洲里逐步建成对俄罗斯贸易结算中心。黑龙江省的旅游资源也是相对较为丰富的,在对外开放中旅游业也得到了较大的发展。整体而言,在对外开放过程中,黑龙江省的现代物流、金融业、对外旅游业等都有了大幅的增加,从而促进了第三产业的升级。

4.3 黑龙江省产业结构与国内地区省市的比较分析

2012年,黑龙江省的第一产业、第二产业和第三产业的增加值分别为2 113.7亿元、6 037.6亿元和5 540.3亿元,三次产业比约为15.4∶44.1∶40.5。尽管黑龙江省通过一系列的措施在不断提升产业结构,但我们发现黑龙江省的三次产业比仍然没有达到一个相对合理的程度。为了能够更清晰地说明黑龙江产业结构的问题,我们选择了将黑龙江省的三次产业结构与中国东部沿海发达省份、中部地区省份的三次产业结构进行比较。

4.3.1 黑龙江省与东部地区省市产业结构的比较分析

2012年,东部地区10省市整体的三次产业比约为6.2∶48.4∶45.4。[①] 与东部发达省份的产业结构相比,黑龙江省的三产结构相对较为低级。三产比重相差最大的是第一产业,黑龙江省的第一产业比重比沿海发达省份的平均值要高出约9.2个百分点。当然,这与黑龙江省有着相对较为广阔的农业耕地有着直接的关联。尽管黑龙江是中国的老工业基地,但是我们可以发现沿海省份的第二产业占比为48.4%,高于黑龙江省的第二产业占比(44.1%)。即使不考虑建筑业,沿海省份的工业产值占比也达到了43.1%,仍然是高出黑龙江省的工业产值占比(40.5%)。换句话说,黑龙江省已经失去了工业基地的地位,中国沿海成为工业产品的主要生产地。此外,黑龙江省的第三产业占比低于东部沿海省份4.9个百分点,第三产业发展相对较为滞后。

与沿海单个省份相比,黑龙江省的产业结构也是偏低的。第一产业比重高于所有的省份,比第一产业比重相对较高的河北省(11.9%)还高出了3.5个百分点;第二产业仅比发达直辖市北京(22.7%)和上海(38.9%)高出,远低于其他省份;第三产业比重高出河北(35.3%)、辽宁(38.1%)、福建(39.3%)、山东(40%)。从增加值方面来看,黑龙江省2012年地区增加值为13 691.6亿元,仅比天津(12 893.9亿元)略高。农业增加值方面,高于上海、北京、天津、浙江、福建,低于辽宁、广东、河北、江苏、山东,仅为排名最高的山东省的49.4%;第二产业增加值方面,黑龙江省的产值为6 037.6亿元,仅高于北京市(4 059.3亿元),为排名最高的广东省的21.8%;第三产业方面,增加值为5 540.3亿元,低于所有省市,仅为排名第一的广东省的20.9%。进一步比较,我们发现黑龙江省第三产业中的金融业比重相对较低(8.8%),比沿海省份的平均值(13.8%)低出5个百分点。

整体来看,黑龙江省无论是在产业结构方面还是在增加值方面,与中国沿海发达地区相比都有着巨大的差距。值得一提的是,尽管黑龙江省的产业结构不算合理,但第三产业的比重在近些年出现了增加,并且超过沿海一些省份第三产业的比重。

---

① 这里东部沿海省份包括辽宁、河北、天津、北京、山东、江苏、上海、浙江、福建、广东,没有计入海南省的数据。由于天然的地理原因、自然气候等原因,海南省的经济发展与其他沿海地区有着较大的地区。此外,广西分类在西部地区,也未归入东部沿海地区。

4.3.2 黑龙江省与中部地区省份产业结构的比较分析

2012 年,中部 8 省的总增加值为 188 954.9 亿元,其中第一产业增加值为 73 865.1亿元,第二产业增加值为 64 591.9 亿元,第三产业增加值为 50 497.9 亿元,三次产业的比重约为 12.4∶52.1∶35.6。与中部地区整体水平相比,黑龙江省的农业比重和第三产业比重相对较高,而第二产业的比重相对较低。[①] 在产业转移的推动下,中部地区工业有了大幅提高,第二产业的比重高达 52.1%,远高于黑龙江省(44.1%)。从这里我们可以进一步发现,黑龙江省的工业基地的地位已经完成丧失。

与中部其他省份相比,黑龙江的产业结构具有一定的优势。虽然第一产业比重(15.4%)高于其他所有省份,甚至高于湖南(13.6%)1.8 个百分点,但是这与黑龙江省的农业地位有关。而在第二产业和第三产业比重方面,黑龙江省的第三产业仅与第二产业相差 3.6 个百分点,远远低于其他省份(河南,25.4 个百分点;安徽,21.9 个百分点;江西,19 个百分点;吉林,18.6 个百分点;山西,16.9 个百分点;湖北,13.4 个百分点;湖南,8.4 个百分点)。在产值方面,黑龙江省的增加值、第一产业以及第三产业都位于中列,第二产业增加值最低。与排名最高的河南省相比,其中第一产业增加值为河南省的 56%。河南省粮食总产量比黑龙江省略少一点,但农业增加值高出黑龙江省 44%,第二产业为河南省 36.1%,第三产业为河南省的 60.5%。

与其他中部省份相比,黑龙江省的产业结构相对更加合理。但是,我们也发现黑龙江省的农业比重仍然是偏高的,而第二产业比重相对较低,实施“再工业化”和大力发展第三产业是黑龙江省当前迫切需要解决的问题。

4.4 黑龙江省产业结构升级面临问题的分析

黑龙江省目前正处于工业化中期,产业结构中仍然是以第二产业为主。从多数发达国家和地区发展的历程来看,这一时期黑龙江省的服务业比重会快速上升。但是,从上文的分析中,我们可以看出,尽管黑龙江省的第三产业比重有所上升,但是其比重仍然只是达到了 40%。无论是在三次产业结构方面的调整,还是产业内

---

① 中部地区包括中部六省(安徽、河南、湖北、湖南、山西、江西)和东北二省(黑龙江、吉林)。

部的内部结构提升,黑龙江省都面临着较大的困境。

4.4.1 三次产业结构调整面临的困境

2012年,黑龙江省三次产业比为15.4∶44.1∶40.5,与中国沿海发达地区的三次产业比(6.2∶48.4∶45.4)以及全球中等收入国家的三次产业比(10∶37∶53)相比较,黑龙江省的农业比重和制造业的比重仍然是比较偏高的,而服务业的比重则相对较低。整体而言,黑龙江省的产业结构尚有很大的调整空间。但是,由于黑龙江省的资源优势、企业结构以及消费结构等原因,黑龙江省的三次产业结构调整也将面临巨大的调整。

4.4.1.1 农业比重难以降低

农业经济一直是黑龙江省经济的重要组成部分,其比重也一直居高不下。之所以黑龙江省的农业比重难以下降,主要是因为黑龙江省是中国的粮食生产基地,同时也与黑龙江省的农业现代化水平的提高以及生态农业的大力发展相关。

首先,黑龙江省是中国最大的粮食生产基地。粮食的生产关系到国家的安全,因此即便是比较发达的欧美国家,粮食生产仍然是各国最关心的内容之一。尽管美国是一个工业和服务业高度发达的国家,但是美国的粮食生产仍然占据一定的比重,并且美国多年来一直是全球最大的粮食出口国。由于区域的自然环境的差异,中国的粮食生产主要依靠几个相对较大的粮食生产基地。本质上而言,建立粮食生产基地也是中国安全战略上的需要。正因为如此,黑龙江省的农业生产不会出现大幅下降,从而也导致了黑龙江省的农业比重一直处于相对较高的位置。

其次,中国农业现代化水平不断得到提高。从"北大荒"到"北大仓",黑龙江用了几十年的时间开垦出大量的黑土地。农业种植面积的增加只是农业发展的一种外延,而黑龙江省近几年农业的发展则更多的是依靠内涵来实现的。2002年以来,中央政府和黑龙江地方政府出台了一系列的惠农政策,推动了黑龙江省粮食综合生产能力不断提高。近些年,随着农业现代化的发展,黑龙江省的粮食产量不断增加。2008年,黑龙江省第一产业的增加值为1 088.9亿元。2012年,黑龙江省的第一产业增加值达到了2 113.7亿元。短短的5年内,黑龙江省的农业增加值翻了一番。正是由于黑龙江的农业经济发展速度相对较快,黑龙江的第一产业比重难以降低。

再次,绿色生态农业的大力发展。从2000年开始,黑龙江就着手走绿色农业发展之路,并取得了一定的成效。2010年,黑龙江省的绿色认证种植面积达到了

6 100万亩,占全国绿色农业总面积的23%。应该说,黑龙江省的绿色农业走在全国的前列。相比较而言,绿色农业有着更加高的附加价值,从而创造出了更多的产值。但是,也正是由于黑龙江省的绿色农业的快速发展,黑龙江农业在本省的总产值中的比重会一直较高。

4.4.1.2 第二产业比重难以降低

近些年来,黑龙江省的第二产业比重出现了下降,但下降幅度相对较小。黑龙江省的第二产业比重难以下降与黑龙江省的老工业基地的历史有关联,当然也与近些年来黑龙江省的战略性新兴产业快速发展以及建筑业的发展有着直接的关联。

首先,老工业基地的地位限制了第二产业比重下降。东北老工业基地是中国计划经济时期产业布局的产物,主要由一些大中型国有企业构成。从20世纪50年代开始,黑龙江省有着大量的国有企业,重化工业得到了快速发展。在20世纪70至80年代,黑龙江省的第二产业结构内部出现了调整,轻工业的比重出现了增加。尽管改革后黑龙江省有一批国有企业逐渐改制,但黑龙江省的第二产业比重下降的同时,第三产业并没有得到快速的发展。而同一时期,很多地区出现了大量的下岗工人,这较快地推动了第三产业“非正规部门”的出现,从而第二产业的比重出现了下降。整体而言,正是因为东北老工业基地的特殊因素,黑龙江省不可能大规模地减少第二产业,否则将会引起大量失业等问题。

其次,战略性新兴产业的快速发展。从2000年以来,黑龙江省开始大力发展战略性新兴产业。黑龙江省有着相对较为优越的科技与人才资源,这其中就包括大量的高校、科研机构,包括哈尔滨工业大学、哈尔滨工程大学、哈尔滨理工大学在内的众多高校,都为黑龙江省的战略性新兴产业做出了重要贡献。根据黑龙江省的统计局公布的资料,2013年黑龙江省战略性新兴产业的工业增加值为92.7亿元,高于全省规模以上工业增加值增速1.1个百分点。其中,新能源产业、新材料产业、节能环保产业、生物产业以及新一代信息技术产业的增长率的都在14%以上。新兴产业的快速增长拉动了第二产业的增长,从而第二产业的占比一直保持居高不下。

再次,建筑业的高速增长。随着中国工业化和城镇化的推进,近些年来建筑业在中国获得了快速的发展。黑龙江省的建筑业在近几年也出现了高速增长,建筑业占第二产业的比重从2000年的9.5%逐步提升到2013年的13.2%。从建筑业占本省国内生产总值的比重来看,黑龙江省的建筑占比也从5.2%上升到5.8%。

即使近些年来黑龙江省工业比重不断出现下降，但是由于建筑业占比的上升，第二产业的比重也是难以下降的。而且，随着黑龙江省的城镇化的进一步推进，建筑业占国内生产总值的比重还将会不断地提高，而且提高的速度可能会较快。因此，随着建筑业的高速增长，黑龙江省的第二产业比重也是难以下降的。

4.4.1.3　服务业比重难以提升

尽管黑龙江省的第三产业在近几年有了大幅的发展，尤其是现代服务业发展更为迅速。但是，黑龙江省的服务业目前占比仍然相对较低。从我们前文的分析中也可以看出，在中国东部沿海地区或者在发达资本主义国家，服务业占比通常都会达到60%，甚至70%以上。而目前黑龙江省的服务业比重只是刚刚超过了40%，服务业的发展还有很大的空间。黑龙江省服务业的发展面临着消费不足、商贸流通业不发达、现代服务业发展滞后等问题。

首先，黑龙江省发展服务业面临着消费不足的问题。与中国多数地区不同，黑龙江省地区中国最北方，如果本省内的消费不足，则省内的相关产业将难以得到发展。在当前，较高的物流成本限制了黑龙江省的相关产业在全国范围内的自由流动。1978至2012年，黑龙江省的消费品零售额实际年均增长率为8.8%，同期全省的GDP年均增长率也为8.8%。整体而言，黑龙江省的居民消费增幅与经济发展同步。黑龙江省的高收入居民消费比重较小，而中低收入居民又没有足够的购买力，从而造成了本省的消费不足。最终消费中，居民的消费只占了32.5%，远远低于同期其他省份的居民消费率。居民的消费不足导致了黑龙江省的第三产业难以得到快速发展。

其次，黑龙江省的现代服务业占比较低。2012年，黑龙江省的现代服务业实现了增长值3 321.6亿元，比上年增长11.4%，占第三产业增加值的60%。应该说，黑龙江省的现代服务业已经取得了较大的发展。但是，如果用现代服务业占GDP的比重来看，2012年黑龙江省的现代服务业占GDP的比重只有24.3%。整体来看，黑龙江省的现代服务业的比重仍然是偏低的。由于对外开放政策、指导方针以及地理位置的问题，黑龙江省的传统商贸流通业并不算发达。但是，随着延边开放的深入，黑龙江省的对外贸易等有望得到较大的提高。在现代服务业中，黑龙江省的金融业在近些年来发展最为缓慢，2013年占第三产业的比重仅为8.8%，远低于同期东部沿海地区（13.8%）和中部地区（9.6%）。现代服务业的发展不足导致了黑龙江省的第三产业发展相对较为滞后。

再次，生产性服务业发展不足。尽管黑龙江省有着较多的工业企业，但是与工业企业相衔接的生产性服务业发展不足。随着信息技术的发展,一批新兴服务业如现代物流业、现代会展业、咨询业等发展迅速,整个生产性服务结构得到了不断改善和优化。但是,黑龙江省这些信息服务业的发展仍然是不足的。生产性服务业的比重不仅影响到服务业自身的发展,同时也影响到第二产业的竞争力和结构优化。整体而言,由于生产性服务业的底子薄、发展缓慢等原因,黑龙江省的第三产业比重难以提高。

4.4.2 黑龙江省三次产业内部结构调整面临的困境

在三次产业比重进行调整的过程中,黑龙江省的三次产业内部结构也不断地在进行调整。尤其是第一产业和第三产业内部结构出现了大幅调整。但是由于种种原因,黑龙江省的三次产业内部结构调整也面临着较大的困难。

4.4.2.1 农业内部产业结构的调整

进入21世纪,黑龙江省着手现代农业经济的发展,大规模地发展绿色农业,认证的面积为全国之首。在调整农业产业结构方面,黑龙江省的畜牧业等也有了较大进展,畜牧业经济超过了种植业经济。但是,黑龙江省的农业经济结构的调整仍然面临着很多挑战。

首先,农业经济的规模化运作不足。黑龙江省有着大片的耕地,但是农业的规模化运作面临着较大的困难。黑龙江省农业规模化运作主要有四种形式:种粮大户模式、专业合作社模式、联营模式以及龙头企业引领模式。在育种、耕种、收获等环节上,也有大规模的合作运营。整体而言,黑龙江省的农业规模化运作仍然是不足的,尤其是在土地流转等方面面临着巨大的困难。从农村合作社等规模化运作的效果来看,规模经济的好处还没有得到充分显现。尤其是在城镇化水平相对较低时,农村仍然存在着大量的农村剩余劳动力,农业生产效率偏低。尽管黑龙江省的农业机械化水平长期保持全国第一,但是黑龙江省的农业现代化水平距离欧美发达国家还有较大的差距,尤其是在大型农业机械方面还有很大的空缺。

其次,农业生产融资困难。在规模化运作的过程中,黑龙江省的农业生产有了较大的进展。但是,农业生产融资困难的问题依然突出。尽管中央近年来不断地加大对农业机械购置的补贴,但是作为单独的农户还没有能力购置价格昂贵、高效的农业生产机械。与其他省份,尤其是与发达地区省份相比,黑龙江省的金融业发展相对较为滞后,农村金融业的发展更不足。由于农业生产的低效率,即使能够融入一些资金,农户通常也会因为高利率、高风险而放弃融资。整体而言,黑龙江省的农业生产中融资渠道相对较少,融资难度较高。

最后,黑龙江省的农业产业化发展不足。黑龙江省是中国农业生产大省,但却并非是中国农业产业化发展领先的省份。农业深加工或者农业内涵发展是现代化农业的重要组成部分,也是农业经济中附加值最高的部分。黑龙江省种粮大县的县域经济中农产品深加工没有发展起来。2012 年河南省粮食总产量比黑龙江略少,但农业增加值高出黑龙江省 44%,这很能说明问题。近几年,黑龙江省的农业经济的发展更多体现在农业生产方面,而在农业产业化经营方面仍然存在较大的发展空间。农村合作社在农业产业化发展中应该具有重要的地位,但是由于规模化经营的不足、农业产业发展基础薄弱、市场渠道不畅等原因,黑龙江省农业产业化发展主要依靠一些相对较大的龙头企业。而这些龙头企业中有相当一部分是省外企业在黑龙江省的投资的分公司,它们只是更多地利用了本省相对较为优越的一些资源,因此对本省农业产业化发展的带动作用相对较小。

4.4.2.2　第二产业内部结构的调整

尽管与 20 世纪 70 年代之前相比,黑龙江省目前的轻重工业比例失衡程度得到了明显的缓解。但是,现代产业的发展中,除了轻重工业的发展之外,高新技术产业占据着更加重要的位置,而且也关乎未来地区经济是否可以持续。整体而言,黑龙江省的第二产业结构升级仍然不足,而这与产业结构升级导致的就业出现困难、产业链不完整、新兴产业规模偏小有着直接紧密的关联。

首先,产业结构升级导致黑龙江省的就业困境限制了产业升级。在产业升级的过程中,一些技术工人由于不能适应生产的需要,而面临着失业。这种由产业结构升级所引起的“结构性失业”在黑龙江省还是相对较为明显的。2012 年,黑龙江省失业再就业人员达到了 59 万人,这也从侧面证明了黑龙江省在产业结构升级过程中面临较大的就业压力。一方面,面临淘汰落后的企业难以摆脱工人负担,无法进行产业升级;另一方面,一些新兴产业无法招聘到合适的技术工人。整体而言,黑龙江省对技能工人的培训以及下岗再就业工人的培训目前尚且不足,而这也成为限制产业结构升级,尤其是第二产业内部结构升级的重要因素。

其次,产业链的不完整限制了黑龙江省产业结构整体升级。黑龙江省的产业通常是块状发展的,即主要集中在某个领域。由于黑龙江省具有加工贸易实绩的企业少,规模小,且多数又是各自为战,与本地区的相关产业关联度不高,因而规模效应难以充分发挥。以装备制造业为例,黑龙江省在这一领域具有绝对的优势,本省企业之间的竞争也相对较为激励。但是,企业与企业之间的上下游的链条关系却并不明确,从而限制了产业升级。产业链的升级是现代产业升级的重要组成部分,产业也在上下游企业升级过程中得到了整体的升级。但是由于种种原因,黑龙江省的产业链并没有形成,主要从事上游初级产品的生产,多数行业受外部市场的影响较大,无法形成统一、有序的升级。换句话说,黑龙江省的产业链的不完整直接影响着黑龙江省的第二产业整体升级。以粮食精深加工来说,黑龙江省仅为33%,黑龙江省县域工作很落后,尤其是产粮大县没有发展粮食精深加工和食品工业,小城镇也没发展成农产品生产、精深加工、集散及与此相关的前后相关联产业的基地。

再次,战略性新兴产业规模仍然偏小。尽管黑龙江省的战略性新兴产业在"十二五"时期有了大幅的增加,增加值年增长率也超过传统的工业。但是,黑龙江省的战略性新兴产业规模仍然偏低,2012 年占全省规模以上企业工业增加值的比重仅为9.6%。全省新兴产业主要集中在哈尔滨、齐齐哈尔、佳木斯、牡丹江四市,仅有齐齐哈尔战略性新兴产业占工业总产值超过了30%,部分地市的新兴产业占工业总产值的比重甚至不足3%。当然,这与黑龙江省的地理位置较偏、中心辐射能力较弱、基础设施相对不足等也有着直接的关联,这些因素成为限制新兴产业规模的重要原因。整体而言,黑龙江省第二产业中资源型产业等传统产业的比重仍然较大,同样资源型产业转型面临的困难也很多,如龙煤集团所属的鹤岗、鸡西、双鸭山、七台河四个煤城。

4.4.2.3 第三产业内部结构的调整

改革开放后,尤其是近十年,黑龙江省的第三产业比重有了一定的提升。但是,整体而言,黑龙江省的服务业仍然依靠传统的批发零售业等来带动。当前,大力促进第三产业发展是黑龙江省经济发展的重要方向。但是,在提高第三产业在三次产业结构中比重的同时,第三产业内部结构也需要进行调整。

首先,消费需求层次不高。一般而言,在地区居民的收入水平提高之后,当地居民消费层次也会逐步提高,消费的种类数也会增加。这其中既包括产品的消费,也包括服务的消费。但是,由于收入分配等一系列的问题,黑龙江省的消费层次仍然不高,从而部分行业难以得到发展。正是由于消费水平总体不高,消费层次相对较低,居民的消费中主要以食品消费为主,商贸业和其他服务业的消费难以增加,从而相关行业难以发展,这最终抑制着黑龙江省的第三产业升级。

其次,现代服务业发展面临较大的困难。黑龙江省的现代服务业的发展主要依靠房地产业、教育以及公共管理业、社会保障和社会组织业,由于这些行业的特性,难以带动地区的服务业水平的大幅提升。黑龙江省有着相对较为丰富的资源,同时无论是绿色农业产业还是现代工业产业也逐步走出本省。尽管黑龙江省的金融业和物流业在近几年的发展速度有所提升,但是由于前期底子相对较薄,从而在黑龙江省的服务业中尚未占据重要的地位。现代服务业是第三产业升级的重要方向。而如果现代服务的比重较低的话,那么第三产业的内部结构调整也就相对较为缓慢。

再次,第三产业发展难以利用外资来带动。在第二产业的发展过程中,大量国内企业通过 FDI 的"学习效应"和"示范效应"而不断提高生产效率。但是,黑龙江第三产业中的 FDI 的投资比例相对较低,难以从 FDI 中获得更多的溢出效应。中国的北京、上海、天津等地,大量外资流入第三产业中,这成为推动当地第三产业快速发展的重要因素。并且,这些外资中的很大一部分流向一些现代服务业,如会展经济、金融业等。当然,传统的零售业等行业也有大幅的增加,但这些外资在零售业的增加更多地提高了零售业的管理水平和服务水平。但因为地理位置的不足,以及其他的一些原因,外资对黑龙江省第三产业发展的作用十分有限。黑龙江省第三产业的内部调整无法借助于外力,主要依靠本省内部结构的调整,从而也导致了这一过程相对较为缓慢。

4.5　本章小结

黑龙江省的产业结构在不同的时期有着不同的特征。在重化工业时期(1952 ~ 1977 年),在开垦"北大荒"以及国家产业布局的作用下,农业经济发展迅速,工业经济高速发展,第三产业发展相对较为缓慢;在市场转型时期(1978 ~ 1991 年),黑龙江省的农业经济稳步增长,由于技术的日益落后第二产业发展缓慢,这一时期第三产业有了大幅的发展;在沿边开放时期(1992 年至今),黑龙江省的产业结构主要是产业内部结构的调整优化,三次产业比重变化不大,第三产业稳中有升。

为了发展调整本省的产业结构,黑龙江省通过发展重点新兴项目、改造传统产业、促进产业集聚和集群、充分利用开放型经济,初步形成了现代的农业体系、战略性产业和现代服务业,产业不断地升级。但是,由于一些历史原因,黑龙江省与东部地区、中部地区省市相比,农业的比重仍然偏高,而服务业的发展相对较为滞后,工业内部结构也不太合理。整体而言,黑龙江省的产业结构调整还有很长的路需要走。无论是三产产业的调整还是产业内部结构的调整,黑龙江省的产业结构优化都存在诸多的问题。

在三次产业调整方面，黑龙江省的三次产业结构调整相对较为困难。由于黑龙江省是中国最大的粮食生产基地、农业现代化水平不断得到提高、生态农业的大力发展，黑龙江省的农业经济在国民经济中的比重难以降低；而老工业基地的地位、新兴产业的快速发展、建筑业的高速增长则阻碍了第二产业在国民经济中的比重下降；消费不足、商贸不发达、现代服务业发展滞后则影响了第三产业的发展。

而在产业内部结构调整方面，黑龙江省同样面临着诸多困境。农业部门由于农业经济的规模化运作不足、农业生产融资困难、农业产业化发展不足等限制了农业产业内部结构的提升；第二产业升级导致了黑龙江省的就业困境、产业链的不完整；新兴产业规模仍然偏小限制了第二产业内部结构的提升；消费需求层次不高、现代服务业发展不足、利用外资来带动第三产业发展不显著等因素则阻碍了第三产业内部结构的调整。

第5章 “四化”推进黑龙江省产业结构升级的实证研究

在第3章中我们提出了构建一个理论模型说明“四化”在供给和需求两个方面推进产业结构优化升级的问题。既然提出了“四化”同步发展推进产业结构升级,那么我们需要构建一个合理的指标体系来测度“四化”同步推进产业结构升级的程度。为了构建合理的评测指标体系,本章从最基础的衡量工业化、城镇化、农业现代化以及信息化的指标体系开始,通过构建各自的指标体系和交互影响后再建立一个综合性的“四化”同步协调的指标。为了能够说明“四化”同步发展对产业结构升级的影响,根据建立的“四化”推进产业结构升级各自的指标、“四化”融合发展指标与“四化”同步发展指标分别对产业结构升级进行实证研究。

5.1 “四化”推进产业结构升级指标的选择

在现有的研究中,对于衡量工业化、城镇化、农业现代化以及信息化有着不同的测度方法。但是,从现有的研究中我们大致可以得到一些基本达成共识的指标。比如,工业化我们主要采用工业部门的劳动力数量来衡量,城镇化主要采用经济系统中非农劳动力的比重来作为城镇化率的代理变量等。之所以我们首先确定“四化”指标体系,是因为这些指标是一些基础的指标。只有确定相关指标之后,我们才能确定相互之间的融合程度。

5.1.1 工业化推进产业结构升级指标的选择

在工业化的过程中,就业结构(工业就业人口占经济系统中就业人口的比例)、人均GDP、产业结构(工业产值占经济系统中总产值的比例)、工业结构(制造业增加值占总商品生产部门增加值)、空间结构(城镇人口占总人口比例)、贸易结构(出口商品中工业制成品所占的比重)等都会发生一系列的变化。因此,在测度工业化水平时,通常会以上述变量为代理变量,或者构建一系列的指标体系。

上述指标或多或少存在着一些问题。Kuznets(1957)研究发现,随着产业结构的变动,地区的人均GDP水平通常也是提高的。因此,有些研究以人均GDP来衡量工业化的程度(郭克莎,2000),甚至《新帕尔格雷夫经济学大辞典》(*The new Palgrave: a dictionary of economics*)也采用了这一定义。在衡量一个国家或地区的经济发展水平时,我们使用人均GDP是相对较为合理的。但是,如果用于衡量工业化水平则值得商榷。事实上,除了农业和工业之外,经济系统中还存在着服务业。尤其是在发达国家,第三产业的比重通常都是在70%以上的,人均GDP也是相当的高,但是本国的工业出现了弱化。前文中我们也提到,在整个20世纪最后的20年中,西方发达国家都有“去工业化”的趋势。因此,我们用这一指标显然不合理。空间结构,即城镇人口占总人口比例来衡量工业化,该指标也是存在很多问题的,但是这一指标仍在一些研究中出现。空间结构作为城镇化率(下文中我们会详细介绍)的衡量更加合理,其反应的是人口在空间的流动。工业化与城镇化是不能完全画等号的,这在前文的研究中我们同样提到。在工业化与城镇化的联动关系中,城镇化可能是超前或者滞后的。

此外,一些研究中提到了使用贸易结构,即出口商品中工业制成品所占的比重来衡量工业化(林高榜,2007)。这同样存在不合理之处,主要是因为各国或者各地区的对外开放程度和资源禀赋方面都有着很大差异,尤其是在存在“加工型”贸易时,这一指标更是不合理。也有一些研究用工业结构(制造业增加值占总商品生产部门的增加值)来衡量工业化水平,这同样存在不合理之处。该指标说明的是制造业的水平,而工业中除了制造业之外还包括采矿业、电力、热力、燃气及水生产和供应业等。即便我们认为这些行业产值较小,那么这一指标也与产业结构指标相类似,从而并不合理。

严格意义上来讲,工业化只能算是一个工业的过程。那么,在这样一个过程中总是会存在一些其他因素随着而变动,因此为了衡量工业化的动态演化程度,相关研究通常会选择一些随着这些指标体系而变化的代理变量。在最初关于工业化研究的文献中,如Clark(1940),比较常用的指标是工业部门的就业结构,即工业就业人口占一国或者地区整个经济系统中就业人口的比重。因此,采用人口就业比重作为工业化比重也是最为广泛的,如袁志刚、范剑勇(2003)就使用这一指标来衡量中国各地区工业化的进程。与其他指标相比,该指标更能代表工业化的水平。当然,这一指标也为人们所诟病,这主要是因为随着工业技术水平的提高,工业部门的劳动生产率更高。因此,即便是在工人人口比重没有上升的情况下,工业部门所创造的价值也有可能是更高的。如果按照这一指标,那么工业化程度并没有提高。

但是,工业化产值、生产效率等都有所提高,如果我们认为工业化没有进展很容易遭人质疑。

为了更准确地衡量工业化的水平,一些研究选择综合的方法或者其他的代理指标。比如,郭克莎(2000)选择了人均收入水平为主、三次产业结构和工业内部结构为辅来衡量中国工业水平,陈佳贵等(2006)就选择了从经济发展水平、产业结构、工业结构、就业结构、空间结构等多个指标进行加权,以加权的数值来衡量中国工业化水平,并且这一指标得到相关研究者的使用(谢康等,2012)。但值得一提的是,这些加权指标的构建中权重的选择是至关重要的,而且在众多的研究中权重是不随着时间的变化而变化的。因此,这种通过权重而构建的指标同样令人质疑。国内也有一些研究者选择了其他的代理指标,如林高榜(2007)选择了机械工业产值作为代理变量。在林高榜(2007)的研究中首先对相关变量进行了检验,发现工业就业指标、工业制成品出口指标、工业产值指标和人均国内生产总值这几个指标与机械工业产值有着一致性(滞后机械工业产值2期左右),因此选择机械工业产值作为代理变量。在前面的分析中我们提到,这几个指标在实证研究中已经有着广泛的研究,并且发现了它们与产业结构的一致性。这里存在一类风险,即我们选择的参照系指标本身就存在着问题,而这些问题在前文中我们也一一指出。从这个视角来看,这一指标同样存在不合理性。

上文中我们也指出,就业比重是相对较为合理的指标。但是,可能存在生产效率提高无法体现的问题。根据数据的可获得性以及指标的合理性,我们不妨在就业比重的基础上加入劳动生产率的变化指标。设定就业比重为 emp ,劳动生产率为 lp ,那么我们可以得到工业化水平为:

$$\mathrm{IL} = emp \times lp \tag{5-1}$$

如果我们用工业产值/工人数来衡量劳动生产率的话,那么我们会发现这个数值实际上就是人均工业产值。从人均GDP的角度来看,如果考虑第一以及第三产业不能代表工业化,那么同样可以得到人均工业产值是合理的指标。

5.1.2 城镇化推进产业结构升级的衡量指标

城镇化同样是经济发展的一个过程,城镇化水平的测度也有很多的代理指标。与工业化代理指标不同的是,城镇化的主要代理指标得到了研究者的共同认可,其主要是采用该国或者该地区城镇人口占总人口(包括农业与非农业)的比重。当然，这一指标是人口统计学指标，很多研究者根据自身研究的需要也采用一些其他指标，比如土地的城镇化。相比较而言，土地的城镇化更加引起研究者质疑，主要是因为这种城镇化可以存在虚高的城镇化。并且在这种衡量标准的导向下，地方可能更加注重城市规模而忽视城镇化的质量。从现有的研究来看，使用单一指标衡量城镇化主要还是采用人口的城镇化指标。

除了单一指标之外，一些研究也指出城镇化的衡量需要使用复合指标，并指出单一指标不能反映城镇化的主要特征。比如，楼培敏（2009）指出研究指标不能单一化，需要在指标中考虑城镇化水平、城镇化经济水平、城镇化社会指标等因素，共同构建一个多维的城镇化指标。再如，王富喜、孙海燕（2009）从经济发展、社会发展、基础设施、生活方式以及人居环境 5 个方面选择了 27 个指标构建了城镇化水平的评价指标体系，并采用了均方差权值法对各属性指标进行赋权；赵旭等（2009）构建了一个包含经济、社会、基础实施、人民生活质量、土地、人口发展的综合指标；吴耀等（2009）构建了人口、经济、社会、城市建设与环境于一体的城镇化指标，采用因子分析法；刘盾等（2009）采用了人均 GDP、第三产业发展水平、交通、医疗、通信设施水平、生活环境和居民受教育程度等反映经济、基础设施和人民生活质量现代化水平三方面的指标建立综合指标，采用聚类分析的方法。

从上述研究中我们不难看出，复合指标的方法目前存在着很大的分歧，主要分歧点在两个方面：指标的选取以及评价的方法。首先，在指标的选取方面各研究者对相关指标的选取任意性较强。从现有的研究中来看，我们并没有发现相关研究在进行指标选取时对其线性相关性进行检验。其次，在评价方法方面各研究也采用不同的综合方法，比如主成分分析法、因子分析法、层次分析法、灰色方法、改进的熵值法等，但对于如何采用这些方法，相关的研究中并没有给出。正是由于指标的选取和评价方法缺乏一致性，相关综合指标的建立难以得到其他研究人员的认可，因而也就无法对不同国家或地区在不同时间的指标进行比较研究。那么，单一指标法和综合指标法对城镇化的衡量程度到底有多大呢？这种综合指标的方法是否有必要呢？王新娜（2010）对不同的城镇化指标体系进行了研究，研究选取了 1991 ~2008 年期间的数据，分别采用了单一指标法（城市人口比重指标、非农业人口比重指标）和复合指标法（主成分法、熵值法、层次分析法）采用多配对样本的 Kendall 协同系数检验和 ICC 检验对整个评价的结果进行了一致性检验。该研究发现，这 5 种对城镇化水平的评价结果是一致的，并且 Kendall 协同系数达到 0.979，ICC 检验系数达到 0.984。换句话说，采用综合评价的方法并没有与单一指标的方法有着本质的区别。如果考虑综合评价方法的上述不足以及其的复杂化，采用单一指标方法反而更加具有优势。

鉴于上述原因,我们选择城市人口比重指标作为衡量城镇化水平的基础指标。一国或者一个地区城镇化的水平如何,不仅需要考虑其城市人口比重,同时也需要考虑其基础设施、就业水平等是否与城镇化水平相互匹配。一个地区如果基础设施建设相对滞后,那么更多的城市人口只能带来人均基础设施的不足等问题,城镇化的水平实际上并不高。此外,如果一个地区的就业率相对较低的话,那么这个地区的城镇化水平也是相对较低的,因为这些失业人群并没有稳定的收入,因此更加容易造成大量的“贫民窟”以及“伪城镇化”。如果设定城市人均基础设施水平为 ifr ,城市人口比重为 ur ,就业率为 $empr$,那么我们可以得到城镇化水平的衡量指标为:

$$\mathrm{UL} = ifr \times ur \times empr \tag{5-2}$$

5.1.3 农业现代化推进产业结构升级的衡量指标

农业现代化的水平直接决定了农业产值以及农民的工资收入,同时农业现代化与工业化以及城镇化都有着密切的关联。农业现代化水平的高低通常直接决定该国的总体经济水平,只有农业现代化水平得到发展本国农民的收入水平才会提高。在衡量农业现代化水平方面,同样有单一指标衡量和综合指标衡量两种不同的方法。

农业现代化水平比较高的国家,通常农业部门的劳动生产效率也是比较高的,正是因为这一原因,很多研究中使用农业生产效率作为衡量农业现代化的指标。同时,农业现代化水平比较高的国家农业机械化的程度也是比较高的,因此也有相关研究中使用农业机械化水平代替农业现代化衡量的。

这里有两点需要强调:

第一,农业的劳动生产效率的提高并不代表农业现代化水平的提高。农业劳动生产效率的提高可能源于农业现代化水平的提高,也可能是劳动力本身的效率提升。在农业劳动力比较富余的国家,农业部门通常都是存在着大量的失业。当然,在前文中我们也提到,为了不造成本国农业部门的大量失业,一些国家采取农业部门隐蔽失业的方法来解决农业部门所面临的失业问题。从这个角度来看,农业生产效率的提高未必完全是源于农业现代化的水平的提高,也有可能是源于农业劳动力的使用水平的提高。

第二,农业机械化的程度未必代表农业现代化。农业现代化的水平有着一定的前提条件,即农业机械化。在农业机械化水平比较高的国家,未必就能实现农业现代化。比如中国农业机械化的水平并不算低,但是相关研究普遍认为中国农业现代化的水平距离发达国家还有很大的差距。农业现代化包括农业机械化和规模经济,即农业现代化中有着更高的现代化企业的生产、经营以及管理成分,而不仅仅是机械化水平的提高。

一些研究也指出,农业现代化需要使用一些综合的指标来衡量,这与上述农业现代化需要规模经济的观点是一致的。蒋和平等(2005)对中国 1980 ~ 2003 年期间的农业现代化水平进行了综合评测,研究中选择农业投入水平(7 个指标)、农业产出水平(4 个指标)、农村社会发展水平(2 个指标)、农业可持续发展(2 个指标)四项共 15 个指标通过层次分析法确立权重来构建综合水平。同样,蒋和平、崔奇峰(2009)又从相关综合、生产条件、生产效果、生态环境四大方面选择了 10 个指标,通过构建计量模型来评估农业现代化的水平。从这两个研究中我们也发现,即使是同一作者也会选择不同的指标和研究方法来构建一个综合性的指标,因此这种指标的可比性、科学性就很值得怀疑。更为重要的是,对于这样一些综合性的指标同样没有得到其他学者的认可,因为也就不具有普遍性,无法与其他研究的结果进行比较研究。

根据本书的研究需要,我们侧重于从农业机械化程度以及农业的劳动生产率的角度来说明农业现代化的水平。农业现代化的水平越高,本地农民的收入水平应该也越高。在城镇化与农业现代化协调度比较高时,城市居民和农村居民的收入水平应该持平。从前文的分析中我们大致可以看出,本地农业现代化水平可以分解为机械化程度和农业劳动生产率两个方面。设定农业机械化程度为 amr [农业机械总动力(万千瓦)/ 农作物总播种面积(千公顷)]和农业劳动生产率 alp ,那么我们可以将农业现代化表示为:

$$\mathrm{AM} = amr \times alp \tag{5-3}$$

5.1.4 信息化推进产业结构升级的衡量指标

信息化是未来经济发展的重要方向,对各国经济产生了重要的影响。对于如何建立一套合理的信息化指数有很多争议,这主要是由于两个方面的原因:

第一,信息化的发展特别迅速,一些新的指标需要加入进去就行考量。比如,在 20 年之前手机还不是很普及,因此在信息化的统计中不会将这一因素纳入进去。但是,随着手机使用的普及,尤其是移动互联网的发展,在现在社会中衡量信息化水平若不将该因素纳入进去便显得很不合理。

第二,信息化除了能够发展信息化产业本身,对其他行业也会产生很大的影响,包括信息化的应用等。换句话说,信息化会产生直接的和间接的影响。其中争议最大的也就是信息化的间接影响,研究者缺乏统一的认识。

信息化的衡量从 20 世纪 60 年代就已经开始,尽管这一时期的信息化水平在当今来看并不算高。1962 年,Machlup 在他发表的《美国的知识生产与分配》(*The Production and Distribution of Knowledge in the United States*)一书中开创了信息化测算的新河,将知识产业划分为五大类,即教育、研究与开发、通信媒介、信息设备设施、信息服务 5 个方面;1965 年,日本学者小松畸清介从邮电、广播、电视新闻等行业中选取信息量、信息装备率、通信主体水平、信息系数 4 个要素来体现社会的信息化程度,构建了信息化指数;1977 年,Robert 出版了研究报告《信息经济》,该报告继续 Clark(1940)关于三次产业的研究,所不同的是他将信息活动从我们的三次产业中分离处理,构建了独立的第四产业,在他的《信息经济:定义与测量》(第一卷)中对信息化衡量给出了比较系统的测算方法(郑丽琳,2005)。除了一些研究者给出了信息化衡量指数指标,一些机构也形成了相对较为权威的指数体系。其中,最负盛名的是国际电信联盟信息化发展指数(IDI),该指数是由全面反映信息化发展水平的 11 个要素合成的一个复合指标,涉及信息化基础设施、信息化使用、知识水平、发展环境与效果和信息消费的各个方面,也包括诸如拥有计算机的家庭数量、互联网的使用人数以及掌握的水平等,其可作为衡量全球、区域、国家或地区信息化发展程度的综合评价手段。

中国也建立了一套科学的、综合性较强的信息化发展指数评价指标体系和评价方法,以便于用于中国各地区信息化程度的比较研究。该指数同样由信息化基础设施指数、使用指数、知识指数、环境与效果指数和信息消费指数五个分类指数组成,这与国际电信联盟信息化发展指数是一致的。其中,基础设施指数是应用信息通信技术的基础和前提,既包括传统的信息化指标(如每百人电视机数、每百人固定电话数)又包括代表现代信息通信技术(ICT)的指标(如每百人移动电话用户数和每百人计算机数);使用指数选用每百人互联网用户数指标;知识指数使用反映人们应用信息通信技术的知识和能力的教育指数,由成人识字率和综合入学率两个指标加权平均得到;环境与效果指数,反映了信息化发展的经济基础以及全社会在信息化方面投入和产出的综合情况,通过信息产业增加值占国内生产总值

(GDP)比重、信息产业研究与开发经费占 GDP 比重、人均 GDP 等指标来描述;信息消费指数,通过居民用于信息类商品和服务的支出占总消费支出的比重,具体是指居民家庭消费的统计项目中用于通信和文化娱乐等消费支出占总消费支出的比重来衡量。①

本书研究中我们将沿用这样一套评价体系,信息化指数我们直接采用《中国信息化发展指数(IDI)研究报告》(2008~2012),数据来源于《中国信息年鉴》,并通过综合评价方法,2012 年的数据来源于《2013 年中国信息化发展水平评估报告》。具体的计算公式为:

$$IDI = \sum_{k=1}^{n} W_k(\sum_{j=1}^{m} T_{jk}/m) \tag{5-4}$$

其中,n 为信息化发展分类指数的个数,m 为信息化应用水平的第 k 类指数的指标个数,W_k 为第 k 类指数在总指数中的权重,T_{jk} 为第 k 类指数的第 j 项标准化后的值。

5.2 "四化"同步推进产业结构升级的水平测度指标体系

"四化"除了对产业结构会产生影响之外,相互融合对产业结构也会产生重要的影响。"四化"之间的相互融合,我们完全可以通过交叉项来做分析,这体现出了在一种因素的影响下,另外一种因素对因变量的影响。

5.2.1 信息化与工业化深度融合的水平测度指标

信息化与工业化有着相互的促进作用,为了能够说明相互融合的影响,一些研究人员构建了综合性指标体系来研究信息化与工业化相互融合的程度。这种研究方法主要是采用指标研究法,通过对相关的指标赋予一定的权重后再进行加总,构建了一个综合性的指数。

李琳等(2013)使用了变权灰色关联的研究方法,对信息化与工业化深度融合程度进行了研究。该研究的基本思路是首先进行无量纲化处理,将数据的单位消

① 资料来源:杨京英、闾海琪、杨红军,中外信息化发展指数(IDI)测算与比较(2006),中国信息界,2007 年第 11 期第 63-71 页。

除,这样避免了不同指标不具有可加性的问题。在这一基础上,采用差值最小化的计算方法,并设定辨别系数为 0.5,这样我们可以得到各项的无量数值。然后,根据具体的权重计算后加总,从而得到一个综合的指数。在计算过程中涉及工业化以及信息化的代理变量,为此该研究中采用了地区工业生产总值、城镇单位就业人员工资、城镇居民人均可支配收入、城市居民消费价格指数、商品零售价格指数、非农业人口占总人口的比重、城乡就业人口比例等指标作为工业化的代理指标,采用了信息支撑因子、信息基础设施因子以及信息产业因子作为信息化的代理变量。此外,张劼圻(2013)使用了 BOD (Benefit of the Doubt)的方法来进行工业化与信息融合度的测算。该研究的基本思路与上述研究是相似的,在选择了合适的工业化和信息化代理变量选择了直接加权,权重采用了 BOD 的改良方法,同样为 MAX - MIN方法。

通过这样两种方法我们可以发现很多问题:首先,关于工业化和信息化的代理变量选取并不准确,并且信息化综合指数中本来就已经包含了工业化与信息化的融合。在上文的研究中我们指出了工业化的一些合理的指标,很多研究中工业化的代理变量本身就存在一些问题,从而我们对相关研究中所用的综合指标无法不产生怀疑。其次,权重的确定仍然值得商榷。不管是上述的灰色关联还是改进的 BOD 方法,其本质差异是权重。综合的研究方法之所以没有让研究者达成共识,主要是因为采用什么样的方法确定权重没有形成统一的认识。如果我们对不同的权重进行比较的话,我们会发现不同的研究方法权重差异是很大的。

基于上述两点原因,我们并不打算采用上述任何一种方法。事实上,在前文中我们已经给出了工业化以及信息化的单独衡量方法,我们不妨采用它们的交互性来衡量彼此的影响,这种研究方法在计量经济学中是经常会使用的一种研究方法。因此,我们设定工业化和信息化融合的影响为:$IF = IL \times IDI$。

5.2.2 工业化与城镇化良性互动的水平测度指标

在前文中我们也提到,工业化与城镇化的发展有着一定的相互推动作用,对于这种互动我们需要进行一定的测度。大量的实证研究对工业化与城镇化相互之间的影响进行了关系的判定,研究发现工业化会促进城镇化的发展,同时城镇化也促进了工业化的发展,但很少有研究对两者相互促进的程度进行研究。

在对相互促进程度进行研究之前,我们不妨看看工业化与城镇化高度一致的结果。在很多国家出现了工业化超前于城镇化,这些国家比较明显的特征是有着大量的出口型企业,同时本国工业部门存在着大量的农村转移劳动力。而在另外一些国家则存在工业化滞后于城镇化,本国有着大量的城市居民处于失业状态。在测度城镇化水平时,我们选择了城市人均基础设施水平为 *ifr* ,城市人口比重为 *ur* ,就业率为 *empr* 相乘来衡量。这种研究方法中由于我们使用了城市就业率,因此我们可以把大量的伪城镇化剔除掉。如果一国工业化和城镇化高度一致,本国从农业部门向工业部门转移的工人数量与本国从农村地区向城市地区转移的工人数量应该是一致的;但是,如果本国存在滞后城镇化,那么本国转移的农村剩余劳动力会大量在工业部门就业,但是并不计入城镇化率。另外一方面,如果城乡的互动程度比较良好的话,那么城市居民的收入水平与农村转移劳动力(农民工)的收入水平应该是一致的。我们不妨假设城市居民的工资水平为 w_M,农村转移劳动力的收入水平为 w_{AM},那么关于工业化与城镇化的相互协调度我们可以设定为:$\rho = (w_M - w_{AM})/w_M$ 。

很显然,城市居民收入与农民工收入相等代表工业化与城镇化已经同步,否则代表工业化与城镇化存在失衡。当然,我们也可以采用农民工在经济系统中的非农产业的就业比重来表示两者的互动程度。很显然,农民工的比重越少,代表工业化与城镇化的互动程度越高;否则,代表工业化与城镇化的互动程度越低。但由于农民工工资并没有准确的统计数据,因此本书的研究中我们打算采用工业化与城镇化指标的交叉作为两者良性互动的代理变量,即 IU = IL × UL。

5.2.3 城镇化与农业现代化相互协调的水平测度指标

农业现代化一方面可以释放劳动力推动城镇化的发展,另外一方面还可以提高农业部门的生产效率。与此同时,城镇化的发展可以吸纳农村的剩余劳动力,同时也可以扩大对农产品的需求。城镇化与农村现代化是相互促进的,两者相互协调发展才能有效地促进整个国民经济的发展。在衡量城镇化与农业现代化相互协调方面,当前并没有太多的测度方法。对于两者之间相互协调程度的测度,我们不妨同样采用间接测量的方法。

前文中我们也提到,农业部门很多时候并非不可以使用现代化的技术,只是限于农业部门存在大量的剩余劳动力。在存在剩余劳动力时,为了不让农民存在失业,农业部门不得不采用比较低的生产效率。如果城镇化和农业现代化达到一种完美的协调,那么农村居民和城市居民应该有个相似的福利水平,他们的工资水平应该比较接近。在发达资本主义国家,尽管城镇化的水平都比较高,但是农业部门的工资水平还是会与城市部门的工资水平存在一定的差异,农业现代化的水平也还是低于城市非农生产部门。与城镇化和工业化良性互动测度相似,我们不妨采用城市居民和农村居民的收入水平进行测度。如果设定城市居民的工资水平为 w_M，农村居民的工资水平为 w_A，那么我们可以得到城乡居民的工资差距 $w_M - w_A$。这一数据并不能说明城镇化和农业现代化的协调程度，主要是我们没有参照系。为此，我们需要使用该数据与城市居民的工资差距进行比较，从而我们可以得到城镇化与农业现代化的相互协调程度：$\theta = (w_M - w_A)/w_M$。

需要指出的是，这里我们的指标只是城镇化与农业现代化的相互协调程度，这并不代表一个国家农业现代化水平到底有多高。在我们的计量模型中会加入农业现代化的单独指标，因此这并不会影响我们的研究结果。恰恰相反，这一指标更能单独地衡量城镇化与农业现代化的相互协调程度。同样，受于数据的限制，我们可以用工业化与农业现代化的指标交叉作为两者融合程度的代理变量，即 $UA = UL \times AM$。

5.2.4 “四化”同步推进产业结构升级的综合协调测度指标

信息化与工业化深度融合并不代表工业化与城镇化互动良好，也不代表城镇化与农业现代化已经足够协调了。信息化与工业化深度融合只是第一步，这在前文中我们也进行了介绍。通过信息化的发展，我们能够促进经济增长，而这是需要一定的传导机制的。

在信息化促进经济增长的过程中，我们首先需要让信息化与工业化进行深度的融合。当信息化与工业化融合程度足够高时，这也就代表本国的工业化在当前的信息化水平下已经达到了一个制高点。当然，这并不是我们最终想要的结果。通过信息化与工业化的融合，我们想进一步通过工业化来带动城镇化同步发展。如果工业化与城镇化互动良好的话，那么本国的城镇化水平也会达到一个制高点。更加重要的是，这也为农业现代化的快速发展提供了机会。在实现城镇化与农业现代化相互协调后，本国的城乡差距也有很大程度的缩小。这样我们经济社会中存在的城乡二元分割、滞后城镇化以及城乡收入差距等一系列的问题也就迎刃而解。换句话说，我们的经济结构与产业结构通过“四化”同步发展的创新驱动得到了优化和升级。因此，在工业化、城镇化、农业现代化以及信息化“四化”同步发展时，我们可以构建一个新的衡量指标：

$$H = \sqrt[3]{IF \times IU \times UA} \tag{5-5}$$

这样的一个指标也就是“四化”同步协调发展指标，该指标与上述的其他指标都存在一些差异。上文其他指标只是简单地衡量某一因素对产业结构的影响，但是该指标是一个综合衡量，即在其他因素共同作用下，相互之间产生的一种全新的协同效应。

5.3 计量模型设定、数据来源与特征

根据第 3 章的理论模型我们得出了这样的推论：“四化”或者“四化”同步发展对产业结构升级都有着一定的影响。为此，在本章的实证研究中我们需要对前文的理论假说进行经验检验。

5.3.1 计量模型的设定

首先，按照前文的研究，我们发现工业化、城镇化、农业现代化以及信息化对产业结构升级具有重要的影响。由此，我们设定基础的计量模型为：

$$\mathrm{IS}_{i,t} = \alpha + \beta_1 \mathrm{IL}_{i,t} + \beta_2 \mathrm{UL}_{i,t} + \beta_3 \mathrm{AM}_{i,t} + \beta_4 \mathrm{IDI}_{i,t} + \varepsilon_{i,t} \tag{5-6}$$

式(5 -6)中 i 为省份，t 为时间。IS 为产业结构，即某产业增加值占所有产业增值的比重。

为了能够衡量产业结构的变化，我们选择了三个指标：

(1)非农产业增加值占所有产业增值的比重。

(2)第二产业增加值占所有产业增值的比重。

(3)第三产业增加值占所有产业增值的比重。

IL 为工业化水平、UL 为城镇化水平、AM 为农业现代化水平、IDI 为信息化水平，在 5.1 中我们已经对这些变量进行过说明，这里不再赘述。ε 为随机变量，我们假设该随机变量服从独立同分布(IDD)。

其次，为了测量信息化与工业化的深度融合、工业化与城镇化的良性互动以及城镇化与农业现代化相互协调对产业结构的影响，我们设定了第二个计量模型为：

$$\mathrm{IS}_{i,t} = \alpha + \beta_1 \mathrm{IL}_{i,t} + \beta_2 \mathrm{UL}_{i,t} + \beta_3 \mathrm{AM}_{i,t} + \beta_4 \mathrm{IDI}_{i,t} + \beta_5 \mathrm{IF}_{i,t} + \beta_6 \mathrm{IU}_{i,t} + \beta_7 UA_{i,t} + \varepsilon_{i,t} \tag{5-7}$$

式(5-7)在式(5-6)的基础上加入了三个交互性,其中IF为信息化与工业化的深度融合、IU为工业化与城镇化的良性互动、UA为城镇化与农业现代化协调。进一步地,“四化”协调能够有效地促进产业结构的不断升级,从而我们设定的第三个计量模型为:

$$\mathrm{IS}_{i,t} = \alpha + \beta_1 \mathrm{IL}_{i,t} + \beta_2 \mathrm{UL}_{i,t} + \beta_3 \mathrm{AM}_{i,t} + \beta_4 \mathrm{IDI}_{i,t} + \beta_5 \mathrm{IF}_{i,t} + \beta_6 \mathrm{IU}_{i,t} + \beta_7 \mathrm{UA}_{i,t} + \beta_8 H_{i,t} + \varepsilon_{i,t} \quad (5-8)$$

进一步地,式(5-8)在式(5-7)的基础上加入了“四化”同步协调指数 H 。

5.3.2 数据来源说明与处理

前面我们提到了对工业化、城镇化、农业现代化以及信息化的衡量,以及信息化与工业化的深度融合、工业化与城镇化的良性互动、城镇化与农业现代化的协调测度等,最终得出了一个全新的交叉指标。“四化”同步发展指标实际上由四个基础指标构成,本书首先需要对这四个基本指标的来源与处理过程进行简单的说明。本章研究中使用数据为中国31个省、直辖市、自治区2000~2012年期间的面板数据,数据主要来源于《中国统计年鉴》、《中国劳动统计年鉴》、《中国农村统计年鉴》、《新中国六十年统计资料汇编》、《中国信息化发展指数(IDI)研究报告》、《中国信息年鉴》。文中所有的统计指标和计量均采用STATA 12.0进行计算。[①] 具体数据来源和处理如下。

5.3.2.1 工业化水平测度

上文研究中我们指出,工业化水平的测度我们可以采用人均工业产值来计算。本书研究中我们选取了第二产业就业人员以及第二产业增加值作为对应的代理变量,相关数据来源于《中国统计年鉴》。

5.3.2.2 城镇化水平测度

城镇化水平的测度涉及指标包括城市人均基础设施、城市人口比重(城镇化率)以及城市就业率。其中,人均基础设施我们选择常用的每万人拥有公共交通

---

① 鉴于数据统计口径的不统一以及相关数据无法获取,本书研究中没有纳入港、澳、台的相关数据。

(辆)作为代理变量,在本书研究过程中我们也选择人均公里面积数作为备选替代变量,数据来源于《中国统计年鉴》;城市人口比重(城镇化率)我们选择城市人口(常住人口)占省份总人口来计算,相关数据来源于《中国统计年鉴》和《新中国六十年统计资料汇编》;城市就业率来源于《中国劳动统计年鉴》。

5.3.2.3 农业现代水平测度

农业现代经营管理在中国尚处于刚刚起步阶段,现有的统计年鉴以及统计报告等资料中尚不存在各省份的数据。因此,在衡量农业现代化水平时,我们选择了更加常用的农业机械化指标(农业机械总动力)。当然,本书研究中我们仅选择了一些大中型农业机械来测度,这也避免了低端农业机械的情况,同时也更能体现出农业的现代化。相关资料来源于《中国统计年鉴》以及《中国农村统计年鉴》。

5.3.2.4 信息化水平测度

信息化水平数据来源于《中国信息化发展指数(IDI)研究报告》(2009),信息化发展指数(IDI,Information Development Index)从信息化基础设施建设、信息化应用水平和制约环境,以及居民信息消费等方面综合性地测量和反映一个国家或地区信息化发展总体水平。信息化发展总指数由 5 个分类指数和 10 个具体指标构成。指标体系如表 5 - 1 所示。

表 5－1 信息化指数指标构成

总指数	分类指数	指标	
信息化发展总指数	一、基础设施指数	1	电视机拥有率(台/百人)
		2	固定电话拥有率(部/百人)
	二、使用指数	3	移动电话拥有率(部/百人)
		4	计算机拥有率(台/百人)
	三、知识指数	5	每百人互联网用户数(户/百人)
		6	教育指数(国外:成人识字率＊2/3＋综合入学率＊1/3 国内:成人识字率＊2/3＋平均受教育年限＊1/3)
	四、环境与效果指数	7	信息产业增加值占国内生产总值(GDP)比重(%)[①]
	五、信息消费指数	8	信息产业研究与开发经费占国内生产总值(GDP)比重(%)[②]
		9	人均国内生产总值(GDP)(美元/人)
		10	信息消费系数(%)

注:①用第三产业增加值占国内生产总值(GDP)比重代替,②用全部研究与开发经费占国内生产总值(GDP)比重代替

资料来源:《中国信息化发展指数(IDI)研究报告》(2009)

计算方法如上文介绍,其中基础设施指数和使用指数直接反映信息化应用的状况,这两个指数的权重均为25%;知识指数、环境与效果指数制约信息化的发展,这两个指数的权重均为20%;信息消费指数反映居民支出中用于信息方面的消费,其权重为10%。

5.3.3 数据特征

表5－2中我们给出了一些计算指标的统计。从表中我们可以看出,工业化水平的最大值为4.715 6,最小值为0.104 2,标准误差为0.817 3,均值为1.006 6,变异系数(离散程度)为0.811 9,小于1,离散程度相对较小。城镇化水平的最大值和最小值分别为14.052 5和0.908 5,变异系数0.493 8。换句话说,中国区域的城镇化水平差距比工业化水平的差距要更大。由于各地区农业经济的比重不同,中国地区农业现代化的水平也有着比较大的差异,最大值为28.753 8,最小值仅为0.001 4,变异系数达到2.749 3。信息化指数最大值为1.271 3,最小值为0.285 0,变异系数为0.215 3,各省份之间的差异相对较小。

表5-2 变量统计

变量	观察值	均值	标准误差	变异系数	最小值	最大值
IL	403	1.0066	0.8173	0.8119	0.1042	4.7156
UL	403	5.0202	2.4791	0.4938	0.9085	14.0525
AM	403	0.7807	2.1464	2.7493	0.0014	28.7538
IDI	403	0.6019	0.1296	0.2153	0.2850	1.2713
IU	403	6.6107	8.6112	1.3026	0.1141	66.2659
UA	403	5.1622	20.8033	4.0299	0.0049	359.9793
IF	403	0.6923	0.7234	1.0449	0.0299	5.4889
H	403	2.0105	2.9039	1.4444	0.0339	30.2252

数据来源:《中国统计年鉴》《中国劳动统计年鉴》《中国农村统计年鉴》《新中国六十年统计资料汇编》《中国信息化发展指数(IDI)研究报告》《中国信息年鉴》等,作者自行整理加工

从交叉影响来看,各省份工业化与城镇化的交叉影响差异较大,变异系数达到1.302 6,其中最大值为66.265 9,最小值为0.114 1;城镇化与农业现代化的交叉影响差异更大,最大值达到359.979 3,而最小值仅为0.004 9,变异系数为4.029 9;信息化与工业化的融合最大值为5.488 9,最小值为0.029 9,变异系数也达到了0.723 4。在“四化”同步发展方面,最大值为30.225 2,最小值为0.033 9,均值为2.010 5,变异系数高达2.903 9。

5.3.4 黑龙江省与中国各省份“四化”水平的比较分析

整体来看,中国各省份的“四化”水平在区域上具有较大的差异。但我们也看到了中国各省的“四化”水平在2000~2012年期间有着大幅度的提升,尤其是一些西部地区的省份提升幅度高达数百倍。“四化”同步水平的提高主要表现在农业现代化水平的提高,通过农业现代化水平的提高促进了城镇化的快速发展,这在中国是十分明显的。

5.3.4.1 黑龙江省与中国各省份“四化”水平的位次变化

根据我们的计算,表5-3给出了中国各省份“四化”水平的排名表。从表中我们可以看出,2000年,北京、山东、浙江、福建、上海排名位于前五,“四化”同步发展指数分别达到了1.326、1.107、1.092、1.070和0.755;而四川、青海、江西、贵州和西藏排名倒数五位,“四化”同步发展指数分别为0.099、0.094、0.082、0.074和

0.038，均低于0.1。2006年，排名前五的是河北、江苏、山东、浙江、天津，“四化”同步发展指数分别为3.915、3.397、3.265、3.212和2.591；排名后五位的分别是青海、宁夏、甘肃、西藏、贵州，“四化”同步发展指数分别为0.515、0.490、0.332、0.196、0.145，整体仍然较低，排名次序发生了巨大的变化。2012年，排名前五的是山东、天津、江苏、安徽、广东，“四化”同步发展指数分别达到了30.225、20.216、14.037、11.320和9.539；排名后五的省份为上海、青海、甘肃、云南和西藏。黑龙江省的“四化”指数在2000年和2012年排名中上游水平，基本保持在前10名左右，在2006年排名在中间水平。

表5-3 中国各省份“四化”指数排名表

	2000		2006		2012	
	四化指数	排名	四化指数	排名	四化指数	排名
北京	1.326	1	1.206	12	2.098	23
天津	0.755	6	2.591	5	20.216	2
河北	0.474	11	3.915	1	5.070	11
山西	0.356	12	0.556	24	4.709	13
内蒙古	0.278	14	1.543	9	7.423	8
辽宁	0.555	10	1.361	11	4.608	14
吉林	0.242	19	0.785	19	9.333	6
黑龙江	0.694	9	1.170	15	5.162	10
上海	0.755	5	1.421	10	1.238	27
江苏	0.741	7	3.397	2	14.037	3
浙江	1.092	3	3.212	4	8.153	7
安徽	0.190	20	2.135	6	11.320	4
福建	1.070	4	0.926	17	4.959	12
江西	0.082	29	1.190	14	3.531	16
山东	1.107	2	3.265	3	30.225	1
河南	0.190	21	0.811	18	4.558	15
湖北	0.260	16	2.025	8	5.783	9
湖南	0.158	23	0.976	16	3.205	18
广东	0.712	8	2.080	7	9.539	5

续表

	2000		2006		2012	
	四化指数	排名	四化指数	排名	四化指数	排名
广西	0.164	22	0.591	23	2.247	22
海南	0.246	18	0.520	26	1.818	25
重庆	0.312	13	1.190	13	2.534	21
四川	0.099	27	0.533	25	2.685	19
贵州	0.074	30	0.145	31	1.451	26
云南	0.101	26	0.726	21	1.122	30
西藏	0.038	31	0.196	30	0.457	31
陕西	0.252	17	0.635	22	3.437	17
甘肃	0.120	25	0.332	29	1.124	29
青海	0.094	28	0.515	27	1.229	28
宁夏	0.125	24	0.490	28	1.970	24
新疆	0.265	15	0.741	20	2.593	20

数据来源:根据相关资料,作者整理计算而成

2012 年排名与2000 年排名相比,安徽上升了16 个名次、江西和吉林上升了13 个名次。其中,安徽的“四化”同步指数从0.190 上涨到11.320,增幅达到59.6倍;江西和吉林的“四化”同步指数也分别上涨了42.1 倍和37.6 倍。此外,四川、湖北、内蒙古、河南、湖南等省份名次也有所提高。而同一时期,福建、重庆、北京、上海等大城市的“四化”同步指数都有所下降,降幅最大的是北京和上海,分别都下降了22 个名次。但是,我们仍然可以发现,即便是这两个发达的直辖市出现大幅名次下降,但是它们的“四化”同步指数仍然是增长的,分别增长了58.2%和64.0%。

5.3.4.2 中国各省份“四化”同步发展指数的变化趋势

图5-1 为2000 年至2012 年期间中国“四化”平均水平变化趋势图,其中横轴为年份,纵轴为“四化”指数。从图中我们可以看出,2002 年中国“四化指数”出现了下降,随后开始逐步上升。2006 年开始,中国的“四化”指数出现了大幅的上升,并且在2012 年31 个省市的平均值达到了6.275。在2001 ~2012 年期间,年均增长率高达25.7%。其中,2001 年的增长率最低,为-6.68%;2003 年的增长率最

高，为 50.1%。

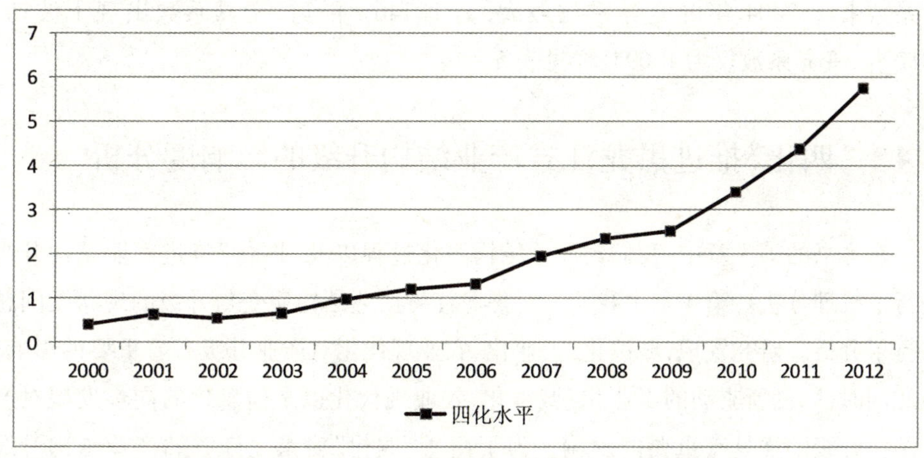

图 5－1 2000～2012 年中国“四化”指数变化趋势图

从最大值与最小值之间的差距来看（表 5－4），2012 出现了最大差距，山东在该年份的“四化”指数达到了 30.225，同年西藏的“四化指数”为 0.457。

表 5－4 2000～2012 年中国“四化”指数统计表

年份	标准差	变异系数	最小值	最大值
2000	0.363	0.871	0.038	1.326
2001	0.717	1.149	0.056	3.019
2002	0.593	1.063	0.034	2.669
2003	0.542	0.820	0.055	2.035
2004	1.137	1.146	0.071	4.996
2005	1.312	1.083	0.184	5.775
2006	1.020	0.768	0.145	3.915
2007	2.153	1.102	0.171	10.824
2008	2.475	1.054	0.232	11.597
2009	1.866	0.744	0.244	7.980
2010	2.964	0.868	0.419	13.254
2011	3.435	0.784	0.432	15.619
2012	6.274	1.094	0.457	30.225

资料来源：根据相关资料，作者整理计算而成

相比较而言,2000 年的“四化”指数地区最大值和最小值差距最小,为 1.288,北京同年“四化”指数最大,为 1.326,西藏同年“四化”指数最小,为 0.038。从变异系数来看,2004 年的变异系数最大,为 1.146。随后,变异系数出现了波动。2012 年,变异系数仅为 1.094,详见表 5-4。

5.4 “四化”推进黑龙江省产业结构升级的影响度分析

在本书的第 3 章中,我们对产业结构演化过程以及“四化”推进产业结构升级进行了机理分析。第 4 章中我们又对黑龙江省产业结构演变与升级的现状及问题进行了分析。研究发现,城镇化、工业化、农业现代化对产业升级有着重要的影响。与此同时,以创新驱动的工业化、城镇化、农业现代化以及信息化的同步发展对产业结构升级同样具有重要的影响。为了衡量“四化”对黑龙江省的产业结构升级的推动,我们选择个体固定效应对上述面板进行了回归分析。

5.4.1 “四化”水平对黑龙江省产业结构升级的影响分析

前文研究中我们指出相关指标能够对产业结构升级起到重要的影响,但对于产业结构升级的衡量我们仍然会存在一些不同的指标。为此,我们会根据产业结构衡量的三个指标逐个进行计量分析。

5.4.1.1 “四化”水平对第二产业占比的影响

表 5-5 中我们给出了以第二产业增加值占比作为产业结构指标的计量分析结果,(1.1)~(1.4)我们逐步增加了变量。使用 STATA 12.0 对工业化、城镇化、农业现代化以及信息化的相关性进行 Pearson 相关性检验,发现它们的相关性并不高,城镇化与信息化的相关性在所有变量中相关性最高,达到了 0.770 5。此外,工业化和信息化的相关性也比较强,相关系数达到 0.817 2。在前文的理论研究中我们对两者的相互影响也进行了说明,两者有着较高的相关性也是较为正常的,我们尚且可以接受。其他变量之间的相关性都低于 0.7,属于宏观变量相关性较为正常的范畴。

表5-5 “四化”水平对黑龙江省第二产业占比影响的计量结果

变量	(1.1)	(1.2)	(1.3)	(1.4)
	FE	FE	FE	FE
IL	0.0377 * * *	0.0215 * * *	0.0212 * * *	0.0225 * * *
UL		0.0081 * * *	0.0080 * * *	0.0080 * * *
AM			0.0006	0.0006
IDI				-0.0097
常数项	0.4780 * * *	0.4556 * * *	0.4557 * * *	0.4605 * * *
观察值	403	403	403	403

注：*、* *、* * *分别代表10%、5%、1%的水平下显著，表中FE为个体固定效应。

从表5-5的回归结果来看，工业化水平对第二产业增加值占比的影响显著为正，并且在增加其他变量的过程中变化并不太多。由此，我们可以认为工业化水平的提高会增加第二产业产值占比，即产业结构会发生升级。同样，城镇化水平的提高对第二产业增加值占比也有着正向的影响，并且始终显著。这就表明，城镇化水平的提高能够促进产业结构的升级。但是根据估计结果(1.4)，我们发现农业现代化对第二产业增加值占比的影响并不显著。换句话说，农业现代化未必能够引起产业结构(以第二产业增加值占比来衡量)。这与我们在第4章中理论分析的结果是相似的，农业现代化一方面可以提高农业生产效率，从而释放出更多的人口，第二产业和第三产业都会得到发展。另外一方面，农业现代化水平的提高可以带来农业产值的提高。此外，信息化水平对第二产业增值占比的影响也不显著，即信息化对促进产业结构的升级的影响可能并不明显。信息化中不仅包括信息化产业的发展，同时还包括信息化的应用。信息化对三次产业都有着重要的影响，这也导致了信息化对第二产业占比的影响不显著。

5.4.1.2 “四化”水平对第三产业占比的影响

表5-6中我们给出了“四化”对第三产业占比的影响，(2.1)~(2.4)中逐步增加了解释变量工业化、城镇化、农业现代化以及信息化。从表中我们可以看出，工业化水平的提高对第三产业占比有着负向的影响，这一点是相对较为明显的。工业化水平的提高，更多的是带来第二产业比重的提高。尽管工业化水平提高的过程中第三产业中的制造服务业水平会逐步增加，但是在我们进行计量所选择的样本期内，这一影响相对较小，还没有能够充分体现出来。城镇化的水平对第三产

业占比的影响为负,这与当前存在严重的滞后城镇化有着直接的关联。一方面,城镇化过程更多的是依靠工业经济的带动;另一方面,由于城镇化的水平较低,从而城镇化相关的服务业发展过于缓慢。农业现代化对第三产业的占比的影响也不明显,当前农业现代化水平还不高。农业现代化推动着与农业相关的物流业等服务业的发展,但推动作用仍然较小。此外,信息业的发展对第三产业占比有着显著正向的影响。在信息产业中,软件等服务业占据相对较大的比例,因此信息业对第三产业比重有着正向的影响。

表 5-6 “四化”水平对黑龙江省第三产业占比影响的计量结果

变量	(2.1)	(2.2)	(2.3)	(2.4)
IL	-0.0077＊＊＊	0.0025	0.0025	-0.0152＊＊＊
UL		-0.0051＊＊＊	-0.0052＊＊＊	-0.0043＊＊＊
AM			0.0002	-0.0002
IDI				0.1357＊＊＊
常数项	0.3648＊＊＊	0.3789＊＊＊	0.3789＊＊＊	0.3119＊＊＊
观察值	403	403	403	403

注:＊、＊＊、＊＊＊分别代表 10%、5%、1% 的水平下显著,面板数据采用个体固定效应

从表 5-5 和表 5-6 中我们不难看出,不同于“四化”对第二产业占比的影响,工业化水平对第三产业占比的影响显著为负,而对第二产业占比的影响显著为正。城镇化对第三产业占比的影响显著为负,但是对第二产业占比的影响显著为正。农业现代化对第二产业占比和第三产业占比的影响均不显著。而信息化对第二产业占比的影响不明显,但对第三产业的占比有着显著的正向影响。整体而言,工业化、城镇化和农业现代化都能够促进产业结构的升级,但是工业化和城镇化对产业结构的升级主要体现在第二产业占比的增加,而信息化促进产业结构的升级主要体现在第三产业方面。

5.4.1.3 “四化”水平对非农产业占比的影响

表 5-7 中选择了非农产业作为产业结构升级的替代变量,从中我们可以发现工业化、城镇化以及信息化对非农产业占比的影响为正。而农业现代化水平对非农产业的影响则是不显著。这就表明,尽管工业化和城镇化水平对第二产业由正

向影响,同时对第三产业由负向影响,但是工业化和城镇化对第二产业的正向影响远远超过对第三产业的负向影响,因而最终工业化能够推动非农产业比重的提高。农业现代化水平对第二产业和第三产业的影响都不显著。而信息化尽管对第二产业影响不显著,但对第三产业影响为正并且效应较大,因而在信息化水平提高时,非农产业的比重会有所提高。

表5-7 “四化”水平对黑龙江省非农产业占比影响的计量结果

变量	(3.1)	(3.2)	(3.3)	(3.4)
IL	0.0300 * * *	0.0241 * * *	0.0237 * * *	0.0072 * *
UL		0.0030 * * *	0.0029 * * *	0.0037 * * *
AM			0.0008	0.0005
IDI				0.1260 * * *
常数项	0.8428 * * *	0.8345 * * *	0.8346 * * *	0.7723 * * *
观察值	403	403	403	403

注:* 、* * 、* * * 分别代表10%、5%、1%的水平下显著,面板数据采用个体固定效应

将相关计量分析结果进行总结,我们可以得到表5-8。

表5-8 “四化”水平对黑龙江省产业结构影响的汇总

	产业结构		
	第二产业	第三产业	非农产业
工业化	+	-	+
城镇化	+	-	+
农业现代化	/	/	/
信息化	/	+	+

注:“+”表示正向显著影响,“-”表示负向显著影响,“/”表示影响不显著

从表5-8中我们可以看出,无论是工业化、城镇化还是信息化水平对黑龙江省的产业结构升级都是有着一定的影响的,只是不同因素对产业结构升级的作用不同。相比较而言,农业现代对第二产业和非农产业的比重增加有着一定的影响,但是并不明显。使用中国31省2000~2012年期间的面板数据研究,我们发现工

业化和城镇化水平主要提升了第二产业的结构，信息化水平主要提升了第三产业的比重。这也给我们提供了一些政策启示，对于中国或者某一省份的产业升级，我们可以选择有针对性的发展策略。

5.4.2 “四化”融合发展对黑龙江省产业结构升级的影响

不同于四化指标体系，“四化”融合更多地体现不同因素之间的交互影响，从而更能够说明“四化”相互之间共同推动黑龙江省产业结构升级。

5.4.2.1 “四化”融合发展对第二产业占比的影响

表5-9的(4.1)~(4.3)中我们给出了“四化”融合发展对第二产业占比的影响分析。从表中我们可以看出，我们所选择的样本中无论是工业化与信息化的深度融合、工业化和与城镇化的良性互动还是城镇化与农业现代化相互协调对第二产业的占比影响都为负或者不显著。从当前发展的状况来看，工业化、城镇化、农业现代化以及信息化之间的相互融合状况并不太好。第二产业占比在很多省份的比重是不断增加的，这种增加源于这些因素的单独作用。工业化与城镇化的良性互动或者工业化与信息化的深度融合在我们的样本中还没有能够促进第二产业占比的提高。甚至相反，这些因素的相互融合反而带来了第二产业的比重在不断减少。而这与相关“融合”因素能够有效地促进第三产业占比的增加有着直接的关联，下文中我们会给予进一步的说明。值得一提的是，农业现代化对黑龙江省第二产业的正向影响逐步显现出来，尽管只是在10%的水平下显著。这也表明农业现代化对黑龙江省第二产业产值占比是有着正向影响的，只是由于城市化与农业现代化的融合不够，从而降低了农业现代化对黑龙江省第二产业产值占比的推动作用。同样，信息化对黑龙江省的第二产业产值占比也是存在正向影响的，并且十分显著，但是由于信息化与工业化的融合不够，从而导致了信息化对第二产业产值占比的影响不明显。

表 5 -9 “四化”融合发展对黑龙江省第二产业占比影响的计量结果

变量	(1.4)	(4.1)	(4.2)	(4.3)
IL	0.0225 * * *	0.0785 * * *	0.0751 * * *	0.1379 * * *
UL	0.0080 * * *	0.0207 * * *	0.0206 * * *	0.0084 * * *
AM	0.0006	0.0002	0.0048 * *	0.0036 *
IDI	-0.0097	-0.0373	-0.0312	0.1966 * * *
IU		-0.0083 * * *	-0.0080 * * *	-0.0030 * * *
UA			-0.0005 * *	-0.0004 * *
IF				-0.1335 * * *
常数项	0.4605 * * *	0.4046 * * *	0.4009 * * *	0.3186 * * *
观察值	403	403	403	403

注：*、* *、* * * 分别代表 10%、5%、1% 的水平下显著，面板数据采用个体固定效应

5.4.2.2 “四化”融合发展对第三产业占比的影响

表 5 -10 中的(5.1) ~ (5.3)分析了“四化”融合对第三产业占比的影响。从表中我们可以看出，与没有加入“融合”指标之前相比，无论是工业化、城镇化、农业现代化以及信息化对产业结构(第三产业占比)的影响都没有太多的变化，这也表明我们前面的实证分析具有一定的稳健性。加入一些“融合”指数后，我们发现工业化与城镇化的融合以及信息化与工业化的相互推进都对第三产业占比有着显著正向的影响，而城镇化与农业现代化的融合对第三产业占比没有显著的影响。换句话说，尽管工业化和城镇化对第三产业占比影响为负，但是通过信息化与工业化的相互推进以及工业化与城镇化的协调发展，仍然能够有效地促进第三产业占比的增加。

表 5-10 “四化”融合发展对黑龙江省第三产业占比影响的计量结果

变量	(2.4)	(5.1)	(5.2)	(5.3)
IL	-0.0152 * * *	-0.0457 * * *	-0.0439 * * *	-0.0592 * * *
UL	-0.0043 * * *	-0.0112 * * *	-0.0112 * * *	-0.0082 * * *
AM	-0.0002	0.0001	-0.0024	-0.0021
IDI	0.1357 * * *	0.1507 * * *	0.1475 * * *	0.0919 * * *
IU		0.0045 * * *	0.0043 * * *	0.0031 * * *
UA			0.0003	0.0002
IF				0.0326 * *
常数项	0.3119 * * *	0.3423 * * *	0.3442 * * *	0.3643 * * *
观察值	403	403	403	403

注：* 、* * 、* * * 分别代表 10%、5%、1% 的水平下显著，面板数据采用个体固定效应

5.4.2.3 “四化”融合发展对非农产业占比的影响

表 5-11 给出了“四化融合”对非农产业占比影响的计量结果。从表中我们可以看出，相关“融合”指标并没有能够促进非农产业占比提高，一些融合如工业化与信息化的融合甚至对整个非农产业产生显著负向的影响。尽管如此，但是无论是工业化还是信息化水平的提高都能显著增加非农产业的比重。

表 5-11 “四化”融合发展对黑龙江省非农产业占比影响的计量结果

变量	(3.4)	(7.1)	(7.2)	(7.3)
IL	0.0072 * *	0.0328 * * *	0.0312 * * *	0.0786 * * *
UL	0.0037 * * *	0.0095 * * *	0.0094 * * *	0.0002
AM	0.0005	0.0003	0.0025 * *	0.0015
IDI	0.1260 * * *	0.1134 * * *	0.1163 * * *	0.2885 * * *
IU		-0.0038 * * *	-0.0036 * * *	0.0001
UA			-0.0002 *	-0.0001
IF				-0.1009 * * *
常数项	0.7723 * * *	0.7469 * * *	0.7452 * * *	0.6829 * * *
观察值	403	403	403	403

注：* 、* * 、* * * 分别代表 10%、5%、1% 的水平下显著，面板数据采用个体固定效应

整体而言,无论是工业化与信息化的深度融合、工业化和与城镇化的良性互动还是城镇化与农业现代化的相互协调都不会对当前整个非农产业的比重有所提高,同时会逐步降低第二产业的占比,但是对第三产业占比的影响是显著为正的。从这个角度来看,无论是工业化与信息化的深度融合、工业化和与城镇化的良性互动还是城镇化与农业现代化相互协调都能促进第三产业的比重不断上升,这也是产业结构不断升级的重要组成部分。这种"融合"因素对产业结构的调整与"四化"单独因素对产业结构的调整不同,所有的调整都体现在第二产业和第三产业之间的调整,而不再是在一、二、三产业之间的调整。"融合"因素对产业结构的影响更加像工业化中后期产业结构调整的情况,第一产业比重基本保持不变,第二产业比重降低,第三产业比重提升。因此,随着工业化逐步进入到中后期,这种"融合"因素显得尤为重要。

5.4.3 "四化"同步发展对黑龙江省产业结构升级的影响

在"四化"融合的过程中,三个不同方面的"融合"是否同步,对产业结构升级是否同样存在着影响?如果存在,那么这种影响到底有多大呢?

5.4.3.1 "四化"同步发展对第二产业占比的影响

进一步地,如果"四化"同步发展,产业结构会如何变化呢?我们同样在原有的变量基础上加入同步指数 H,并考虑三种不同的产业结构进行衡量。

表5-12是"四化"同步发展对第二产业占比影响的回归分析结果,(8.1)~(8.4)分别加入了"融合"因素作为控制变量。从计量结果来看,"四化"同步对第二产业占比产生的影响为负。进一步分析可以发现,这主要是由于工业化与信息化的深度融合、工业化和与城镇化的良性互动及城镇化与农业现代化相互协调对第二产业占比产生一些负向的影响。整体而言,"四化"同步对黑龙江省第二产业占比可能会产生额外的正效应,但是并不显著。

表5-12 “四化”同步发展对黑龙江省第二产业占比的影响计量结果

变量	(8.1)	(8.2)	(8.3)	(8.4)
IL	0.0415***	0.0790***	0.0757***	0.1391***
UL	0.0118***	0.0207***	0.0206***	0.0079***
AM	0.0096***	0.002	0.0053**	0.0026
IDI	0.0116	-0.0314	-0.0289	0.2007***
IU		-0.0078***	-0.0077***	-0.0032***
UA			-0.0005**	-0.0005**
IF				-0.1386***
H	-0.0126***	-0.0025	-0.0012	0.0025
常数项	0.4292***	0.4018***	0.3999***	0.3176***
观察值	403	403	403	403

注:*、**、***分别代表10%、5%、1%的水平下显著,面板数据采用个体固定效应

5.4.3.2 “四化”同步发展对第三产业占比的影响

表5-13中给出了“四化”同步发展对第三产业占比的影响,从中我们可以发现“四化”同步发展对第三产业占比会产生正向的影响,这种正向的影响主要是来源于工业化与信息化的深度融合和工业化和与城镇化的良性互动。“四化”同步发展对黑龙江省第三产业占比可能会产生额外的负效应,但是并不显著。我们可以确定“四化”同步能够促进中国产业结构的升级,而产业结构的升级在第三产业比重增加方面表现得尤为明显。其弹性系数为0.006 6左右。这就表明,如果“四化”同步指数提升1(1个百分点),那么第三产业的比重将提高0.66%。对于中国的中西部很多省份来说,“四化”同步指数目前还很低,因此通过提高“四化”同步发展能够显著促进其产业结构升级。

表 5 - 13 “四化”同步发展对黑龙江省第三产业占比的影响计量结果

变量	(9.1)	(9.2)	(9.3)	(9.4)
IL	-0.0252 * * *	-0.0459 * * *	-0.0441 * * *	-0.0595 * * *
UL	-0.0063 * * *	-0.0112 * * *	-0.0112 * * *	-0.0081 * * *
AM	-0.0049 * * *	-0.0007	-0.0025	-0.0018
IDI	0.1245 * * *	0.1483 * * *	0.1469 * * *	0.0909 * * *
IU		0.0043 * * *	0.0043 * * *	0.0032 * * *
UA			0.0003	0.0003
IF				0.0338 * *
H	0.0066 * * *	0.001	0.0003	-0.0006
常数项	0.3283 * * *	0.3434 * * *	0.3445 * * *	0.3645 * * *
观察值	403	403	403	403

注：*、* *、* * * 分别代表 10%、5%、1% 的水平下显著，面板数据采用个体固定效应

5.4.3.3 “四化”同步发展对非农产业占比的影响

表 5 - 14 中我们给出了“四化”同步对非农产业占比的影响，从表中可以看出，“四化”同步对黑龙江省非农产业占比的影响为负。进一步的分析，我们会发现工业化与信息化的融合对非农产业产生了相对较强的负向影响，而“四化”同步也对非农产业产生了额外的正效应。

表5-14 “四化”同步发展对黑龙江省非农产业占比的影响计量结果

变量	(10.1)	(10.2)	(10.3)	(10.4)
IL	0.0163***	0.0331***	0.0316***	0.0796***
UL	0.0055***	0.0095***	0.0095***	-0.0002
AM	0.0047***	0.0014	0.0028**	0.0008
IDI	0.1361***	0.1168***	0.1179***	0.2916***
IU		-0.0035***	-0.0035***	-0.0001
UA			-0.0002	-0.0002*
IF				-0.1048***
H	-0.0060***	-0.0015	-0.0009	0.0019*
常数项	0.7575***	0.7452***	0.7444***	0.6821***
观察值	403	403	403	403

注:*、**、***分别代表10%、5%、1%的水平下显著,面板数据采用个体固定效应

从上文的研究中我们可以发现,“四化”同步发展对产业结构的调整升级主要表现在第三产业的比重增加,而对第二产业的比重影响为负。整体而言,“四化”同步发展对非农产业也会产生一定的正向影响,但我们可以看到对非农产业整体的影响程度(-0.06)小于对第三产业的影响(0.006 6)。换句话说,“四化”同步发展对产业结构升级的影响主要体现在第三产业的增加方面,这种升级在工业化后期显得尤为重要。

进一步的分析,我们可以发现“四化”同步发展对第三产业占比的影响主要源于工业化与信息化的深度融合和工业化和与城镇化的良性互动。当前,中国经济正处于高速发展时期,但是第三产业的比重尚处于相对较低阶段,远低于发达国家的第三产业比重高达70%左右。“四化”同步发展对黑龙江省产业结构的升级,尤其是第三产业占比的提高具有重要的推进作用。“四化”同步发展不仅是当前中国的一项基本政策,更是经济发展过程中的本质需求。沿海发达地区当前已经发展到工业化后期,尤其需要注重“四化”同步发展促进产业结构升级,促进高端服务业和高端制造业的发展。

5.5 本章小结

本章首先构建了“四化”水平指标以及“四化”融合发展和“四化”同步发展指

标。对于如何来衡量工业化、城镇化、农业现代化以及信息化，不同的研究者可能会选择不同的代理变量。从现有的研究中我们可以发现有一些因素几乎是在所有的研究中得到广泛使用的，为此我们抽出相关因素并进行一些修正，如下所述：

(1)工业化水平的衡量我们不再是使用工业产业的比重作为代理变量，而是采用就业率、劳动生产率来衡量，这样既能体现出工业生产的效率，同时也能排除存在大量失业的工业化。

(2)城镇化水平的衡量则考虑了城市的基础设施、城镇化率、就业率等因素，避免了“伪城镇化”的出现高估城镇化的水平，同时也避免了低质量的城镇化。

(3)农业现代化水平的衡量采用了农业机械化程度和农业劳动生产率，避免了使用单一的农业机械化水平。信息化指数我们直接采用《中国信息化发展指数(IDI)研究报告》等的复合指标体系。

(4)我们使用了交叉项来构建“四化”融合和同步指标。相比较而言，这种方法具有普遍适用性，并且在其他领域的计量经济研究中已经有了广泛应用。

为了衡量“四化”对产业结构的影响，我们分别探讨了“四化”水平、“四化”融合发展、“四化”同步发展等对产业结构(第二产业产值占比、第三产业产值占比以及非农产业产值占比)升级的影响。在使用 2000~2012 年全国大陆 31 省、直辖市和自治区的面板数据进行比较研究后，我们发现：

(1)工业化和城镇化主要提升了第二产业占比，而信息化则主要提升了第三产业占比，农业信息化对第二和第三产业都有小幅影响，但是并不明显。

(2)工业化与信息化的深度融合、工业化和与城镇化的良性互动相互协调都能促进第三产业的比重不断上升，这也是产业结构不断升级的重要组成部分。“融合”因素对产业结构的影响更像工业化中后期产业结构调整的情况，第一产业比重基本保持不变，第二产业比重降低，第三产业比重提升。

(3)“四化”同步发展对产业结构的调整主要表现在第三产业的比重增加，而对第二产业的比重则产生负向影响，“四化”同步主要依靠“四化”相互融合。在“四化”融合之外并没有产生对第二产业和第三产业产生明显额外的效应，但对非农产业整体产生了正的额外效应。“四化”同步发展对产业结构升级的影响主要体现在第三产业的增加方面，这种升级在工业化后期显得尤为重要。

在本章的研究中我们也发现，对于工业化处于不同阶段时，“四化”水平、“四化”融合发展以及“四化”同步发展所带来的影响是不同的。为此，我们需要根据地区的特征来制定“四化”同步促进产业升级的战略。

第6章 “四化”推进黑龙江省产业结构升级的影响因素分析

上一章的研究证实了“四化”推进能够推进产业结构的优化升级。黑龙江省由于粮食生产在全国的地位、工业布局以及地理因素等一系列的原因,在当前的三次产业和产业内部结构调整方面都遇到了较多的问题。那么,在“四化”推进下黑龙江省应该如何来实现产业结构的升级?黑龙江省的“四化”推进在全国处于怎样的地位,哪些方面需要加强?通过“四化”推进能够实现黑龙江省的产业结构优化升级的路径如何确定?本章主要根据黑龙江省的省情来回答这些问题。

在中共第十八次人民代表大会和第十八届三中全会中,提出了“四化”同步发展。信息化和工业化深度融合、工业化和城镇化良性互动、城镇化和农业现代化相互协调,能够有效地促进工业化、城镇化、农业现代化、信息化同步发展。从第4章的分析中我们也看出,黑龙江省的工业化、城镇化、农业现代化和信息化在近几年有了大幅发展,那么黑龙江省的“四化”协同程度如何呢?黑龙江省的“四化”推进产业结构升级的影响因素是什么呢?“四化”同步发展对产业结构升级的影响又如何呢?

6.1 黑龙江省“四化”同步指数的评价分析

黑龙江省的“四化”同步水平一直表现相对较高的水平,并且近些年有了大幅的提升。黑龙江省的“四化”同步水平之所以有着这么高的水平,主要得益于黑龙江省的农业现代化的发展,但黑龙江省第二、第三产业发展水平不高。当然,我们也发现黑龙江省的“四化”同步指数还有很高的提升空间。

6.1.1 黑龙江省“四化”同步指数的横向比较

从2000~2012年期间的“四化”同步指数来看,中国的“四化”同步指数整体来说相对较低。2000年,全国平均的“四化”同步指数仅为0.42,而到2012年“四化"同步指数也只是达到了5.74。与全国"四化"同步指数相比,黑龙江省的四化同步指数在2000年之前上升的速度远低于其他省份。在2000年,黑龙江省的"四化"同步指数还超过全国平均水平,达到0.69。但是,2012年黑龙江省"四化"同步指数已经低于全国平均水平,为5.16。

2000~2012年期间,黑龙江省的"四化"同步指数在全国的排名出现了大幅波动。其中,2002为名次最高的年份,排名为全国第4位。2009年为名次最低的年份,排名全国第19位。从排名上来看,北京、江苏、广东、山东、内蒙古、河北等省份在一些年份排名第1位。与排名第1位省份的"四化"同步指数相比,黑龙江省的"四化"同步指数仍然是偏低的。其中,2003年比值最高,达到0.67;2007年比值最低,仅为0.15。2002年,黑龙江省的"四化"同步指数与全国平均值的比值最高,达到了2.44倍;2009年,黑龙江省的"四化"同步指数与全国平均值的比值最低,仅为全国平均值的0.65倍。整体而言,与全国平均水平相比,黑龙江省的"四化"同步指数波动幅度较大。

6.1.2 黑龙江省"四化"同步指数的纵向比较

黑龙江省的"四化"水平波动较大不仅体现在其在全国的排名上,同样还体现在本省的四化水平高速发展上。在2000~2012年期间,黑龙江省的"四化"同步指数排名一直出现波动状态。尽管"四化"指数在这期间波动较大,但黑龙江省的"四化"同步指数进步仍然是比较快的,从2000年的0.69提高到2012年的5.16,短短的12年间增长了6.48倍。

在2001年至2012年期间,黑龙江省"四化"同步指数在2001、2004、2009以及2011年出现了下降,降幅也分别达到了11.7%、52.8%、19.1%以及46.2%。而部分年份也出现了高速增长,其中2002年增长率达到122.5%,2005年增长率达到70.3%,2010年增长率达到了283.1%。整体而言,黑龙江省在这一时期的"四化"同步指数出现了较快的增长,但波动也相对较为严重。

6.1.3 黑龙江省"四化指数"分解因素的比较

"四化指数"是由工业化、城镇化、农业现代化以及信息化四个因素共同构成的一个交叉指数。如果这四个因素中的一个因素的取值相对较低,那么整个指数也将较低。黑龙江省的四个因素整体排名还是较靠前的,即使是一些相对较为落后的因素地区差异也不是很大,最终黑龙江的"四化"指数能够保持一个相对较高的水平。

尽管在第5章的分析中我们指出，黑龙江省的工业产值占比正在逐步下降，其数值小于多数东中部地区。但是，从我们选择的工业化水平指标来看，黑龙江省在样本最初的年份还是比较排名靠前的，2000年，黑龙江以0.46的得分处于全国第10名，仅仅略低于一些沿海省份。但是，2012年，黑龙江省以1.574的得分位于全国第21位，出现了大幅下降。在样本期间，黑龙江省的城镇化水平也发生了小幅下降，2000年仅为3.43，位于全国第12位；2012年达到了6.45，但名次已经降到了第14位。黑龙江省的农业经济一直是本省经济的重要组成部分，2000年农业现代化水平以0.29位于全国第4位，而在2012年则以2.05位于全国第4位。信息化水平方面，尽管黑龙江省有所提高，但在全国的排名出现了下降，2000年以0.47排名全国第11位，而2012年以0.65排名全国第14位。

与2000年相比，2012年黑龙江省的工业化、城镇化、农业现代化以及信息化水平分别提高了246.2%、88.1%、598%、39.1%。相比较而言，城镇化和信息化的提高水平较低。在这一时期，中国的工业经济出现了高速增长，尤其是中西部地区的工业经济开始起飞。因此，即使黑龙江省的工业化水平提高了246.2%，但其在全国的排名仍然是下降的。但我们也看到，黑龙江的农业现代化水平出现了9年内增长598%的奇迹，这主要归功于本省的农业机械化水平的大幅提升。从“四化”的分解中，我们可以看出，黑龙江省的城镇化和信息化还有较大的发展空间，如果黑龙江省在城镇化和信息化方面得到进一步提升，那么黑龙江省的“四化”同步指数也将会进一步地得到提升，赶超排名相对较靠前的省份。

6.2 “四化”推进黑龙江省产业结构升级的影响因素

整体而言，黑龙江省的“四化”同步水平尚可，但与一些四化同步水平相对较高的省份相比，仍然存在较大的差距。2012年，黑龙江省的工业化水平只是排名第1位的天津的33.4%、城镇化水平只是天津的45.9%、信息化水平只是北京的50.9%。黑龙江省的“四化”指数排名相对较低主要与“四化”初始发展水平不高有着直接的关联，尤其是工业化、城镇化水平如果得到大幅的提升，那么黑龙江省的四化水平将会更高。

6.2.1 低城镇化水平

在第3章中，我们介绍了城镇化水平的指标构成，由三个因素构成：地区基础设施水平、城镇化率以及就业率。如果城镇化水平较低，那么黑龙江省的工业化与城镇化联动以及城镇化与农业现代化的协调发展则难以推进。这三个因素中如果某个因素相对较低,则会对黑龙江省的城镇化水平产生重要的影响。

首先,黑龙江省的失业率较高。从2008年数据来看,黑龙江省城镇登记失业率为4.2%,高于全国的水平。由于大量国有企业改制等原因,黑龙江省的失业长期保持相对较高的水平。2009年至2012年,黑龙江省城镇登记失业率一直保持4.2%左右。与众多西方发达国家相比,这一失业率已经足够低,是多数国家追求的目标。但是,由于中国的失业率统计只是统计登记失业城镇人口,因此4.15%的失业率也是相对较高的。在2008~2012年期间,黑龙江省的失业率基本仅次于湖南省和宁夏回族自治区,一直处于全国前三。如此高的失业率,毫无疑问会影响本省的城镇化进程。如果城镇化进程都无法顺利展开,那么城镇化与工业化的良性互动以及城镇化与农业现代化的协调发展则更是无从谈起。

其次,黑龙江省的城市基础设施水平偏低。为了衡量城市基础设施建设,我们不妨选择两个常用的指标来衡量:城市公共交通(标台/万人)和人均城市道路面积(平方米/人)。从城市公共交通来看,2012年全国平均城市公共交通为11.83标台/万人,而黑龙江省仅为11.26标台/万人,位于全国31省份中第17名。同年,全国人均城市道路面积为14.17平方米/人,黑龙江省仅为11.83平方米/人,位于全国第24名。从这两个指标我们可以看出,黑龙江的城市基础设施水平相对较低,从而影响黑龙江省的城镇化水平。在城镇化过程中,城市基础设施是重要的影响因素,这在早期的劳动力迁移理论,如Todaro(1969)就提到了城市基础设施对迁移的影响。

再次,黑龙江省的城镇化率还不够高。与基础设施以及失业率相比,黑龙江省的城镇化率并不算太低,2005~2012年期间始终保持在全国平均水平之上。但是,黑龙江省的城镇化进程是相对较慢的,2005~2012年期间只是提高了3.8个百分点。同一时期城镇化率提升低于黑龙江的省份只有北京、上海、西藏和吉林。而我们知道,当城镇化率达到一定水平之后,城镇化率是难以提高的,甚至会出现“逆城镇化”的过程。而北京和上海在2005年城镇化率就分别达到了83.62%和89.09%,因此我们难以期望这两个城市的城镇化率有所提高。换句话说,黑龙江省的城镇化率提高速度在全国基本处于垫底的状态。2005年城镇化率远低于黑龙江省的江苏(2005年城镇化率为50.5%)、福建(2005年城镇化率为49.4%)、内蒙古(2005年城镇化率为47.2%)、重庆(2005年城镇化率为45.2%)在2012年城镇化率都已经超过了黑龙江省,分别达到了63%、59.6%、47.2%、45.2%。

总而言之,黑龙江省的高失业率、低速城镇化进程以及相对较低的城市基础设施都限制了黑龙江省的城镇化水平的提高，进而影响了黑龙江的四化同步水平，并最终影响了黑龙江省的产业结构的调整。

6.2.2 低信息化水平

信息化发展指标体系由5个方面构成，在第5章中我们进行了详细的说明。2011年，黑龙江省的5个指数都低于全国平均水平。其中，基础设施为全国的95.4%，产业技术为全国的65.8%，应用消费指数为全国的39.7%，知识支撑指数为全国的50.6%，发展效果指数为16.4%，综合指数为全国的59.6%。整体而言，黑龙江省的信息化指数相对较低，而这也影响着工业现代化的进程、农业现代化以及新型城镇化的进程。

首先，黑龙江省的信息化基础设施不足。与全国其他省份相比，黑龙江省的电视机拥有率、固定和移动电话拥有率、计算机拥有率还不够高，2012年仅为全国平均水平的93.6%，排名全国第16位。与发达省份相比，黑龙江省的信息化基础设施严重不足，仅为上海的46.2%、北京的52.6%。信息化基础实施不足则不利于知识的传播，从而工业化、城镇化以及农业现代化的水平都难以得到提高。进入21世纪之后，信息经济成为最炙手可热的经济板块，信息化的发展代表未来经济的活力。而黑龙江省的信息化基础设施不足，必然影响黑龙江省的经济的发展，对产业结构也将有着重要的不利影响。

其次，黑龙江省的使用水平也相对较低。信息使用水平，主要是通过互联网的使用来体现。2012年，全国每百人互联网使用指数为0.903，而黑龙江省仅为0.875，位于全国第21位。网络在现代经济中具有重要的地位，无论是对于企业还是个人，网络的使用能够获得大量的信息。对于黑龙江省这类农业大省，网络的使用尤为重要，直接关系到农业经营效益。但黑龙江省的网络使用仍然是偏低的，与上海、北京、广东等一些发达省市还有一定的差距。值得庆幸的是，在使用水平方法上地区有着一定的差异，但差异还不是十分巨大。但是，这也会影响信息化的发展，故值得引起注意。

再次，黑龙江省的信息产业不够发达。信息产业的衡量主要通过信息产业占地区GDP的比重以及信息产业研发占地区GDP的比重，简称为环境与效果指数。2012年，全国环境与效果指数平均水平为0.635，黑龙江省环境与效果指数为0.578，在全国排名位于第17位。与发达省份相比，黑龙江省的信息化环境与效果指数仅为北京的50.2%，远远落后于北京。黑龙江省有着一系列的高校资源，包括哈尔滨工业大学、哈尔滨工程大学、哈尔滨理工大学，这些工科院校在信息研发方面都有着杰出的表现。但是,由于黑龙江省的信息方面的研究成果并没有能够及时在本地转化,从而导致了黑龙江省的信息产业并不发达。由于本地信息化产业的发展滞后,最终导致本地传统产业的升级步伐缓慢。早在 2000 年前后,黑龙江省对信息化促进工业化发展给予了足够重视,但效果并不十分显著,信息产业的不发达是最重要的原因之一。正因为如此,黑龙江省在近几年将信息产业确定为支柱产业。

信息化的推动包括信息化产业自身的发展以及信息产品的推广使用两个方面,而这两个方面黑龙江省都低于全国的水平,从而限制了黑龙江省信息化的发展,也为限制了传统工业的升级。

当然,除了城镇化水平和信息化水平相对较低之外,黑龙江省的工业化水平目前仍然较低。黑龙江省有着大规模的传统工业,这些传统行业难以进行产业升级,有着较强的“路径依赖”。更为重要的是,黑龙江省的传统工业在体制方面有着局限性,从而企业无法面临着市场中的竞争压力,从而缺乏创新的动力,最终导致生产效率低下。2008 年,黑龙江省的工业化水平低于天津、上海、内蒙古、辽宁、吉林等省份,工业生产效率仍然需要大幅提升。

6.3 黑龙江省“四化”因素对产业结构升级的影响分析

“四化”因素对产业结构的影响是截然不同的,部分影响能够提高第二产业的占比,而部分因素则降低了第二产业的占比,甚至对第二产业和第三产业占比的总和有着负向的影响。黑龙江省与全国其他省份在四化发展水平以及产业结构方面存在着一定的差异,分析黑龙江省的“四化”因素对产业结构升级又有着怎样的影响,有助于我们应该从哪些方面来推进黑龙江省的产业结构升级。

6.3.1 “四化”因素及相互融合对产业结构升级的影响

从第 5 章的研究中我们发现,“四化”因素或者“四化”融合因素对产业结构有着重要的影响,并且对不同产业产生的差异存在较大的差异。为了能够促进第二产业的发展,工业化、城镇化、信息化都可以起到推动作用。但是,在发展工业化、城镇化以及信息化却不能同时也对第三产业起着推动作用。其中,最为明显的是工业化会对第三产业占比产生负向的影响,尤其是在生产服务业发展相对滞后时更为明显。

“四化”融合对第二产业占比并没有产生正向的影响,更多的是对第三产业占比产生正向的影响。整体而言,工业化和城镇化的良性互动对第二产业和第三产业的占比还是产生了一定的影响,中国工业化和城镇化的良性互动带来了第二和第三产业的快速发展,但是对第三产业的影响更加明显。城镇化和农业现代化的相互协调对第三产业发展有较大影响。在中国城镇化的过程中,第二产业和第三产业基本处于同步推进的状态,并且伴随着第一产业的快速发展,因此对两者的占比都不会产生太大的影响。换句话说,中国的城镇化和农业现代化推进基本处于相对较为稳定的状态,三产同时出现推进。工业化与信息化的深度融合对三产也产生了重要的影响,只是与我们直观上所认为的促进工业经济的发展不同,工业化与信息化的深度融合更多的是带来了第三产业的和第一产业的快速发展。

在“四化”同步方面,对三次产业的影响也主要体现在提升第三产业的发展,对第二产业的影响并不明显。由于“四化”同步对第三产业产生较大的影响,而对第二产业产生的影响并不明显,因此“四化”同步可以促进“非农产业”比重进一步增加。中央政府提出“四化”同步发展,其主要目的是让中国经济形成一个相对较为独立的,能够自循环运转的系统。通过工业化提供产品的供给,城镇化提高人民的收入水平而增加需求,并带动产品市场的良性循环。而无论是工业化和城镇化,都能带动农业现代化的快速发展,并且农业现代化也能为工业化和城镇化释放出劳动力,提供更多农产品进行深加工并提高市场化水平。最终,通过信息化引领的创新驱动来促进其他三化的发展。在这样的基础上,中国的产业结构不断得到优化,从而保持经济的长期、稳定的可持续增长。

6.3.2 黑龙江省“四化”因素对产业结构升级的影响效应

整体而言,黑龙江省的“四化”融合和同步并没有对产业结构的升级起到太多的带动作用。一方面,黑龙江省的“四化”指标中除了农业现代化水平的指标相对较高之外,其他指标都相对较低,对产业结构升级产生的影响较小。另一方面,在“四化”融合或者同步的过程中,如果基础指标太低的化,则无法达到较好的融合和同步效果。从前文的分析中,黑龙江省的低城镇化水平和低的信息化水平对黑龙江省的经济发展产生了重要的影响。而低城镇化水平和低信息化水平对黑龙江省的产业结构也同样产生影响,包括三次产业结构的调整以及产业内部的内部结构提升。

从三次产业结构角度来看,黑龙江省的低城镇化水平影响着第二产业和第三产业的发展。首先,地区的基础实施水平以及就业率较低对城镇化发展产生反作用,不利于农村剩余劳动力向城市转移,从而本省居民收入提高相对较慢,本省会出现消费不足的现象。在本书的第5章中,我们分析黑龙江省服务业比重难以提高时也指出,黑龙江存在着严重的居民消费不足的现象,无法通过居民消费增加促进第三产业的快速发展。其次,城市的低城镇化率以及就业率,同样会影响城市商贸流通业的发展。更为关键的是,低水平的城市对第二产业也会产生影响,尤其无法为工业化提供充足的劳动力和大量的产品需求。此外,信息化对第三产业结构的影响则更加明显,信息化发展的程度直接决定着当地与通信相关的第三产业的发展,以及第二产业中信息产业的发展。整体而言,黑龙江省的低水平的城镇化以及低水平的信息化影响了黑龙江省的三次产业结构的调整。

而从产业内部结构提升的角度来看,黑龙江省的低水平的城镇化和低水平的信息化直接决定了地区产业的高度。相对较低的城镇化水平影响了城市服务质量,从而第三产业的内部结构提升难以推进。更为重要的是,低速的城镇化对建筑业和工业的影响也较大,无法为工业化提供充足的劳动力和产品需求,产品的消费曾经难以提高,从而对传统工业有着较强的依赖,新兴工业发展不足,第二产业的内部结构提升同样会遭遇困境。而信息化更是直接影响了产业内部结构提升,尤其是工业经济的内部结构提升问题。信息技术的发展不仅体现在信息产业本身,更体现在信息技术的应用方面。信息技术的落后势必导致第二和第三产业中信息产品的使用较少,无法提高自动化、现代化的水平,从而产业生产中的技术使用不足。整个产业无法使用技术替代资本以及劳动力,从而无法实现从“劳动密集型”、“资本密集型”产业向“技术密集型”产业的转型升级。

6.3.3 “四化”推进下黑龙江省产业结构升级应注重调整的因素

当前,黑龙江省的产业结构中存在的主要问题是第三产业的比重不足,以及第二和第三产业的内部结构提升水平不够。而从前文的分析中我们也看到,工业化、城镇化、农业现代化以及信息化对产业的结构调整影响是不同的。那么,在黑龙江省的产业结构升级过程中,我们需要有针对性地选择相关因素进行调整。

首先,黑龙江省目前的产业结构需要在三次产业结构比例上进行调整,而这需要重点发展多种因素的相互融合。从第4章的分析中我们比较容易看出,黑龙江省工业化、城镇化、农业现代化以及信息化对第二产业和第三产业都产生了一定的影响。从单个因素来看,黑龙江省除了农业现代化会提高第三产业比重的同时对第二产业比重没有正向影响之外,其他因素在提高第三产业比重时,同样会提高第二产业的比重,因而在三次产业结构调整方面效果并不明显。但是,如果采用相互融合的手段,那么我们会发现工业化与城镇化的融合以及工业化与信息化的融合都会提高第三产业的比重,但是会降低第二产业的比重。因此,我们可以选择这样的两种融合来促进第三产业在整个产业中的比重提高。

其次,黑龙江省的产业内部结构的推进,需要重点依靠信息化。信息化是当前经济发展的趋势,无论是在农业经济、工业经济还是服务业经济中,信息化的应用成为推动社会生产效率提高的重要因素。工业化与信息化的融合虽然未必能够有效地提高第二产业在三次产业中的比重,但是却可以提高第二产业内部结构提升。黑龙江省的装备制造业在传统产业中占据着重要的地位,从而传统产业升级中尤其需要在装备制造业的升级方面有所突破。信息化对产业结构升级体现在多个方面,包括对促进研发与创新、经营管理模式的创新以及加强企业前后向关联等。

再次,产业内部结构提升的发展还需要在城镇化方面做出突破。西方发达国家和中国发达地区有着相对较高的城镇化水平,而这也促进了服务业的发展。前文中我们也指出,中国的服务业占比整体而言是明显偏低的,与中国的经济实力并不相符合。这其中既有中国居民收入相对较低的原因,同时更是包括了中国居民的储蓄率相对较高的原因。最值得我们关注的是,中国服务业的发展水平相对较低与中国的城镇化水平有着较高的关联。拉美一些国家虽然收入水平并不算高,但是城镇化率相对较高,从而服务业占比相对较为发达。并且,随着居民消费水平的提高,居民无论是对工业产品、农业产品还是服务业产品都有着相对较高的需求,并且层次不断提高。

整体而言,黑龙江省在产业结构升级方面还需要做大量的工作,“四化”同步推进是黑龙江省产业结构升级的重要途径。在“四化”同步推进的过程中,黑龙江省需要根据不同的阶段制定特定的发展战略,这样才能最大限度地促进本省经济向良性方向发展。

6.4 本章小结

黑龙江省的“四化”同步水平在全国处于中游水平,并且在2000~2012年期间出现了大幅波动。与发达省份相比,黑龙江省的“四化”同步水平仍然存在着较大的进步空间。城镇化水平和信息化水平相对较低影响了黑龙江省“四化”同步的水平,并进而影响了产业结构的升级。黑龙江省的高失业率、相对较低水平的城市基础设施以及低城镇化率严重影响了黑龙江省的城镇化水平;而信息化基础设施不足、信息化使用水平低以及信息产业发展滞后则影响了黑龙江省的信息化水平。黑龙江省需要在三产结构、产业内部结构以及城镇化方面做出更多的努力。

“四化”融合对黑龙江省第二产业占比并没有产生正向的影响,更多的是对第三产业占比产生了正向的影响。由于“四化”同步对第三产业产生较大的影响,而对第二产业产生的影响并不明显,因此“四化”同步可以促进“非农产业”比重进一步增加。黑龙江省的“四化”指标中除了农业现代化水平的指标相对较高之外,其他指标都相对较低,对产业结构升级产生的影响较小。在“四化”融合或者同步的过程中,如果基础指标太低无法达到较好的融合和同步效果。从三次产业结构角度来看,黑龙江省的低城镇化水平影响了第二产业和第三产业的发展。而从产业内部结构提升的角度来看,黑龙江省的低水平的城镇化和低水平的信息化直接决定了地区产业的高度。

在黑龙江省的产业结构升级过程中,我们需要有针对性地选择相关因素进行调整。黑龙江省目前的产业结构需要在三次产业结构比例上进行调整,而这需要重点发展多种因素的相互融合,尤其是工业化与城镇化的融合;黑龙江省的产业内部结构的推进,需要重点依靠信息化;产业内部结构提升的发展还需要在城镇化方面做出突破。

第7章 “四化”推进黑龙江省产业结构升级的目标、路径与模式

黑龙江省的“四化”发展水平相对较低，从而对产业结构升级产生了一些负向的影响。从前文的分析中我们也看到，“四化”同步发展与融合发展能够有力地推进产业结构的调整与优化，实现产业结构升级，并且工业化、城镇化、农业现代化以及信息化对第二产业和第三产业的影响是存在巨大差异的，这也表明我们可以根据地区的产业结构调整需要而“有选择”地促进“四化”发展。“四化”推进对产业结构升级有着一定的目标要求，包括实现城乡一体化发展、解决产生过剩获取产业链高端利润以及满足居民对高端服务的需求和解决就业问题等。相比较而言，黑龙江省有着一定的自身优势如全国重要的商品粮基地和老工业基地，这也为黑龙江省通过“四化”推进产业结构升级提供了机会。本章主要阐述黑龙江省通过“四化”推动产业结构升级的目标、路径与模式。

7.1 “四化”推进黑龙江省产业结构升级的目标

黑龙江省通过“四化”发展，可以实现产业结构的优化升级；通过创新驱动提高自主创新能力基础上推进农业现代化、实现制造业由大到强，大力发展服务业（特别是生产性服务业），实现城乡发展一体化、解决产能过剩和扩大就业，通过高新技术的带动促进黑龙江省经济长期、健康、稳定发展。

7.1.1 “四化”推进黑龙江省产业结构升级总目标

在优化产业结构、提高效益、降低消耗、保护环境的基础上，把黑龙江省建设成为国家现代化大农业示范区、国家绿色食品产业基地、国家重大装备制造基地、国家沿边开放和对俄经贸合作重要枢纽和前沿、国家重要生态保护屏障，为全面建设小康社会打下坚实基础。

(1)黑龙江省第一、二、三产业增加值的比例由2010年的12.7:50.1:37.2到2020年的10:40:50,服务业就业比重能达到40%~45%,非公有制经济能够占到全省地区生产总值比重的60%。

(2)改造提升传统优势产业,加大调整改造力度,提升传统优势产业市场竞争力,推进产业转型升级,强化需求导向,坚持利用信息技术和先进适用技术改造传统产业,把企业技术改造作为产业转型升级的一项战略任务,促进全产业链整体升级。

(3)推动战略性新兴产业、先进制造业健康发展,扬建现代产业新体系,重点发展新材料和新能源装备制造、新型农机装备制造、交通运输装备制造、绿色食品、矿产、煤化石化林产品加工、现代服务业等十大产业,培育、壮大产业集群,使先进制造业实现绿色化、精致化、高端化、信息化、服务化发展。

(4)发展现代化大农业,全面提高农业综合生产能力,提高农田水利设施建设水平,建成高产、稳产田,实现农业机械化,提高农业科技支撑能力,健全农业社会化服务体系,在全国率先实现农业现代化。

(5)推动服务业,特别是现代服务业发展壮大。实现产业结构升级必须把服务业作为战略重点,不断提高服务业比重和水平,大力发展面向民生的服务,积极拓展新型服务领域,不断培育形成服务业新的增长点,着力发展生产性服务业,培育研发设计、现代物流、金融服务、信息服务和商务服务的发展,促进制造业与服务业、现代农业与服务业融合发展。

(6)加快城镇化进程,建立城乡协调发展的产业体系,实现城乡发展一体化。形成大中小城市和小城镇持续协调发展、产业和城镇融合发展。城市产业结构优化与农村产业结构调整相结合,通过农村工业化推动农村三次产业结构协调发展,通过“四化”协调发展推进县域产业结构升级。

7.1.2 产业结构升级具体目标任务

(1)通过农业经济现代化实现城乡经济一体化

尽管黑龙江省的农业经济在全国处于领先地位,但是黑龙江省的城乡分割仍然是存在的,城乡资源配置严重失衡、城乡经济互动不足、城乡居民收入差距大、农村地区基础设施和公共事业发展相对较为滞后。这些因素不仅影响着农村经济的发展,同时也影响着黑龙江省的新型工业化和城镇化健康有序的发展。通过“四化”同步发展,提高农业生产效率,推动农业经济现代化,实现城乡经济一体化是“四化”推动黑龙江省产业结构升级的重要目标之一。

农村经济的发展可以通过城乡产业结构调整中推进农村工业化进程来实现，也可以通过农业现代化发展来实现。无论是乡村工业化还是农业现代化，在国内外都有很多成功的经验。对于耕地面积相对较大的黑龙江省而言，农业现代化的发展和县域工业的同步发展更加适合。黑龙江省作为我国的商品粮基地，其粮食产量规模巨大，从而也为现代化的农业发展提供了条件。无论是农业机械化还是产业现代化，黑龙江省都可以充分利用规模经济，实现以市场为导向、采用高科技和成本最小化的现代农业经济模式。在农业现代化的过程中，通过政府引导和市场化运作，基础设施水平也将逐步提高。通过农业现代化和农村工业化的发展，农民在农业产业链中不再仅仅处于低端，其收入水平有了大幅提高，最终实现城乡一体化发展。

(2)通过工业转型升级解决产能过剩问题

作为我国的重要工业基地，黑龙江省的工业经济在全国具有一定的地位。但是，黑龙江省的工业经济在近年发展相对较慢，无论是在机械配备还是在经济管理方面都处于相对落后的地步，这也导致了一些产业出现产能过剩、能效利用率低的问题。通过工业化与信息化的融合，实现产业结构的升级，工业的绿色化、精致化、高端化、信息化和服务化，产能过剩问题在一定程度上可以得到解决，从而真正实现从要素驱动向创新驱动的战略转变。

工业化与信息化的融合是实现黑龙江省的工业转型升级的有效途径。黑龙江省低端产业出现了全面过剩，而高端产业出现了供给不足。在低端产业中，生产技术水平落后，生产效率低下，竞争无序，产业价格持续下降。黑龙江省目前已经在工业化与信息化上做出尝试，工业经济逐步向高端化发展。黑龙江省的装备制造和机械加工等工业标准也需要逐步与国际接轨。通过“四化”推进实现工业的转型升级，并最终解决产能过剩，形成产业竞争优势。

(3)通过服务业优质化实现消费结构升级

黑龙江省的服务业相对较为落后，在 GDP 中比重长期偏低，这也影响了城镇化的进程、城乡一体化的发展以及城乡居民收入差距的缩小。随着黑龙江省居民收入水平的提高，居民对优质服务的需求会大幅增加。通过“四化”推进产业结构升级也能实现服务业的优质化，从而解决居民对服务产品的需求。

更为重要的是，服务业对就业有着巨大的推动作用。从国内外的经验来看，服务业是就业的最大“容纳器”。在黑龙江省城镇化快速发展的时期，从农村向城市转移的剩余劳动力需要在城市找到合适的工作，这才能从根本上实现真正的城镇化，避免“伪城镇化”的出现。促进服务业加快发展，培育服务消费热点，改善服务消费环境，能够实现有就业、惠民生的发展。现代服务业的发展对优质化有着更高的要求，从而对就业也有着更高的要求。在信息化的推动下，服务业质量有望得到提升，从而满足居民对更高质量的服务的需求。发展生产性服务业，特别是制造业产业链的分解分工而向服务业延伸本质上是制造文明的深度化和扩展，只有发达的制造业才能孕育出发达的现代服务业。

7.2 “四化”推进黑龙江省产业结构升级的路径选择

产业结构优化升级，本质上是产业结构合理化与产业内部结构高度化的统一。尽管一些发达国家或地区在产业结构优化方面有着很多的经验值得借鉴，但是不同国家或者地区在产业结构方面存在着较大的差异，并且有着一些独特的因素。针对黑龙江省当前所面临的产业结构升级困境，提出了以下三个方面的产业结构升级的路径。

7.2.1 依靠“四化”功能作用实现黑龙江省产业结构升级的路径

工业化、城镇化、农业现代化以及信息化的同步对黑龙江省的产业结构优化有着重要的影响，但是不同的因素影响的大小迥异。对于黑龙江省而言，在信息化和城镇化建设方面相对滞后，从而导致了产业结构不合理。虽然在农业现代化方面黑龙江省一直处于全国领先地位，但是黑龙江省的农业现代化仅限于农业生产效率的提高，相关联的一些服务业发展还不够，农区城镇化、工业化水平低。正因为如此，黑龙江省的“四化”同步发展对产业结构的调整可以通过以下路径来实现。

7.2.1.1 依靠信息化带动传统产业升级

改革开放前，黑龙江省的工业经济一直占据着重要的地位。但是，随着中国市场经济的发展，相关企业并没有能够及时地对机械设备更新换代，这导致了黑龙江省的工业地位急剧下降。

信息技术在传统产业中的应用已经引起了广泛关注，并且在一些发达国家已经有了广泛的应用。在对外开放的过程中，中国的工业经济的高能耗、低效率、低附加值的弱点逐步体现出来，对产业结构升级提出了新的要求。通过信息化或者科技创新促进产业升级而重振老工业基地在国外是有先例的，比如英国的伯明翰、美国的匹兹堡等城市。当前，黑龙江省的传统工业中信息化水平相对较低，对信息化的理解也相对较为狭隘。信息化在传统产业中是大有用武之地的，包括传感器技术、人工智能和优化技术、网络协同和集成技术、绿色制造相关的信息技术、集散控制系统(DCS)、现场总线控制系统(FCS)、生产执行系统、计算机辅助设计系统、企业资源计划、客户关系管理、供应链管理等一系列的技术。但是,从我们所掌握的企业利用信息化技术的数据来看,黑龙江省当前推进的传统产业信息化的使用也仅仅局限于一些相对较为低端的计算机以及网络,并且无论是在采购、生产、销售还是管理方面都有着较大的上升空间。

信息技术对传统行业的带动不仅体现在制造业方面,同样也体现在农业和服务业方面。比如,在农业方面,信息化的使用可以提升农产品的流通、提高农业生产设备的智能化水平、提升农业预警信息系统判断决策能力。而在服务业方面,信息化的使用则更为广泛,如其在传统的交通运输行业、仓储物流业、商贸业、科教文卫都可以有着大量的使用。整体而言,信息技术对传统产业升级具有重要的作用,故目前应该更多地推动信息技术的应用,推动应用型经济的发展。

7.2.1.2 借助新型城镇化建设推动城乡一体化的服务业发展

新型城镇化的发展推动着农业经济和城市经济的发展,无论是留守的农村居民还是转移的农村剩余劳动力的收入水平都会提高,从而服务业得到快速发展。黑龙江省可以根据本省的省情,借助于新型城镇化推动城乡一体化的服务业的发展。

黑龙江省人口密度相对较低,尤其是在农村地区。整体而言,黑龙江省的农村地区服务业发展相对较为滞后。此外,黑龙江省的农业现代化水平相对较高,亟须相关服务业的发展。在新型城镇化的建设中,黑龙江省可以推行城乡一体化的服务业,从而促进本省的产业结构升级。首先,黑龙江省可以扩大农村消费市场,扩展粮食主产区商贸流通业,文化服务产业,实现城乡商贸流通业,文化服务产业的一体化发展。其次,黑龙江省可以推动公共服务向农村市场的延伸,从而改善农民的居住和消费环境,并且实现服务业从城市向农村的延伸。再次,在新型城镇化的建设中增加基础设施的建设,从而改善小城镇以及农村地区的基础设施水平,促进服务业的发展。最后,黑龙江省的农村社会事业需要得到较大改善,增加农村地区的科教文卫,实现公共资源的城乡一体化。

黑龙江省农业经济相对较为发达,因此在城镇化建设过程中,黑龙江省可以大力推进服务业的渗透,实现城乡一体化的服务业。服务业比重的提升不能局限于城市地区,在农村地区同样也要大有作为。黑龙江省可以利用农村和城市地区同时发展来带动服务业的发展,从而构建现代产业体系,实现产业的转型升级。

7.2.1.3 依托农业现代化促进产业交叉发展与产业融合发展

黑龙江省的农业现代化的水平在全国居于首位,但是黑龙江省的农业现代化发展水平与发达国家相比仍然有较大的差距,其主要表现在农业产业化经营方面。农业现代化除了能够提高农业生产效率之外,同样可以提高工业经济和服务业经济的发展。

农业现代化对工业经济和服务业经济的发展主要是通过农业的延伸,通过产业延伸促进产业交叉发展,并最终促进产业结构升级。

首先,农业现代化促进农产品深加工发展,以农副产品为主的食品加工业会有着较大的发展。农业深加工链条越长、分工越细,则食品工业经济发展层级也将越高。农业经济的发展会遭遇自然灾害等因素的影响,因此可能存在较大的波动风险。而农产品的深加工不仅可以提高产业结构,更为重要的是实现农业经济的良性循环,为农业现代化发展铺平道路。

其次,农业现代化的发展可以推动农业观光旅游业的发展。黑龙江省的自然景观相对较为美丽,农业现代化的发展在种植品种的选择方面可以与当地的林木、山水相互融合,形成观光农业,从而带动农村旅游以及相关的餐饮住宿服务业的发展。

最后,农业现代化的发展推动了农业服务业的发展。现代农业的发展离不开高科技的应用,其可以促进与农业相关的科研的发展。

与此同时,农业现代化的发展离不开物流业的发展,也离不开农业物资的供应链以及农业的培训。从这个角度来看,农业现代化推动了商贸、物流、旅游、咨询、会展、培训等一系列的产业发展,从而提高黑龙江省的服务经济的比重。

现代农业经济的发展,逐步从第一产业的单纯生产向第二、第三产业延伸,通过产业的交叉发展而提高产业结构。无论是三产比重还是产业内部结构都有较大的提升,促进产业结构高级化。

7.2.2 “四化”同步推进产业链发展实现黑龙江省产业结构升级的路径

产业链的发展是产业结构调整的重要途径之一,也是很多国家和地区产业发展的必然趋势。前文分析中我们也指出,黑龙江省的产业经济发展更多的是“块状”的产业,产业链的发展严重不足,这也影响了黑龙江省的产业结构升级。在“四化”同步推进下黑龙江省可以通过如下途径来培育产业链形成与发展,并实现产业结构的升级。

7.2.2.1 培育高新技术产业促进产业升级

产业升级的过程中,很重要的一定是产业的生产技术相对落后。这种生产技术的落后不仅体现在现有的产业中,同时还体现在本地的高新技术产业发展不足。相比较而言,黑龙江省的有着相对较为优越的科研资源,在高新技术的科研方面一直有着较为杰出的表现。但是,黑龙江的高新技术成果转化以及相关产业的发展却存在着严重的不足。

在20世纪90年代,欧美等国家依靠信息经济取得了巨大的发展,通过工业化与信息化深度融合和高新技术的发展成就了欧美等国家又一次快速的发展。进入21世纪,发达国家和发展中国家都在积极地培育和发展高新技术。高新技术的发展可以通过引进新技术与自主研发相结合的渠道来实现,高新技术可以提升产品在市场中的竞争力。高新技术是工业经济的高技术密集型的产业,对工业经济结构的提升有着重要的影响。但高新技术行业的发展对产业结构的调整并不局限于本行业的发展,同样可以对农业、其他工业以及服务业有着促进作用。黑龙江省已经建设了哈尔滨高新区科技创新城、大庆高新区国家级创新型园区、齐齐哈尔高新区国家级高新区、牡丹江和佳木斯高新区,在高新技术产业方面有了较大的突破,从而实现了产业结构的升级。但黑龙江省在高新技术促进产业升级方面仍然有很大的空间,在高新技术渗透方面还有很长的路要走。

高新技术产业的发展弥补了黑龙江省工业经济中的技术密集型产业,改变了以往劳动密集型和资本密集型产业为主的局面,既提高了生产效率,又促进了产业结构的升级。更为重要的是,高新技术的发展通过渗透促进了农业现代化和服务经济的发展,尤其是对提高服务经济的比重具有重要作用。

7.2.2.2 发展金融服务业促进社会经济活力

金融业是服务业中的重要组成部分,并且金融业对社会的经济活力有着重要的带动作用。从世界发达的国家和地区发展的经验来看,金融业的发展对产业结构的升级有着重要影响,并通常伴随着产业结构升级而发展。

黑龙江省的金融业发展相对滞后,占GDP的比重相对较低,这不仅影响了黑龙江省的第三产业的占比,也影响了黑龙江省的传统产业的升级以及高新技术的发展。首先,城镇化推进了金融业的快速发展,并能够降低资本要素的价格,从而传统产业升级和高新技术的发展成本相对较低。其次,在金融系统相对较为完善的要素市场中，资本对利润的追逐会对产业进行筛选。一些处于产业链高端、投资收益相对较高的产业也会得到金融部门的青睐，从而通过产业筛选而促进产业结构升级。再次，金融业的发展推动了企业的整合，并促进了产业升级。

现代产业的发展中较为明显的特点是产业专业化分工越来越明显，而这也促进了产业网络化发展的趋势。企业的交易日益频繁且规模庞大，对资金的需求会进一步增加。而金融业的发展则能满足这一需求，从而促进产业结构的升级。更为重要的是，金融业的发展推动了企业整合，并促进了产业结构升级。

整体而言，“四化”同步推进金融业的发展能够促进社会经济快速发展，并促进了产业结构的升级。作为外在支持，金融业的发展可以为传统产业升级、高新技术产业发展以及企业发展提供大量的资金，进而促进产业结构的升级。金融业的发展，既是产业链的发展，同时又能促进黑龙江省相关产业的升级，并加快形成产业链促进产业结构升级。

7.2.2.3 延伸传统产业向下游产业渗透

上文中我们也提到，黑龙江省的产业有着一些自身的特点，主要以“块状”产业为主。黑龙江省有着相对较为丰富的自然资源，在产业最初的形成中也主要以“上游”为主。从产业链的利润分配来看，多数行业的下游产业具有较高的利润，并且生产技术水平也相对更高。

黑龙江省在上游产业中具有比较优势，从而在产业的发展过程中可以考虑逐步向下游发展，形成具有竞争力的产业链。相比较而言，初级产品的运输成本相对较高，而这对没有区位优势的黑龙江省显得尤为重要。随着本地消费的增加以及东北亚市场的进一步开拓，黑龙江省完全有能力发展独立的产业链，并充分发挥本地的优势。借助于本地发展的农业现代化，黑龙江省在奶粉行业已经打造出了全国唯一的全产业链，并且黑龙江省最近也在绿色食品等方面打造了相似的产业链。黑龙江省的产业链的构建不应仅仅局限于食品产业，在传统的工业经济中也应该有所作为。在2014年3月，黑龙江省也开始谋划了30个重点产业链，这其中就包括传统工业延伸发展的产业链。发展链式经济，势必有效促进黑龙江省产业的升级。

黑龙江省发展产业链促进产业结构升级是一种重要的途径，但目前仍然有很多有待完善的地方。传统产业向新产业的延伸会面临很多问题，延伸产业是否具有优势，是否具有竞争力都是需要考虑的问题。通过产业延伸增强产业链并促进产业结构调整在发达国家和发达地区取得了广泛的成功，但在产业链式发展中，黑龙江省仍然需要突出自身的传统优势，重点发展传统而有活力的产业的链式发展。

7.2.3 “四化”同步推进所有制结构优化实现黑龙江省产业结构升级的路径

由于中国在20世纪的产业布局等计划经济因素，黑龙江省国有企业仍然占据着重要的地位。工业经济中，2013年黑龙江省的私营企业资产总值占比仅为9.93%，低于全国平均水平(13.08%)，位于全国第26位；同年，外商投资和港澳台投资的资产总值占比为10.38%，远低于东部沿海地区，位于全国的第17位。“四化”同步推进黑龙江省产业结构升级中，在坚持国有大中型企业产业转型升级的同时，还需要大力发展非公有制经济，同时应提高外商直接投资企业和私营企业的比重。

7.2.3.1 通过推进外向型经济发展优化所有制结构

黑龙江省是中国的沿边省份，1992年国家实施沿边开放战略，在14个沿边开放城市中黑龙江省占据了两个沿边开放城市，分别为黑河、绥芬河。2013年，国务院批复了《黑龙江和内蒙古东北部地区沿边开发开放规划》，黑龙江省的沿边开放上升为国家战略。尽管黑龙江省没有港口，但是黑龙江省在地理上与俄罗斯等国接壤，是中国发展与俄罗斯以及远东地区对外贸易和投资的重要通道。

外向型经济对产业结构升级的影响是多方面的。首先，外向型经济的发展能够促进产业结构的升级，其中包括国外企业的知识溢出效应、企业之间形成的竞争效应。大量研究表明，中国沿海地区从FDI流入以及国际贸易中产业获得了升级，并且产品在国际市场的竞争力也明显加强。FDI的流入不仅为中国地区带来了资本，更为重要的是中国企业可以从中学习到很多经营管理知识等，从而促进了产业升级。

其次，发展外向型经济可以产生全新的行业，促进产业升级。黑龙江省在装备制造业、化学工业、林木加工业、食品加工业等方面有着一定的优势，可以借助于这一优势增加该类产品的生产和面向俄罗斯以及东北亚地区的市场出口，通过产品在国际市场上竞争从而促进产业内部结构提升。在国际贸易增加的同时，黑龙江省可以尝试性地与俄罗斯远东地区建设自由贸易区以及保税区，从而进一步扩大本省的对外贸易，提高相关制造业和服务业的发展。

最后，黑龙江省企业可以走出去，为母国企业的升级腾出空间。在企业发展到一定阶段之后，企业内部需要进行升级。而由于前期投入成本的问题，很多企业不愿主动升级。通过走出去的战略,国内的一些企业生产技术越来越先进,相关产业也出现了转型升级。黑龙江省有着一些在全国具有影响力的企业,可以通过到一些发展中国家甚至发达国家投资,为母国企业的转型与升级提供空间。

整体而言,黑龙江省发展外向型经济仍然具有一定的优势,发展外向型经济,要全力推进非公有制经济参与,并作为主体力量。发展外向型经济对产业结构的升级有促进作用已经得到了广泛的认识,发达国家的产业转移并不是仅仅在几年时间之内完成的。按照产品生命周期理论,当落后产业转移后,发达国家会形成新的更高技术含量的产业,而在一定时间后新产业会再次转移。黑龙江省可以结合本省的优势,打造出外向型经济,从而达到促进产业升级的目的。

7.2.3.2 推动城乡中小微企业协调发展优化所有制结构

黑龙江省的国有企业比重相对较高,私营企业发展相对较慢。从中国东部沿海地区的发展来看,私营企业起着重要的作用。相比较而言,私营企业体制灵活,更加具有活力。在地区的经济组成中,大、中、小微型企业各司其职。黑龙江省的产业结构升级,需要有中、小、微型企业的推动。

中小微型企业对黑龙江省的产业升级推动可以表现在两个方面。

首先,黑龙江省的中小微型企业的比重相对较低,通过发展中小微型企业能够弥补大型企业尚未发展到的角落。中小微型企业,尤其是小微型企业不仅在第二产业有着较高的比重,在第一和第三产业同样有着优异的表现。大中型企业主要集中在第二产业,而与第二产业相关的生产性服务业通常无须较大的规模。大中型企业更倾向于集中有限的资源在某个领域占据主导地位,更愿意在相关服务业上采用外包的形式,这就给中小微型企业留下了发展空间。发展小微型企业,能够促进黑龙江省的三次产业结构调整,尤其是能够促进第三产业的发展,这对黑龙江省的产业结构升级是至关重要的。

其次,黑龙江省的中小微型企业的转移与升级,同时也提高了黑龙江省产业内部的结构调整。中小微型企业在发展过程中,通过科技创新,不断将落后的产业和产能进行淘汰,从而最终达到促进黑龙江省产业升级,提高经济效益的目的。相比较而言,中小微型企业有着更加灵活的机制,企业内部的升级也更加容易形成。因此,黑龙江省可以借助于中小微型企业的升级来促进产业的升级。

整体而言,黑龙江省的中小微型企业发展不足,尤其是小微型企业发展更是缺乏。通过发展中小微型企业以及促进中小微型企业的升级,能够弥补黑龙江省发展不足的产业,从而促进产业结构的整体升级。

7.3 “四化”推进黑龙江省产业结构升级的创新驱动模式

创新驱动产业结构升级成为当前中国最关键的问题，同时也是黑龙江省产业结构升级中的重要部署。在前面的章节中，我们指出创新驱动可以通过促进工业化、城镇化、农业现代化以及信息化的发展而带动产业结构的优化升级。创新驱动包括技术创新驱动和制度创新驱动，在技术创新和制度创新的共同作用下，结合黑龙江省的资源优势，黑龙江省可以在产业结构升级优化方面进行一系列的实践模式探索。

7.3.1 技术创新驱动黑龙江省产业结构升级的模式

技术创新是一国产业在国际市场上竞争的根本所在，也是一国产业结构不断升级的重要驱动因素。技术创新带来的影响包括信息产业的快速发展、传统工业采用新技术、农业新技术的使用、城乡现代化水平提高以及产业生产要素投入的改变，都会带来产业结构的升级。随着欧美国家开始“再工业化”，技术创新对黑龙江省当前产业尤其是第二产业的发展具有重要的意义。

7.3.1.1 “信息产业”+“产业扩张”

从各国技术创新的情况来看，技术创新主要集中在原材料工业、装备制造业、消费品工业、信息产业，其中信息产业的发展具有重要的外部效应，因此在产业发展中具有重要的地位。信息产业大规模兴起于20世纪90年代末，起步相对较晚。但是，信息产业所带来的影响是巨大的，并成为西方发达国家和大多数发展中国家重点推进的产业。

信息产业是当前技术研发投入和成果最多的产业之一，并且其带来的技术进步是巨大的。电子信息产业的发展存在着两大发展规律，包括逐级递增规律和辐射联动规律，从而推动电子信息产业自身的大扩张。

首先，信息产业发展存在着逐级递增规律。电子元器件技术在短短的几年甚至数月之内就会出现新一代的产品，并且代替上一代产品。比如由于集成电路的进步，从20世纪70年代开始，中国市场上先后出现卡式录音机、随身听、CD机、MP3、MP4，又发展到MP5等多代产品，而每一代产品的出现都带来了一些新行业的产生，从而提高了产业结构的升级。

其次，信息产业存在辐射联动规律。电子元器件的新技术的应用范围广泛，从而形成了众多关联的产品和产业。在网络元器件技术的创新中,互联网行业有了大规模的发展,这种发展甚至呈现出几何级的倍增,催生了包括网络接入、网购、网游、电子邮件、网络视频等一系列的新产品。相比较而言,这些产业都是具有共同的基础信息技术,相互之间具有较强的关联性。

整体而言,信息技术的逐级递增规律和辐射联动规律促进了产业不断的升级与延伸。

当前,黑龙江省需要在新一代信息产业方面做出突破,实现从量到质的飞跃。信息消费作为新的经济增长点已经得到了广泛的认识,黑龙江省可以借助于此次机会发展新兴服务业,从而促进产业结构升级。发展方向包括云计算、大数据、移动互联网等新兴行业。通过发展信息产业的新技术、新产品以及新模式,黑龙江省的信息产业将产生较大的进步,从而促进产业结构高级化。

7.3.1.2 “传统工业”+“产业链延伸”

专业化的生产是全球化经济的重要趋势,也由此促进了一些全新的行业。黑龙江省有着相对较为优越的自然资源,这得益于中国在20世纪50年开始的产业布局,那时黑龙江省形成了一批传统产业。在近数十年中,黑龙江省依靠传统的工业推动了当地经济的发展。但是,由于体制等因素的影响,这些传统工业中技术创新的因素严重不足。

通过技术创新来促进传统工业升级是一项重要的举措,在世界各国有着广泛的应用,包括美国的“锈带”、英国的伯明翰等老工业基地等。技术创新不仅会直接促进传统工业的升级,同时也会带来产业链的延伸而带动地区经济发展。传统工业的发展主要是依靠制造来实现的,生产过程中需要使用大量的资源和劳动力。但是,随着生产技术或者现代信息技术的发展,传统工业需要使用更多智能化的因素,无论是生产效率还是产品质量都会有着大幅度的提升。在智能化水平提高的过程中,传统产业不断向高端环节延伸,从而产业不断升级。除此之外,传统产业升级过程中会出现一些过渡型和新型企业,从而会不断出现相关联的新产业。这些新产业属于原有产业链的延伸,通过精细化发展逐步形成独立的分支,带来了地区产业大规模的增加。借助于传统产业进行技术创新,既能促进原有产业的升级,也能促进相关产业链的延伸。而这些相关企业具有相对较高的技术水平、高生产效率以及高附加价值,最终带动了产业结构的优化升级。

在过去的数十年中,大量传统工业限制了黑龙江省的产业结构提高。但是,在新技术日益发展的今天,基础传统工业给黑龙江省带来了新的契机。产业具有一定的生命周期，短期内大规模发展相关产业可以带来地区经济的快速发展，但是在一定时期后又会面临着产业整体被淘汰升级的困境。从国际形势来看，黑龙江省的传统产业并没有进入衰退期，尚有较大的发展空间，只是需要通过技术创新实现更低的产能消耗和更高的生产效率。将传统企业与技术创新相结合，这不仅提升了传统产业的技术水平，也给黑龙江省带来了新的产业发展方向，产业结构有望快速升级。

7.3.1.3 “农业”+“交叉产业形成”

现代化的农业生产需要依靠科技发展，包括农业技术、生物技术、信息技术、航天技术、新能源技术、海洋技术等一系列的新技术。技术的快速发展在农业中的应用越来越多，从而促进农业向生态农业、高效农业和现代农业发展，实现农业经济的高效、绿色、生态与循环发展。

技术创新对农业经济发展带来的贡献是多个方面的，如下所述：

首先，农业生产技术的创新，带来了农业种植和养殖等结构的变化，从而引起了农业产业结构的变化。近些年，世界人口在不断地增加、人均耕地面积在不断减少，但是我们也发现了农业经济并没有面临着特别大的压力，而这主要得益于现代农业技术创新。农业生产技术的创新主要是指农业生产方法的创新，包括栽培技术、饲养技术、培肥地力技术、防疫技术、灌溉技术、捕捞技术等的提高，从而提高了农业生产的效率。

其次，相关产业技术进步对农业生产效率有着较大的影响。现代生物技术为农业种植物的选种、动植物的品质选择与培育提供了极大帮助，选择出最优越的品种，从而提高生产效率；信息技术的发展则广泛应用于农业器械，通过与工业的结合促进农业劳动力投入和农业生产效率的提高；航天技术的发展对农业的生产过程和状况有着重要的影响，包括育种、遥感技术指导农业生产、卫星监测和估产等多个方面促进高效农业发展等。

在传统农业借助于技术创新而向现代农业推进方面，黑龙江省走在全国前列。当然，我们也看到，与发达国家相比，黑龙江的农业经济中对技术创新的应用是严重不足的。黑龙江省可以借助于传统农业现代化的过程，大力发展与之相匹配的现代化的服务业，形成良性互动的局面促进农业产业内部结构提升以及第三产业的快速发展。

7.3.1.4 “新型城镇化”+“服务业扩张”

在城镇化发展的最初阶段，大量从农村转移至城市地区的劳动力通常会选择在一些非正规部门就业，其中以拉美国家最为明显。而这些非正规的部门是城市服务业中的重要组成部分，其在技术创新下逐步发展壮大而形成服务业中独立的产业。

技术创新对新型城镇化的影响是多方面的，通过技术创新不仅可以促进相关部门的生产效率提高，同时也可以通过城镇化的推进而促进服务业的扩张。

首先，技术进步促进非正规部门正规化。非正规部门最大的问题是管理水平低下、企业零星生产，而在先进技术创新尤其是信息技术的推动下，非正规部门逐步向正规化转变，并且相关产业发展逐步壮大，这推动了服务业扩张。

其次，技术进步推动了农业经济的发展释放出大量农村剩余劳动力，而新型城镇化的发展对农业劳动力有着新的吸引力，从而农村剩余劳动力在这种技术进步的推动下从农业部门逐步向城市现代化部门转移。而转移至城市地区的农村剩余劳动力有很大一部分在第三产业就业，从而推动了服务业的扩张。

最后，技术进步尤其是信息技术推动了科教文卫等社会公共事业的发展。当前中国多个城市在构建智慧城市，利用信息技术促进中国城镇化质量的提高，从而也推动了社会公共事业工作效率的提高。目前国内多个城市开始构建智慧交通项目等，以治理城市拥堵等一些社会问题。

整体而言，黑龙江省可以借助于新型城镇化的发展来推动本省产业结构的升级。通常而言，城镇化的过程伴随着产业的升级。借助于技术创新，黑龙江省在城镇化推进过程中有望大幅提高第三产业的比重。

7.3.1.5 “要素替代”+“产业内部结构提升”

技术创新不仅包括全新技术的出现，同样也包括一些生产技术的改进。企业在生产过程中通常需要使用多种投入要素，包括劳动力、资本和技术等。不同行业对要素的需求存在一定的差异，不同行业也因此而被划分为“劳动密集型”、“资本密集型”或者“技术密集型”企业。在一国经济发展的过程中，产业通常从“劳动密集型”向“资本密集型”再向“技术密集型”推进。

生产技术的进步包括“劳动节约型”和“资本节约型”的技术进步，在早期对技术进步的研究中对此已有所阐述，其可以促进企业生产效率的提高。对于企业而言，要素价格变动可能会引起企业对一些要素的需求增加或者减少，使用不同的要素组合进行生产。随着一国或地区资本积累的增加,本国或者本地区的资本要素价格将会变得相对便宜,从而企业生产过程中会使用更多的资本替代劳动力。多数时候,这些国家或者地区会选择发展新的产业推动经济的发展。但是,在生产技术进步要素相互之间可以替代,即使是以往的“劳动密集型”产业现在也可能会变为“资本密集型”,从而产业出现了内部结构提升。通过新技术使用和要素的替代,浙江省的一些传统的“劳动密集型”产业纷纷转型为“劳动技术密集”产业以及“劳动知识密集”产业,这突破了以往对劳动密集型产业的定义,浙江省近年来产业转型和经验值得借鉴。

同样,黑龙江省可以通过技术创新对传统的劳动密集型产业和资本密集型产业进行生产技术的变革,促进企业在生产过程中的要素投入,增加生产过程中资本和技术的使用,从而促进产业逐步向“资本密集型”和“技术密集型”产业转移,变传统的“轻工”、“纺织”等行业为“技术密集型”产业。

7.3.2 制度创新驱动黑龙江省产业结构升级的模式

创新是多方面的,包括技术的创新和制度的创新等。上文中我们探讨了技术创新推动产业升级的模式,其主要是技术创新推动某个因素的发展,从而推动传统产业的改造升级或者滋生出新产业。除了技术创新能够促进产业结构的升级外,我们也可以在制度方面进行创新,并最终达到促进产业结构升级的目的。

7.3.2.1 “多种所有制”+“产业错位发展”

黑龙江省的产业所有制构成中一直以国有经济和集体经济为主体,私营经济和外资经济比重相对较低。多种所有制的形成,不仅有利于企业之间的相互竞争,而且能促进地区经济的竞争力。同时,多种所有制经济的形成能够促进一些空缺产业的形成。

黑龙江省可以在多种所有制方面取得突破,重点发展相对较为空缺的产业。从中国沿海地区私营经济的发展来看,这些空缺产业主要集中在劳动密集型产业,如轻纺、食品加工等。当然,其中也有部分私营企业从事一些资本和技术密集型产业,但比重相对较低。沿海的私营企业最初形成时主要是“家庭作坊式”,企业生产效率相对较低。而沿海的外资企业最初是通过一些优惠政策引进,整体而言生产效率也是相对较低的。但是,随着中国经济水平的快速发展,外资引进的质量越来越高,并且逐步渗透到了服务业。甚至,一些企业将自己的研发等高附加值价值部分迁移到中国。当前,黑龙江省的外资企业和私营企业的比重都是比较低的,而且为了促进当地经济发展的活力,也需要重点发展相关行业。对于黑龙江省而言,需要在制度上进行一些创新,在引入外资企业和发展私营企业上需要有明确的规划,重点鼓励发展一些相对较为空缺的行业,营造非公有制经济发展环境给予大力的政策支持。

很多地区在发展私营企业和外资企业时出现了大量的产业重复建设,并最终引起产品滞销、产能过剩并导致企业破产。而黑龙江省需要避免这种问题再次出现,因此在最初的产业发展中需要有所偏重。通过错位发展,不同所有制企业能够各司其职,产业之间构成衔接,从而实现更加完善的产业链,并促进产业结构升级。

7.3.2.2 “上游产业链式招商”+“产业链式发展”

黑龙江省在传统产业发展方面有着一定的优势,可以借助这种优势发展成龙头企业,并进行“链式招商”,从而实现产业链式发展。“链式招商”是产业升级的一条重要途径,但链式招商也存在着较多的困难。尽管各省都在推行链式招商,但除非有着特定的资源优势,否则难以成行。

相比较而言,黑龙江省在一些传统行业上具有绝对的优势,并且在技术创新的驱动下也有着一定的发展。黑龙江省的传统产业通常具有规模大的特点,在本行业中具有重要的地位。正是由于传统产业重要的地位,其为黑龙江省发展相关产业提供了机会。通过壮大传统产业,实现产业在某个领域的控制地位,这吸引一些配套下游企业落脚在本省。整体而言,下游企业比上游企业有着更高的资本和技术投入,最终由于新加入的下游企业推进了“产业链式发展”,而实现了产业结构升级。黑龙江省在链式招商中已经获得了成功的经验,由中航工业东安、中航工业哈飞牵头的哈尔滨航空产业“链式”架构已经形成,并吸引了大量重量级的下游企业入园。但是,目前黑龙江省在上游产业链式招商上还有很多需要大力推进的领域,上游企业链式招商还有很大的发展空间。

值得一提的是,黑龙江省在上游企业链式招商中还需要做强上游企业。在选择相关行业时,需要以本身所具有的优势推动链式招商。黑龙江省在农业经济中具有重要的地位,控制着农深加工业的原材料;与此同时,黑龙江省在一些自然资源方面也具有绝对的优势,资源密集型产业也可以作为其发展的重点。整体而言,通过这种模式能够延长产业链,从而促进地区产业结构升级。

7.3.2.3 “区域内产业转移”+“产业集群发展”

产业具有一定的生命周期,并且地区的比较优势也在不断地变化,因此产业在一定时期内会出现转移。产业的转移可以是跨国的,也可以是跨地区转移的,两者有着一定的相似之处。借助于产业转移的机会,黑龙江省可以产业集群发展方面做出创新,从而实现产业结构的升级。

产业集群发展是产业发展到一定阶段之后的必然要求,在国外有着很多著名的产业集群区。产业集群发展有着众多的原因,包括产业具有正外部性、竞争促进技术进步、上下游产业关联等通过产业集群化能够促进产业融合化,进而实现产业生态化与发展循环经济。但无论是何种原因,产业集群发展是促进地区产业结构升级的基础。黑龙江省可以依据现有基础产业,在吸引 FDI 和国内其他地区转移企业的同时调整省内产业,促进省内产业转移而形成具有规模的产业园区。将产业关联性比较强的产业安排在几个地理相邻近的产业园区,增强企业之间的交流并减少企业间交易成本,从而实现企业成本的最大化。在产业集群中通过企业之间的竞争以及不断合并重组形成龙头企业,不断促进产业升级,从而保持产业长期具有竞争力。产业集群的发展不仅包括制度方面进行创新,在科技、金融、管理、制度、商业模式等方面都可以实现创新,实现产业集群而促进产业结构升级。

当前黑龙江省在产业集群方面已经做出了一些工作,但是对于产业集群实现的模式上还需要进行一些调整和探索。借助于产业区域内转移,实现产业的重新选择区位并发展集聚经济,这也是黑龙江省在制度创新方面实行产业结构升级的又一重要的着力方向。

7.4 本章小结

黑龙江省通过“四化”推动黑龙江省的产业结构升级,逐步实现农业经济现代化、工业经济高端化、服务业质量化,实现城乡一体化发展、解决产能过剩问题、满足居民日益增加的高质量服务需求。

黑龙江省产业结构的升级需要依靠“四化”以及与“四化”相关的产业链和所有制结构调整。根据黑龙江省的省情,黑龙江省可以依靠信息化带动传统产业升级、借助于城镇一体化推动服务业发展以及农业现代化促进交叉产业的形成与升级。当然,黑龙江省还可以选择培养高新技术产业、发展金融服务业以及将传统的产业不断地向下渗透。而在所有制的调整方面,黑龙江省可以重点选择发展外向型经济以及中小微型企业,以弥补现有大企业发展中所空缺的部分,从而促进产业结构升级优化。

黑龙江省可以根据本省的一些优势,在升级模式上进行创新,包括技术创新和制度创新所引起的升级。在技术创新方面，黑龙江省可以选择“信息产业+产业扩张”“传统产业+产业链延伸”“农业+交叉产业形成”“新型城镇化+服务业扩张”“要素替代+产业内部结构提升”等几种模式促进产业升级优化。而在制度创新方面，黑龙江上可以选择“多种所有制+产业错位发展”“上游产业链招商+产业链式发展”以及“区域内产业转移+产业集群发展”等模式促进产业升级优化。

第8章 “四化”推进黑龙江省产业结构升级的对策研究

前文中,我们论述了通过“四化”同步发展推动黑龙江省的产业结构升级,并最终达到推动地区经济发展的目的。在“四化”同步发展推动地区产业结构的升级中,黑龙江省需要根据自身省情,采取一系列的对策措施以实现这一目标。那么,黑龙江省又应该如何结合自身优势,需要采取怎样的措施来实现创新驱动推动产业结构升级、信息化和工业化深度融合、工业化和城镇化良性互动推进产业结构升级以及城镇化和农业现代化相互协调推进产业结构升级呢?本章主要从黑龙江省的省情出发,提出相应的对策。

8.1 创新驱动产业结构升级的对策

创新是经济持续发展的保障,也是产业结构升级最重要的推动力量。政府需要在创新人才形成以及创新成果转化方面给予大力的支持,以此来促进创新驱动产业结构升级。在创新驱动产业结构升级方面,政府需要联合多方面的力量进行引领,促进相关部门进行协同合作实现创新驱动。

8.1.1 加快产业创新人才团队的形成

各产业的升级是产业结构升级前提。产业升级需要借助创新驱动,而创新实现技术知识累积和创造新的生产要素则需要依靠创新人才。当前,全国各地都在创新人才上大做文章,通过各种渠道吸引人才,形成具有竞争力的人才团队。黑龙江省在创新人才的激励方面目前相对较为滞后,这也导致了创新人才逐步流失。

在专业化分工越来越明显的今天,创新驱动的形成难以依靠个人的力量而形成。创新团队的形成是创新形成的重要渠道,而创新团队的形成可以通过多种方式来实现。首先,通过引进人才构建创新团队。创新人才的引进对一些科研相对较弱的地区而言是实现创新相对较为迅速的方法。创新人才的引进中需要重点引进领军人才，这可以通过企业引才与政府引才相结合的方法来实现。在引进领军人才的同时，还需要引进紧缺人才和海内外智力作为后备力量。在创新人才引进的过程中，应重视创新人才团队的形成，让引进创新人才更加富有成效。其次，通过培育本地人才构建创新团队。黑龙江省的科研人才在全国具有一定的竞争力，但大量的科研成果和人才在近些年不断流失，对黑龙江省的产业发展产生了一定的影响。结合引起人才的优势和培育本地的创新团队来共同促进本省产业的持续创新发展。在培育人才团队中，促进应用型人才与理论型人才的交叉融合，从而形成更加富有应用价值的研究成果。通过引进与本地培育两条途径，黑龙江省可以在创新人才团队的形成中做出一些开创性的工作。

在创新人才团队的形成中，地方政府需要在多个方面通过体制、机制创新建立产学研协同创新机制，激发中小企业和科技人才、个人的创新活力。无论是领军人才的引进，还是紧缺人才和海内外智力的引进，地方政府都需要整合力量并提出创新创业人才评价激励制度与政策落实，通过激励机制的设计来促进创新人才引进并发挥其作用。

8.1.2 加快创新成果的转化与产业化的发展

创新成果如果没有转化，则无法形成生产力。每年国内外都有大量的研究成果，国内研究成果转化率极其低，这造成大量资源的浪费。创新成果和企业生产中间缺乏一定的通道，从而导致创新成果难以转化。

创新成果转化需要孵化基地，也就是一些中试的车间、工厂等。产学研的结合是一条成果转化的通道，但是当前也面临着很多的问题。在产学研的过程中，其对于研究的内容需要有着一定的指导，否则研究成果可能脱离实践。众多研究成果都是有价值的，但过于超前也不利于成果的转化，因此需要对研究给予一些实践的指导。但是，政府不宜过于干预研究项目，否则会导致研究缺乏前瞻性。产学研相结合中科研单位、高校与企业有着不同的需求，这造成了最终结果存在较大偏离。政府在这方面需要做协调工作，将理论研究和应用研究进行结合，并对应用研究与企业需求增设中间环节，这样可以促进科研成果不断转化为生产力，并促进企业生产效率的提高。而在研究成果的分配上，政府也需要制定一些措施促进合作形成。在成果形成后，政府需要给予保护。很多企业在投入大量的资金和人力后，所研究的成果没有得到保护，短期内被大量模仿，从而导致企业不愿投入研发。很多企业或者研究人员在产业化方面缺乏一些资金，因此政府需要通过在金融政策通过金融部门给予大力的扶持，积极发挥中介部门作用，以尽快实现科研成果的转化。

创新成果的转化是当前黑龙江省创新中最欠缺的一项，也是通过创新驱动产业结构升级至关重要的部分。创新成果转化过程需要建设成果转化孵化基地。从目前我省的成果转化情况来看，孵化基地建设还是很有必要的。对于一些更加具有通用性或正外部性的成果，政府则需要进行买单以促进创新成果的转化。

8.1.3 制定创新激励机制促进创新的形成

产业结构转型升级有着一定的规律，在市场经济下，市场导向会推进产业结构转型升级。政府的干预适应市场导向合适，则会促进产业结构逐步优化升级。反之，如果政府的政策不合理，违背市场规律则会引起产业结构的长期难以升级。政府在市场经济中需要制定更多的创新激励机制以促成产业结构转型升级。

激励机制可以是面向个人、企业甚至政府的。在激励机制作用下，微观主体有着主观能动性，从而在追求微观主体利益最大化时带动产业升级。首先，对于个人的激励可以从工作环境、待遇以及相关成果占有股份等几个方面来进行考虑。对于有着杰出贡献的个人，应给予高额奖励，从而刺激个人的潜能。其次，对企业的激励包括资金的扶植、政策的优惠以及知识产权的保护等方面。在设计激励机制时，需要将个人与企业联合考虑，以促进创新的转化与产业化形成。对于获得高评估的项目，政府应尽一切可能给予大力扶持，以促进产业的形成。再次，对于政府的激励主要从考评等角度给予支持，包括资金的支持、政策的支持以及人才的培养的投入与产出评估。

激励机制的设计是创新驱动产业结构升级过程中的重要部分，在信息非对称的情况下，需要设计激励机制以激发微观主体的主观能动性。微观主体个人、企业以及政府有着不同的追求目标，往往会导致创新最后无法促进生产力的发展。无论是技术还是制度方面的创新，通过激励机制的设计都可以实现最优化，并最终促进黑龙江省的产业结构升级。

8.2 信息化和工业化深度融合推进产业结构升级的对策

信息化和工业化的深度融合是有利于提高工业化效率的，加快经济发展方式转变，尤其是在信息技术快速发展的今天显得尤为重要。对于黑龙江省老工业基地，“两化”融合为装备制造体系提供了更高技术水平和竞争力。在国外也有大量的通过类似方法已经获得工业基地再次发展的案例。黑龙江省在信息化和工业化深度融合中，可以从以下几个方面着手。

8.2.1 拓宽“两化”融合支撑能力服务水平

黑龙江省的信息化与工业化融合的水平目前还比较低,后期有大量的工作需要来完成。从现代社会的专业化分工角度来看,通过提升服务水平来支撑工业化和信息化的相互融合是未来的重要趋势。相关的服务性的工作可以通过政府或者第三方咨询服务部门来完成,也可以通过政府与第三方的咨询服务部门共同来推进。

政府在促成工业化和信息化融合方面,主要工作包括做好信息化与工业化相互融合的评估和支撑服务工作。政府首先需要对一些重点行业和重点地区的企业进行筛选,有针对性地选择一批最具有潜力的工业企业进行信息化,同时对一些新成立的企业给予更多的信息化指导与支持。政府在支撑服务方面主要从事牵线搭桥的工作,为有工业化与信息化融合愿望的企业提高相关的线索、优惠条件等。相比较而言,相对独立的第三方中介机构更加具有效率,可以联合各方面的力量实现工业化与信息化的融合。通过第三方机构,政府部门也从直接干预市场转向间接引导市场,从而实现计划与市场的相结合。第三方咨询服务市场加速了知识的总结、提升和转化,提高了整个工业化与信息化相互融合的效率,真正地实现了国家政策、社会投资需求等多方主体的需求匹配。

政府要推动信息化与生产性服务业融合发展,加快生产性服务业的现代化。推动大型工业企业基于供应链管理的电子商务协同应用,推动行业第三方电子商务服务平台向全流程电子商务服务升级。鼓励制造企业与专业物流企业信息系统对接,推进制造业采购、生产、销售等环节物流业务有序外包,推动行业性、区域性和面向中小企业的物流信息化服务平台发展。

总体而言,信息化与工业化的促成需要多方面的力量来共同推进。信息企业和传统工业企业是“两化”融合的主体,其主观能动性具有绝对性的作用。而第三方或者政府部门所提供的服务同样决定着融合的最终发展。因此,在工业化和信息化的融合中,通过服务水平的提升能够实现“两化”的相互融合。

8.2.2 深化信息技术集成应用加快企业信息化改造

在传统工业企业的改造中,很多改造具有相似性。将不同企业改造中一些共性的内容进行总结,并进行信息化集成是黑龙江省对传统工业改造的一条重要途径。黑龙江省的老工业主要集中在几个行业,如能源装备制造、煤化工、石油化工、食品加工、交通运输设备制造、农机制造等,这些传统的产业相似性更强。因此,对于黑龙江省而言,深化信息技术的集成应用更加便于企业的信息化改造。

在企业的信息化改造中,当前已经有一定的经验可寻。最终在企业中的信息技术集成应用主要是生产中成本的控制、销售成本的控制、库存的控制等一些成本的控制。目前,已经广泛使用的包括企业资源计划(ERP)等软件。企业的成本控制是多个方面的,这也决定了企业在信息化进程应用方面可以多点突破。供应链物流管理在当前企业管理中应用也逐步出现,通过这种物流管理系统能够实时地掌握企业货物的进展情况。此外,仓储系统的使用也越来越普遍。而我们也可以构建一个总体的系统,对不同的软件进行数据交换和整合,构建统一的数据集成平台。整体而言,目前对于企业信息化的集成主要还是在一些相对较为普遍的程序,对某些行业或产业相对较为独特的部分信息化集成不足。在企业生产过程中,生产流程的电子化信息化是更加重要的一环,通过这些环节的实施能够直接促成某一企业的信息化大改造。要以信息化创新研发设计手段,把增强传统制造业自主创新能力作为关键环节,支持产业链上下游企业协同设计。推动生产过程信息技术继承应用,推进企业管理信息系统的综合集成。

由于信息化集成的应用相对成本较低,更加具有效率,因而可以加快黑龙江省的企业信息化改造。对黑龙江省而言,由于大量的企业分布在某几个传统的行业中,因此通过信息化集成可以大量节省成本,同时也可以快速地推进企业信息化的改造。

8.2.3 不断完善推动“两化”融合的政策和引导体系

信息化和工业化的深度融合需要政府相关政策的支持,将市场和政府两个方面进行有机的结合。通过政府的政策支持以及相关的引导体系可以推动“两化”的相互融合。黑龙江省在产业结构的调整方面需要通过政府的政策引导来促进“两化”的融合,在这其中,政府的引导体系构建尤为重要。

“两化”融合是经济发展到一定阶段的本质要求,正因为如此,中央政府才对此给予了足够的重视。对于企业而言,由于大规模的技术变革需要较大的成本,因此很多企业对工业化与信息化的融合并没有太多的积极性。从经济学的角度来看,企业是追逐利润最大化的,如果企业从变革中没有能够实现利润,或者企业变革投入的成本超过其额外所获得的利润,那么企业将会失去主动变革的动力,市场机制会失效。此外,多数企业经营过程中并没有长远的眼光,它们对短期利润的追求超过了对长期利润的追求,这也导致很多企业的决策是短期的。从代理人的机制中我们也可以知道,作为企业决策者通常会选择短期行为。而工业化和信息化的融合我们不能仅仅从短期的视角来考虑，其更多的获益是在未来的几年中产生的。工业化和信息化的融合不仅能够增加企业未来的收益，同时还可以让企业在未来的市场竞争中更加具有竞争力。引导资金、财政贴息、税收优惠等形式可以支持面向地方产业集群发展的信息化技术和服务平台建设。

正是由于企业的短期目标与长期行为之间存在着极大的冲突，因此企业的技术变革需要有政府的参与。政府一方面可以通过制定相关的政策制度不断推进工业化与信息化融合，包括提供技术支持、资金支持等；另一方面，政府可以通过行业管理部门组织开展示范和行业评估工作，鼓励和支持地方梳理示范企业，可以对一些行为给予鼓励并加以引导，从而促进工业化与信息化深度融合而带动黑龙江省的产业结构升级。

8.2.4　推进经济社会信息化拓展“两化”融合的范围

工业化与信息化的融合不仅体现在企业内部，同样体现在经济社会的信息化方面。信息化具有广泛的应用型，其可以涉及经济社会生活的每一个领域。经济社会的信息化一方面可以带来产品销售渠道的多样性，另外一方面也可以提升工人的日常信息化产品的使用，从而给企业带来更高的生产效率。

经济社会的信息化是更广的内容，其涉及社会的方方面面。现代社会并不是一个独立的个体，其相互之间形成了交错的网络。经济社会的信息化则通过这种交错的网络形成了强有力的外部溢出效应，从而能够对工业化与信息化的融合提供支撑。目前，我国大多数企业的信息技术的水平应用还比较低，而中小企业对信息技术的应用也认识不足，这导致了我国的工业化与信息化相互融合的水平不高。在整个社会信息化水平提高的同时，为了能够满足企业生产经营的需要，很多中小企业在社会信息化高水平的推动下会对信息化有着更深的认识，也会有着更多的需求。而在经济社会信息化水平不断提高的社会中，工人对于信息化产品的操作也会更加熟悉，从而中小企业可以减少大量的人员培训费用。

整体而言，无论是对于整个社会还是对于单个企业，经济社会的信息化都是有益的。通过经济社会的信息化，黑龙江省可以实现“两化”融合在外延上的扩大，从而在更广的范围内实现“两化”融合，并能确保“两化”融合的后劲充足。

8.2.5　以大数据产业发展推动“两化”融合的深化

随着计算机处理能力的扩张以及网络技术的快速发展，大数据的发展成为未来产业发展中的重要因素。大数据正在成为各国经济发展中的继云计算、物联网等信息技术领域的又一热点。地区大数据的发展水平如何,直接决定地区未来的竞争力。

大数据的真正价值在于数据分析和挖掘,通过对现有的数据进行总结分析。如果只是简单的巨量数据,那么这种数据并不存在价值。只有通过不断地加工、挖掘,大数据才能有意义。大数据的出现推动了信息化产业的发展,这种衍生的商业模式不仅推动了硬件的发展,同时对软件的推动作用也是巨大的。在“两化”深度融合的背景下,无论是源于工业企业内部的数据,还是源于网络所获取的消费者个人偏好的数据,都具有重要的价值。在大数据产业的推动下,工业化与信息化的融合会出现新的方向和趋势,从而进一步扩大现代工业化与信息化的融合广度和深度。

整体而言,大数据产业的发展是当前黑龙江省经济发展中需要重点关注的内容,在大数据产业的推动下,工业化和信息化的深度融合可能会出现一些新的特征和要求。通过大数据产业的发展带动“两化”深度融合,是当前黑龙江省通过“两化”融合促进产业结构升级的重要方向。

8.3 工业化和城镇化的良性互动推进产业结构升级的对策

工业化和城镇化的互动发展是产业结构升级的重要动因。城镇化为工业化提供了广阔的外部环境和丰富的资源,包括提供源源不断的产品购买力和劳动力,而工业化为城镇化提供了相应的物质基础和良好发展条件,两者相互推进。

8.3.1 大力促进产业集群发展:构建科学的城镇体系

产业集群实现了专业化的分工,企业可以更充分地利用规模经济和比较优势所带来的好处,从而实现企业利润的增加。现代城镇体系的构建需要在产业方面做出更多的规划,从而实现“产城互促”、“以产兴城”。

整体而言,我国的城镇化发展是明显滞后于工业化的,这与我国存在大量的剩余农村劳动力以及外向型经济是密不可分的。从黑龙江省来看,中小城市和县域,由于产业聚集程度低,工业化水平低带来了生产性服务业发展的滞后,这与产业发展模式也有着直接的关联。从地区的产业分布来看,产业相对较为分散,从而无法充分发挥规模经济和外部性所带来的好处,工人的收入水平长期难以提升。在城镇化的建设中,以工业化带动城镇化发展是各国普遍存在的规律。如何利用产业发展带动城镇化发展显得尤为重要。通过产业集群发展,极大地提高了企业的利润和规模,从而企业工人的收入水平有望大幅提高。大量农村人口向城市的转移可以借助于产业集群的调整机会,在产业集群地建立新城。

产业集群发展是产业发展到一定阶段的规律,尤其是对黑龙江省城镇化尚未得到充分发展的地区而言,在未来的一段时间内城镇化发展的推动仍然依赖于产业的发展。通过产业集群的发展,根据现有人口的特征,有序地建立新城镇,可以完善现有城镇体系和现代产业体系。

8.3.2 深化和完善工业化和城镇化协调发展的制度体系

在工业化和城镇化的发展过程中,在市场经济的推动下工业化总是会滞后于城镇化,直到所有的农村剩余劳动力完全转移。因此,在工业化和城镇化的发展过程中一定需要完善的制度体系来保障城镇化。

工业化的政策体系包括产业的规划、利用税收等杠杆促进产业结构升级优化、鼓励科研创新与产业的融合以及通过能源资源支撑体系、现代交通运输以及人力资源支持等促进产业发展。城镇化的发展政策体系则包括户籍制度的改革、劳动就业制度的改革、社会福利保障制度的完善、投融资体制的形成发展等。工业化的政策体系与城镇化的政策体系中存在部分交叉的部分,通过发展这些交叉的部分能够形成完善的工业化和城镇化的相互协调制度体系。比如,通过工业企业的就业与户籍制度的融合,长期在城市打工的农民工可以给予绿卡、户籍。再如,人力资源的发展与劳动力就业制度的结合,实现了有针对性的批量转移技能劳动力等。建立健全社会保障制度实现社会保障体系城乡全覆盖将有力促进工业化与城镇化协调互动。城市等管理部门应为加入城镇的居民提供及时的和有效的养老、医疗、子女教育等公共服务,为城镇化中的新成员提供同等国民待遇。

总体而言,深化和完善工业化与城镇化协调发展的体系,能够实现黑龙江省的工业化与城镇化的同步推进。工业化与城镇化的相互促进可以推进黑龙江省产业结构优化升级。

8.3.3 全面发展城镇服务业,改变城镇化水平滞后于工业化的状况

我国城镇化的发展主要是通过第二产业来推动的,第三产业对我国的城镇化发展贡献甚微。但是,从欧美一些发达国家城镇化发展的经验来看,第三产业尤其是一些非正规部分的发展在城镇化过程中同样具有重要的作用。

发展城镇服务业可以从多个方面促进我国的城镇化水平。首先,在城镇服务业的发展中,我们需要大量的批发零售和餐饮业的从业人员。很多从农村地区向

城市地区转移的劳动力,并没有转向第二产业,而是直接转到了第三产业。这种劳动力转移的模式一方面提高了当地的第三产业的比重,同时也为当地居民的消费提供了方便。其次,城镇化服务业的发展在人口大量集聚时更加容易形成。而农村劳动力的流入增加了消费人群,从而使得部分服务业能够得以发展。通过发展城镇化服务业,地区的城镇化水平会得到提高,居民的消费能力也会得到提升,从而促进了经济增长和改变了产业结构。

事实上,一些拉美国家的城镇化发展正是通过发展服务业而快速推进的。在很多城镇化超前的拉美国家如巴西、阿根廷等国,本国的服务业发展水平相对较高。在黑龙江省工业经济高速发展的同时,通过发展城镇服务业来改变滞后城镇化的现状无疑是重要的选择项。

从黑龙江省的实际情况来看,全面发展城镇服务业,尤其是推动城镇生产性服务业与先进制造业主动融合发展是实现产业结构升级的重要举措。第一,加强产业关联,构建生产性服务业与制造业的主动发展机制。通过引导和推动企业通过管理创新和业务流程再造,逐步将工业企业发展重点集中于技术研发、市场拓展、和品牌运作方面。而将一些非核心的生产性服务环节剥离为社会化的专业服务。有针对性地吸引国内或国外服务业进入我省,变城市的单纯制造业集聚为集成制造业与服务功能的产业链集聚。鼓励规模大、信誉度高、服务质量好的企业实施跨地区、跨行业兼并重组,促进生产性服务业的集中化、大型化、组织化,建立信息共享平台,健全服务中介体系,鼓励其为广大中小微生产企业服务,实现社会化服务与生产制造环节“无缝式”对接。第二,优化产业布局,大力推进生产性服务业的集聚式发展。引导制造业向大城市周边集中布局,在中小城市应进入产业园区集聚,依托制造业集聚,扩大生产性服务业有效需求,形成支撑产业发展的规模经济和范围经济效益。按照集聚发展强化辐射的要求,综合考虑城镇建设、交通网络、居住环境、节能环保等社会经济发展趋势等因素,科学合理地划分生产性服务业不同功能区域,以功能区、集聚区建设为载体,实现园区化管理、专业化服务、社会化和市场化的运作机制。通过规划布局、政策引导和必要财政支持等,实现生产性服务业区域性集聚。

8.3.4 积极完善中小城镇发展思路,为工业化发展提供平台

中小城镇的发展是中国特色城镇化发展的重要方向。当前,我国的大城市尤其是特大城市发展规模已经相当巨大,形成了世界上罕见的规模。而从城市的良性发展角度来看,大城市的发展在带来正效应时,也会带来诸如大城市拥堵、承载

能力超负荷等负效应,因此发展中小城镇是我国也包括黑龙江省当前城镇化发展的重点。

发展中小城镇能够为工业化的发展提供平台。地区工业化的发展,对本地的劳动力有着一定的要求。同时,地区工业化的发展也会带来的交通压力以及生态破坏等一系列的问题。在大型城市中,交通拥挤已经成为企业发展的巨大压力。从我国大型城市和特大型城市,如北京、上海等地的发展经验来看,工业企业会逐步从市区向郊区转移。这不仅是因为城市发展与工业经济之间存在着土地成本问题,同样对于企业而言,它们是难以承受城市拥挤成本的。在城市市区,企业对生态的破坏也是令人诟病的,企业的排污成本也变得极其高昂。通过发展中小城镇,一方面能够为企业提高所需的劳动力和技术工人,另一方面企业不会因为交通等而产生额外的成本。因此,发展中小城镇,能够为工业化发展提供全新的平台。

在"产城互动"中,其中的"城"更多的是指中小城镇,而其中的"产"更多的是指第二产业和生产性服务业。通过中小城镇的发展,工业企业有着全新的活力。并且,在中小城镇的发展过程中,企业的不断分化形成新企业的速度更加快。因此,通过完善中小城镇产业体系来为工业化发展提供平台是黑龙江省工业化和城镇化协调发展的重要路径。

8.3.5 大力发展城区经济与县域经济,加速县域经济工业化进程

黑龙江省作为老工业基地,在推进以人为核心的城镇化,推动大中小城市和小城镇协调发展中,一定要保持产业和城镇融合发展。在优化提升传统工业的同时,加速县域经济工业化进程。在现代大中城市的建设中,城市地区主要发展第三产业,而郊区和县城主要发展第二产产业。产业之所以选择不同的区位,是因为产业有着一些自身的特征。

中小城镇的发展需要服务业来推动,同时更需要工业化来推动。县域城区经济发展与繁荣对地区的经济发展具有重要的作用,发展县域城区的工业和生产性服务业可以吸引更多的农村剩余劳动力转向县域城区实现就地城镇化。这就要求县域工业经济发达,农村剩余劳动力转移之后能够在县域城区有着稳定的工作,从而实现真正的城镇化。县域经济的发展好坏,直接决定着城乡发展一体化的实施效果。通过加快县域工业化的进程,城区和县域经济的发展也将得到极大的推动,从而不断地吸引农村剩余劳动力的转移,并最终实现工业化与城镇化的良性互动。

加快县域小城镇产业发展,建设县域现代化产业体系,应在推进城乡要素平等交换和公共资源均衡配置原则下,鼓励社会资本投向县域开办企业,允许企业和社

会组织在县域兴办各类事业，推进基本公共服务均等化。

具体对策思路：

第一，强化国家和省市政府对小城镇产业发展支持力度。提供小城镇产业发展所必需的道路交通、通信、水电暖等各类公共基础设施。结合地方区位、交通、资源优势，因地制宜地发展具有比较优势和市场潜力的主导产业和支柱产业。

第二，围绕城乡统筹调整优化小城镇产业结构，在加快推进新型工业化进程中，要积极推进小城镇产业结构升级，着力培育能够支撑小城镇产业发展的市场潜力大、带动性强的龙头企业和优势产业。将功能导向与因地制宜有机地结合起来，充分利用本地区资源、区位、政策等优势，重点发展加工制造业。积极发展农林产品深加工业和特色轻纺工业，适度有序地发展新型煤化工产业，重点发展一批“专、精、特”的中小型企业，提高专业化分工协作水平，大力发展服务业，包括生产性服务业以及餐饮、乡村旅游、批发零售等，积极运用高新技术改造传统产业，促进新型产业向小城镇拓展。

第三，按照功能导向原则，促进小城镇产业的集聚，发展循环经济。县域应积极主动地承接从大城市转移出来的具有劳动密集型特征的产业，利用小城镇土地、劳动力等成本较低的优势形成产业群，建设产业园区。政府要加大对县域工业发展循环经济的财政投入力度和科技支持，发展县域工业决不能影响黑龙江的绿色、生态农业的发展，因而要健全和完善循环经济的法律和制度。把产业园区建设成生态产业园区，建立生态环境补偿机制。

第四，强化科技创新，增强小城镇产业发展的科技创新能力，政府应支持完善技术创新中介机构，强化小城镇产业技术创新服务体系建设，通过激发企业技术创新内在动力，实现小城镇产业结构升级。

8.4 城镇化和农业现代化相互协调推进产业结构升级的对策

城镇的集聚功能导致了大量的农村剩余劳动力向城镇工业和服务业转移，农村剩余劳动力减少是加快农业现代化进程必要条件。农业现代化的发展是经济发展到一定阶段的必然要求，农业现代化又是城镇化进一步发展的基础。城镇化与农业现代化相互协调，能够推进黑龙江省的产业结构升级。

8.4.1 完善区域城镇结构体系，重点发展小城镇

大中小城镇协同发展、城乡统筹发展，应当成为未来我国城镇化的核心原则。农业现代化的发展中农业产业化的发展是极其重要的组成部分，通过农业产业化的发展，因地制宜地发展小城镇。产业园区发展成产业新城，促进了在县域内建设各具特色的小城镇，弥补了我国现有城市体系中大中型城市过度、小城镇不足的不足。其使县域主导产业从农业和服务业，随之也优化农业产业结构，提高了农业生产率水平。

改革开放后，黑龙江的小城镇发展速度极为缓慢。黑龙江省2010年城镇化率为56%，但主要是大中城市发展较快，垦区和林区人口为非农业人口，带来城镇化率的虚高，65个县(市)农业人口比重较大。大中型城市的过度发展既导致了生产效率的降低，同时也使得小城镇的大量资源被吸走，从而导致了小城镇的发展相对缓慢。在国外的一些发达国家，小城镇的发展是相当具有活力的，在逆城镇化阶段获得快速的发展。相比较而言，小城镇有着一些优势，从而在大中城市周边发展小城镇呈卫星状分布显得尤为重要。在构建哈尔滨都市圈、打造哈大齐牡城市带和建设东部城市群过程中，应加快发展小城镇，以百镇试点为带动，以农垦、森工城镇为突破，依托地理和资源优势，建设有条件的城关镇、重点乡镇和特色小镇，形成与区域中心城市和周边农村协调发展现代化新型小城镇体系。

在农业现代化的过程中，地区在农业和工业方面逐步形成相对具有本地特色的产业，并借此形成小城镇。小城镇的发展需要具有一些特色，而借助于农业现代化的发展也能够将小城镇发展得更加具有特色，从而完善区域的城镇结构体系，推进城镇化的快速发展。

8.4.2 完善县域现代农业产业体系，加强其与大中城市的联系互动

现代农业经济的发展离不开城市居民的消费，因此现代农业经济发展需要与大中型城市之间有着更加紧密的联系。黑龙江省应通过大中城市的示范带动效应，逐步推进现代农业经济的不断向前发展，逐步完善县域经济中的现代农业产业体系。

通常而言，现代农业经济的发展需要依靠城市的消费。与传统农业生产相比，现代农业不仅具有更高的生产效率，同时在农产品品质方面也是更胜一筹。黑龙江省现代农业经济中主要发展绿色农业、生态农业，并且在全国的绿色和生态农业中占据重要的地位。随着居民收入水平的提高，居民对绿色和生态农产品的需求

会不断地增加。而大中型城市的居民收入水平相对较高,因此也首先成为绿色和生态农产品的消费主体。更为重要的是,现代农业产业体系的构建中,相关农业生产组织在农产品的深加工过程中需要与大中型城市一些相对较为成熟的食品精深加工企业和大型商贸集团形成战略合作,从而推动农业产业化更高水平的发展。

黑龙江省是我国的农业大省和农业强省,也是现代农业化走在前列的省份。通过现代农业产业体系的构建,黑龙江省的农业与大中城市有着更加紧密的关联,故其促进农业产业体系与大中型城市与小城镇产业相互推动与协同发展。

8.4.3 城镇产业结构优化与农村产业结构调整相结合

城镇化的过程不仅是人口城镇化的过程,同时产业结构也需要逐步优化。在大量农村人口转移的地区,城镇化的产业结构优化与农村产业结构的调整是紧密关联的。农村地区作为地区经济发展的重要组成部分部分,农村产业结构的调整直接影响着周边城镇地区的产业结构。

农村城镇化或者县域内农村人口就地城镇化是城镇化的一种形式,城镇产业结构的优化与农村产业结构优化有着一定的关联。一方面,随着农村产业化的推进,农村中的第二和第三产业的比重会不断增加,而很多与之相对应的第二和第三产业分布在小城镇更加具有经济性,这也促进了城镇化产业结构的优化。农业产业化进程,促进了农业结构向一体化、专业化、科技化、生态化方向发展,从而也推动了城镇的结构不断优化。另一方面,城镇结构的不断优化尤其是服务业的快速发展也会推动农业经济的发展,因此在城镇化的过程中应不断推动农村产业结构的逐步调整。

我们可考虑以下对策思路:

第一,以建设国家现代农业示范区为引领,发展县域现代农业。黑龙江省有多个农业部认定的现代农业示范区,在保证国家粮食安全为首要目标的同时,加强农业基础设施建设,强化农业科技和装备支撑,完善农业信息化,创新农业经营机制,大力发展大宗精品农产品和特色农产品的生产与加工,使小城镇成为绿色农产品生产、加工、集散及与此相关的前后向关联产业的基地。

第二,加强县域城镇对农村的服务和辐射带动作用,发挥县域城镇作为黑龙江省城市裙带和大中城市与广大农村联系的纽带功能,从而可以更好地实现城市的资金、信息、技术等生产要素向广大农村地区流动,加大城市对农村、农业的反哺能力。

第三,在城乡产业结构调整与优化过程中,以实施主体功能区域战略为契机,转变县域经济发展方式。实施主体功能区域战略有利于从源头上扭转生态环境恶化的趋势,防止大中城市高污染企业转移到县域。以促进县域城镇产业集聚为依托,以县(市)级园区为中心,鼓励乡镇园区为县(市)级园区配套,在产业园区内要坚持低碳经济、绿色经济与循环经济,转变县域经济发展的方式,坚持实施主体功能区战略,实现城乡产业的绿色化发展。

8.4.4 促进城市基础设施和公共资源向农村延伸

相比较而言,城市的基础设施以及公共资源远远强于农村地区。在城镇化与农业现代化相互协调,推动城乡一体化的发展中,城市的基础设施以及公共资源需要逐步向农村地区延伸,推进城乡要素平等交换和公共资源均衡配置,从而促进农村地区的农业现代化更好的发展。

农业现代化的发展是建立在一定的农业基础设施基础之上的,同时还需要建设一些其他的基础设施。将城市基础设施向农村延伸,这本质上是对农民生活标准的一种提高,同时也是农业现代化的本质要求。农业现代化的发展需要农业产业化,而农业产业化则需要有工业化的标准,这种标准不仅是企业治理方面,同样包括一些公共资源和基础设施。而通过城市基础设施向农村的延伸,那么农业的产业化发展变得更加可行。农业现代化的发展过程中,城市基础设施和公共资源向农村延伸后,这不仅会改变农村地区的产业结构,同时也会改变整个地区的产业结构。

基础设施和一些公共服务部门归属于第三产业,而农业经济的发展和农业现代化在本质上同样需要基础设施和公共资源的支持。因此,随着农业地区经济的发展,农村地区的基础设施和公共服务部门不断增加,农村地区的第三产业比重也会增加,整个县域的产业结构有望得到提升。

8.4.5 在农业现代化与农村工业化进程中推进农村服务业的发展

我国经济改革始于农村,改革开放初期,农业与乡镇企业的发展对我国经济增长起到了巨大的推动作用。目前县域经济仍撑起了全国经济总量的半壁江山。2010 年我国县域 GDP 总和为 199 613 亿元,占全国 GDP 总量 49.8%,其中第一产业占全国比重为 80%,第二产业占全国比重为 55%,第三产业占全国比重为 37%,可见县域经济已成为中国工业发展的重要推动力。但是县域的流通业、商贸服务和社会服务业等产业发展还比较缓慢,占全国比重较低。

农林产品精深加工中需要更多的生产性服务部门,通过这些服务部门农业现代化产业体系才能真正形成。与工业产品相比,农产品和加工农产品对运输、冷藏保鲜等有着更高的要求。从而这也推动着农村物流业的发展,促进了农村服务业比重的提升。除此之外,无论是农产品还是加工农产品,随着市场经济的发展,相关的批发零售业都会有更多的发展。在农产品批发零售业中,农村地区具有相对独特的接近资源的优势,因此可以发展出大中型的零售批发型企业以及一些中介企业,从而不断推动着农村服务业的发展。在农业现代化和农村工业化中,不仅农村地区的第二产业会得到快速发展,第三产业同样会有较快的发展。

农村地区的产业结构提升是整个地区产业升级的重要环节,尤其是在农业现代化和农村工业化的阶段,农村地区与农产品相关的服务业也会得到大幅提升,所以应大力推进农村服务业发展,并最终促进农村地区的产业结构升级。黑龙江作为农业大省,粮食产量和商品粮居全国第一,所以应促进黑龙江现代农业与农村服务业融合发展,使现代农业成为第一产业与服务业的综合体。农业与服务业融合发展是多层次的。第一层次是产业层次的融合,具体体现为农业与服务业交互影响、相互渗透,产生新的业态,如农业旅游业、创意农业,都具有很多文化元素。第二层次是企业层次的融合,如中粮集团从贸易向产业链供应商的转型,如黑龙江的中央红集团、沃尔玛等,“农超对接”;哈尔滨大丰网是农业与电子商业融合。第三个层次是农业在其生产过程中大量的应用服务,如信息服务与农业的有机结合,农业生产的前期品种培育、土地耕作、种植方法设计、生产过程测土、配方施肥、植保、管理、质量安全控制和后期的产品营销、物流、品牌建设、期货交易等,都需要推进农村现代服务业发展,以实现农业产业升级。

8.5 本章小结

黑龙江省需要通过创新驱动推进产业结构升级,通过信息化和工业化的深度融合推进产业结构升级,通过工业化和城镇化的良性互动推进产业结构升级以及通过城镇化和农业现代化相互协调在推进黑龙江省的产业结构升级。

在创新驱动推进产业结构升级中,黑龙江省需要加快产业创新人才团队的形成、加快创新成果的转化与产业化的发展、制定创新激励机制促进创新的形成;在信息化和工业化深度融合推进产业结构升级的对策方面,黑龙江省需要拓宽“两化”融合支撑能力服务水平,深化信息技术集成应用,加快企业信息化改造,不断完善推动“两化”融合的政策和引导体系,推进经济社会信息化拓展“两化”融合范围,以大数据产业发展推动“两化”融合的深化;在工业化和城镇化良性互动推进产业结构升级方面,黑龙江省需要大力促进产业集群发展:构建科学的城镇体系,深化和完善工业化和城镇化协调发展制度体系,全面发展城镇服务业,改变城镇化水平滞后于工业化状况,积极完善中小城镇发展思路,为工业化发展提供平台以及大力发展城区经济与县域经济,加速县域经济工业化进程;而在城镇化和农业现代化相互协调推进产业结构升级方面,黑龙江省需要完善区域城镇结构体系,重点发展小城镇,完善县域现代农业产业体系,加强其与大中城市的联系互动,城镇产业结构优化与农村产业结构调整相结合,促进城市基础设施和公共资源向农村延伸,在农业现代化与农村工业化进程中推进农村服务业发展。

结　论

产业结构的优化升级是当前中国转变经济发展方式的重要途径，通过产业结构的升级能够逐步解决中国经济中存在的一系列的问题。“四化”同步发展是一种相对较为合理的发展方式，其体现了出协同论的核心，避免了产业结构失衡引起的消费失衡、贸易失衡、就业失衡、金融失衡等一系列的经济结构失衡。那么“产业结构优化升级”与“四化”同步与融合发展之间是否存在某种联系？“四化”同步与融合发展是否能够有效地解决产业结构失衡问题？对于特定的地区如黑龙江省，实现“四化”同步与融合发展需要在哪些方面做出突破？本书主要回答了这些问题。

一、主要研究结论与启示

通过对工业化、城镇化、农业现代化以及信息化对经济增长和产业结构演变的机理分析回顾，本书构建理论模型描述了工业化、城镇化、农业现代化以及信息化对产业结构的影响的演变过程，运用 2000 ~ 2012 年中国 31 省、直辖市、自治区的面板数据对黑龙江省的产业结构现状和困境进行了分析。

（一）不同工业化阶段应当适时推进“四化”发展

在一国经济发展的不同阶段，工业化、城镇化、农业现代化以及信息化会对经济增长产生不同的贡献。一国经济发展的最初阶段，通常通过工业化带动经济增长；随着本国经济的快速发展，本国的城镇化进程加快；在本国工资水平不断提高时，本国的农业现代化则能够释放出大量的农村剩余劳动力，从而实现城乡发展一体化;而如果想要保持经济的可持续发展,则需要信息化的推动。这样的经济规律在发达国家或地区的发展中是普遍存在的,并且发展中国家和地区也正在沿着这一路径向前发展。

这也给我们带来了巨大的启示:不同国家或者地区应当有针对性地推动本国或者本地区的"四化"发展,制定一些差异化的政策弥补本国或者本地区"四化"中相对不足的因素,为"四化"同步发展铺平道路。

(二)产业结构的演化进程与工业化、城镇化以及农业现代化的发展紧密相连

工业化、城镇化以及农业现代化通过一系列的因素影响着产业结构的升级。

工业化对产业结构升级的影响包括:

(1)劳动密集型与资本密集型产业之间的要素密集度的高低差异,差值越小产业演化的速度越快。

(2)农产品在消费者效用函数中的重要性,农产品对居民的重要性越强产业结构演化的速度是越快。

(3)资本积累的速度随着资本积累的增加而增加,产业结构演变出现先加速后减速的规律。

城镇化对产业结构升级的影响包括:

(1)居民的消费中非农产品的消费越多,则城镇化变化对产业结构演变的作用会显得相对较小。

(2)城市居民的收入差距越大,在城镇化过程中产业结构演变的进程也就越快。

(3)经济系统中居民的数量越多,则相同的城镇化率对产业结构的影响也是更高的。

农业现代化影响产业结构演变的因素：

(1)农业生产效率的提高是通过释放劳动力和提高居民收入水平来实现的，这能够促进县域和农村非农产业的发展。

(2)居民消费结构中非农产品的消费比重越高，产业结构演变越快。

由于不同因素对产业结构升级的速度不同，这也给我们带来了一些启示：本国或者本地区需要在产业发展梯度、消费结构、资本积累、城乡结构、城乡一体化发展等方面做出全面的协调，以促进产业结构的调整升级。

(三)“四化”同步发展能够对产业结构升级产生推动作用

从产业结构来看，中国与黑龙江省的产业结构都处于失衡的边缘，产业结构的失衡也引起了贸易结构等经济结构的失衡。与发达国家或者发展中国家同一时期的产业结构相比，中国和黑龙江省的产业结构都存在一系列的问题，这包括农业生产技术偏低、第二产业利润相对较低且处于低端、第三产业生产性服务业比重偏低等。不仅如此，产业结构升级也存在着一些障碍，包括要素价格扭曲导致的企业缺乏升级的主动性、技术水平落后导致的产业无法及时升级、滞后城镇化导致的产业无法升级。

通过“四化”推进能够有效地促进产业结构的升级：随着工业化与城镇化良性互动发展的增加，本国或者本地区的需求将会增加，从而产业结构会出现升级；而城镇化与农业现代化的相互协调对产业结构升级的影响在短期内则是不定的，但长期内会促进产业结构升级。整体而言：

(1)工业化和城镇化主要提升了第二产业占比，而信息化则对第三产业占比都有显著的提高，农业现代化对三次产业的结构影响不大，但能够提高农业产业高度化。

(2)工业化与信息化的深度融合、工业化和与城镇化的良性互动以及城镇化与农业现代化相互协调都能促进中国第三产业的比重不断上升，这也是中国产业结构不断升级的重要组成部分。“融合”因素对产业结构的影响更加像工业化中后期产业结构调整的情况，第一产业比重基本保持不变，第二产业比重降低，第三产业比重提升。

(3)“四化”同步发展对产业结构的调整与优化主要表现在第三产业的比重增加，而对第二产业的比重影响并不明显。“四化”同步对产业结构升级的影响主要体现在第三产业的增加方面，这种升级在工业化后期显得尤为重要。

根据上述研究结论，我们得到如下启示：

由于不同地区有着不同的产业结构，而不同的“四化”同步发展或者“四化”融合发展对不同产业的影响存在较大的差异，因此在地区制定产业结构升级政策时，我们需要根据本地区现有的产业结构对“四化”同步发展或者“四化”融合发展进行选择使用。

(四)以创新引领“四化”发展能够有效促进产业结构升级

尽管工业化、城镇化以及农业现代化的协调发展能够促进经济的增长，但是由于缺乏原动力，增长在一定时点后会出现停滞。而创新驱动则能够促进经济的可持续增长，这主要通过创新驱动工业化、创新驱动城镇化、创新驱动农业现代化以及创新驱动信息化来达到。在创新驱动的过程中，通过信息化来引领创新驱动，充分实现信息化与工业化深度融合，促进城镇化与工业化良性互动以及城镇化与农业现代化协调推进，努力来实现“四化”的同步发展。

无论是技术创新还是制度创新，都能对地区产业结构产生影响。通过前文的研究，我们可以得到这样的启示：创新驱动是地区经济社会发展的根本，而地区或者国家可以选择技术以及制度创新，将创新驱动与“四化”同步发展充分结合，实现以“创新”带动“四化”同步发展，进而影响产业结构升级的目标。

(五)区域经济可以借助“四化”同步发展本区域优势产业并进行模式创新

黑龙江省通过发展重点新兴项目、改造传统产业、促进产业集聚和集群、充分利用开放经济已初步形成了现代的农业体系、战略性新兴产业和现代服务业,实现了产业不断地升级。但由于黑龙江省是中国最大的粮食生产基地、农业现代化水平不断得到提高、生态农业的大力发展,黑龙江省的农业经济在国民经济中的比重难以降低;而老工业基地的地位、新兴产业的快速发展、建筑业的高速增长则阻碍了第二产业在国民经济中的比重下降;消费不足、商贸流通业不发达、现代服务业发展滞后则影响了第三产业的发展。此外,农业经济的规模化运作不足、农业生产融资困难、农业产业化发展不足等限制了农业产业内部结构的提升;第二产业升级导致的黑龙江省的就业困境、产业链的不完整、新兴产业规模仍然偏小则限制了第二产业内部结构的提升;消费需求层次不高、现代服务业发展不足、利用外资和民营经济来带动第三产业发展存在体制障碍等因素则阻碍了第三产业内部结构的调整。

黑龙江省的“四化”同步水平在全国处于前列,并且在2000~2012年期间出现了大幅的波动,黑龙江省的“四化”同步发展水平仍然存在着较大的发展空间。城镇化水平和信息化水平相对较低影响了黑龙江省“四化”同步的水平,并进而影响了产业结构的升级。黑龙江省可以依靠信息化带动传统产业升级、借助于城乡发展一体化推动城乡服务业发展以及农业现代化促进交叉产业的形成与升级。当然,黑龙江省还可以选择培育高新技术产业、发展金融服务业以及将传统的产业不断地向下渗透等方式来推进农村工业化。而在所有制的调整方面,黑龙江省可以重点选择发展外向型经济以及中小微型企业,并大力发展非公有制经济以弥补现有大企业发展中所空缺的部分,从而促进产业结构优化升级。

在升级模式上黑龙江省可以进行创新,包括技术创新和制度创新所引起的升级。在技术创新方面,黑龙江省可以选择“信息产业+产业扩张”“传统产业+产业链延伸”“农业+交叉产业形成”“新型城镇化+服务业扩张”“要素替代+产业内部结构提升”等几种模式促进产业升级优化。而在制度创新方面,黑龙江上可以选择“多种所有在+产业错位发展”“上游产业链招商+产业链式发展”以及“区域内产业转移+产业集群发展”等模式促进产业升级优化。尽管黑龙江省在上述模式中已经做出了一些尝试,但是仍然存在很多的不足之处。为了能够保证上述模式的成功,黑龙江省需要在创新人才团队的形成、创新成果的转化与产业化和创新激励机制等方面做出尝试。

二、研究的不足与未来的研究方向

本书对“四化”同步促进产业结构升级进行了深入的研究,并由此得出了一些相对较为新颖的研究结论。但是,由于技术水平以及数据获取等方面的影响,本书的研究中仍然存在着一些不足之处,并且这也将成为笔者未来重要的研究方向。

(一)关于开放型经济的研究

本书的研究中构建了理论模型,模型中主要考虑一国或者地区内部的产业结构升级。由于该模型中包含了工业化、城镇化、农业现代化以及信息化等多个方面,因此本模型相对较为复杂。为了精简模型,我们只考察了封闭经济的情况,而没有涉及开放经济。但是,我们也知道开放经济对中国经济的影响是巨大的,尤其是20世纪90年代之后,大量的FDI流入中国,大量的产业内与产品内贸易出现并且贸易结构发生了巨大的变化。由于没有考虑开放经济,这些因素并没有纳入到我们的模型中,从而也成为本书研究中的一缺憾之处。在数量模型的建立中,本书额外增加了开放经济,模型的难度将成几何级增加。除了本书之外,在我们所掌握的文献中还没有发现将工业化、城镇化、农业现代化以及信息化等多个因素同时纳入到数理模型中的文献,更不用说在此基础上考虑开放经济,可见这一工作的难度。当然,在未来的研究中我们也将试图将开放经济纳入到该理论模型中,从而得到更加丰富而可靠的研究结论。

(二)关于产业内结构升级的研究

本书的研究中,我们在理论研究中分析了三次产业结构升级和产业内结构的升级。但是在实证研究中,我们只是重点分析了三次产业结构升级,而对产业内结构的分析只是选择一些数据进行说明而没有标准的计量模型。产业内结构的升级与三次产业结构升级同样重要,对地区经济的发展有着重要的意义。但是,由于数据的限制,在本书的研究中对产业内结构的升级的研究相对较为欠缺,而这也是本书中的又一缺憾之处。

(三)关于融合和同步发展指数的研究

在本书研究中,我们探讨了相对较为合理的融合指数。但是,由于数据的限制,最终本书选择了一种替代的交叉指数。尽管交叉指数同样能够说明问题,但交叉指标的研究在计量中还是相对较新的领域,而且对于交叉指数的解释很多人也无法完全赞成。相比较而言,本书中我们最初所提到的使用城乡收入差距、农民工与农民收入差距等指标更加能够说明城镇化以及农业现代化等的融合程度。

参考文献

[1]Chenery H. B. The Role of Industrialization in Development Programs[J]. The American Economic Review, 1955, 45(2): 40 - 57.

[2]Petty W. Several essays in political arithmetick[M]. London: D. Browne, 1755.

[3]Clark C. The conditions of economic progress[M]. London: Macmillan, 1940.

[4]Kuznets S. Quantitative aspects of the economic growth of nations: II. industrial distribution of national product and labor force[J]. Economic Development and Cultural Change, 1957, 5(4): 1 - 111.

[5]Kuznets S. , Murphy J. T. Modern economic growth: Rate, structure, and spread [M]. New Haven : Yale University Press, 1966.

[6]Kuznets S. Modern economic growth: findings and reflections[J]. The American Economic Review, 1973, 63(3): 247 - 258.

[7]Rostow W. W. The take - off into self - sustained growth[J]. The Economic Journal, 1956, 66(261): 25 - 48.

[8]Hoffmann W. G. The growth of industrial economies[M]. Manchester: Manchester University Press, 1958.

[9]Chenery H. B., Syrquin M. Patterns of development, 1950 - 1970[M]. New York: Oxf, ord University Press, 1975.

[10]Ebanks G. E. , Cheng C. China: A Unique Urbanization Model[J]. Asia - Pacific Population Journal, 1990, 5(3): 29 - 50.

[11]叶裕民. 中国城市化滞后的经济根源及对策思路[J]. 中国人民大学学报,

1999,13(5):1-6.

[12] Chang G. H., Brada J. C. The paradox of China's growing under-urbanization [J]. Economic Systems, 2006, 30(1):24-40.

[13] Lewis W. A. Economic Development with Unlimited Supplies of Labour[J]. The Manchester School, 1954, 22(2):139-191.

[14] Todaro M. P. A model of labor migration and urban unemployment in less developed countries[J]. The American Economic Review, 1969, 59(1):138-148.

[15] Ranis G., Fei J. C. H. A Theory of Economic Development[J]. The American Economic Review, 1961, 51(4):533-565.

[16] Harris J. R., Todaro M. P. Migration, Unemployment and Development: A Two-Sector Analysis[J]. The American Economic Review, 1970, 60(1):126-142.

[17] Davis J. C., Henderson J. V. Evidence on the political economy of the urbanization process[J]. Journal of Urban Economics, 2003, 53(1): 98-125.

[18] Henderson J. V. The urbanization process and economic growth: The so-what question[J]. Journal of Economic Growth, 2003, 8(1):47-71.

[19] Matsuyama K. Increasing returns, industrialization, and indeterminacy of equilibrium[J]. The Quarterly Journal of Economics, 1991, 106(2):617-650.

[20] Romer P. M. Growth Based on Increasing Returns Due to Specialization[J]. The American Economic Review, 1987, 77(2):56-62.

[21] Lucas R. E. On the Mechanics of Economic Development[J]. Journal of Monetary Economics, 1988, 22(1):3-42.

[22] Gaspar J., Glaeser E. L. Information technology and the future of cities[J]. Journal of urban economics, 1998, 43(1):136-156.

[23] Audirac I. Information technology and urban form: challenges to smart growth[J]. International Regional Science Review, 2005, 28(2):119-145.

[24]陶应发,郑涛.我国工业重工化对经济增长影响的实证分析[J].中国地质大学学报,2009,9(1):59-62.

[25]杨智峰.工业化对经济增长的影响分析:1981~2008 [J].西财经大学学报,011,33(3):26-32.

[26]徐朝阳.工业化与后工业化:“倒U型”产业结构变迁[J].世界经济,2010,33(12):67-88.

[27]林毅夫,刘明兴.经济发展战略与中国的工业化[J].经济研究,2004,39(7):48-58.

[28]高煜,刘志彪.我国产业结构演进特征及现实问题:1978~2006[J].改革,2008,167(1):73-79.

[29]高萍,孙群力.工业化进程对中国区域经济增长的影响[J].统计研究,2008,25(8):40-44.

[30]郭克莎.中国工业化的进程、问题与出路[J].中国社会科学,2000,3:60-71.

[31]何永芳.中国改革开放以来的工业化进程分析[J].广东社会科学,2009,2:5-11.

[32]孙蚌珠.中国工业化进程中就业的产业结构变动[J].北京师范大学学报,2005,5:95-100.

[33]安虎森,陈明.工业化、城市化进程与我国城市化推进的路径选择[J].南开经济研究,2005,1:48-54.

[34]邓宇鹏.中国的隐性超城市化[J].当代财经,1999,06:20-23.

[35]陈亚军,刘晓萍.我国城市化进程的回顾与展望[J].管理世界,1996,6:166-172.

[36]陈斌开,林毅夫.重工业优先发展战略、城市化和城乡工资差距[J].南开经济研究,2010,1:3-18.

[37]陈甬军,景普秋.中国新型城市化道路的理论及发展目标预测.经济学动态,

2008,9:4 -15.

[38]陆铭,向宽虎,陈钊.中国的城市化和城市体系调整:基于文献的评论[J].世界经济,2011,34(6):3 -25.

[39]曾芬钰.城市化与产业结构优化[J].当代经济研究,2002,9:31 -36.

[40]苏雪串.产业结构升级与城市化[J].财经科学,2002,A1:182 -184.

[41]张苗,周侠.广东城市化进程对产业结构演变影响的实证分析[J].特区经济,2009,06:35 -36.

[42]陈立俊,王克强.中国城市化发展与产业结构关系的实证分析[J].中国人口·资源与环境,2010,S1:17 -20.

[43]陈彦光.中国人口转变、城市化和产业结构演变的对应关系研究[J].地理研究,2010,29(12):2109 -2120.

[44]牛婷,李斌,任保平.我国城市化与产业结构及其优化的互动关系研究[J].统计与决策,2014,1:1 -6.

[45]范剑勇,王立军,沈林洁.产业集聚与农村劳动力的跨区域流动[J].管理世界,2004,4:22 -29.

[46]陈先煌,梅茂发.大力发展农用工业推进农业工业化[J].当代财经,1992,4:6 -12.

[47]苗长虹.中国农村工业化对经济增长的贡献[J].经济地理,1996,16(4):74 -78.

[48]王毅武.中国工业化进程与乡镇企业的发展[J].青海社会科学,1995,6:18 -22.

[49]丁学东.农业产业化:用工业化方式办农业[J].中南财经政法大学学报,2004,1:11 -13.

[50]洪银兴.工业和城市反哺农业、农村的路径研究——长三角地区实践的理论思考[J].经济研究,2007,42(8):13 -20.

[51]程霖,毕艳峰.近代中国传统农业转型问题的探索——基于农业机械化的视角[J].财经研究,2009,35(8):105-114.

[52]唐斌,黄娟,黄小勇.工业化进程中产业结构对劳动力就业结构偏离效应的实证研究——以江西为例[J].江西社会科学,2010,6:86-89.

[53]毛智勇,李志萌,杨志诚.我国工业化、城镇化、农业现代化协调度测评及比较[J].江西社会科学,2013,7:45-50.

[54]韩长赋.加快推进农业现代化努力实现"三化"同步发展[J].求是,2011,19:39-42.

[55]乌家培.正确处理信息化与工业化的关系[J].经济研究,1993,28(12):70-71.

[56]吴敬琏.中国应当走一条什么样的工业化道路?[J].管理世界,2006,8:1-7.

[57]张兰婷,洪功翔.信息化推动工业化城镇化农业现代化发展实证研究[J].安徽工业大学学报(社会科学版),2013,3:3-6.

[58]邢伯春.信息化带动工业化问题讨论综述[J].经济理论与经济管理,2002,2:76-80.

[59]谢晓霞.信息化带动工业化的途径[J].经济管理,2002,9:11-13.

[60]安筱鹏,陈凌虎.中国工业化与信息化的协调发展[J].财经科学,2002,4:107-111.

[61]郭熙保,崔小勇.信息化、工业化与后发优势[J].教学与研究,2003,3:10-14.

[62]谢康,肖静华,乌家培.中国工业化与信息化融合的环境、基础和道路[J].经济学动态,2009,2:28-31.

[63]张亚斌,金培振,艾洪山.中国工业化与信息化融合环境的综合评价及分析——基于东中西部三大区域的测度与比较[J].财经研究,2012,8:96-108.

[64]谢康,肖静华,周先波,等.中国工业化与信息化融合质量:理论与实证[J].经济研究,2012,47(1):4-16.

[65]杨仁争.信息化促进城市化[J].瞭望新闻周刊,2000,40:34-35.

[66]姜爱林.21世纪初用信息化推动城镇化的战略选择[J].世界经济研究,2001,3:45-49.

[67]安筱鹏.论中国的城市化与信息化[J].地域研究与开发,2003,22(5):5-9.

[68]蒋贵凰,王伟华.信息化对城市经济发展的作用分析[J].人民论坛,2011,11:116-117.

[69]邓朝晖,李广鹏.信息化对城市化的影响研究——基于省际面板数据的实证分析[J].安理工大学学报,2012,28(1):121-125.

[70]郑子龙.我国信息化对城市化的非线性动态影响机制研究——基于面板数据门限回归模型的经验分析[J].财政研究,2013,08:48-51.

[71]李苏.用信息化推动农业现代化[J].江西农业经济,2001,03:8.

[72]梅方权.农业信息化带动农业现代化的战略分析[J].中国农村经济,2001,12:22-26.

[73]乌东峰.以信息化带动中国农业现代化[J].求是,2004,6:37-38.

[74]赵英杰.国外农业信息化发展模式及对中国的启示[J].世界农业,2007,4:10-12.

[75]熊巍,祁春节.湖北省“四化”同步发展水平评价与对策研究[J].科技进步与对策,2014,31(9):130-135.

[76]周明.结构失衡与制度失衡——我国产业结构失衡原因的另一种解释.经济问题探索[J].2000,10:30-31.

[77]楼东玮.资源错配视角下的产业结构失衡研究——关于错配指数的测度与分解[J].云南财经大学学报,2013,29(4):52-60.

[78]方杰.影响产业结构失衡的税收因素及其矫正对策[J].经济纵横,1990,8:

33 -36.

[79]胡乐亭,卢洪友.我国产业结构失衡的财政原因与对策[J].财政研究,1991,2:29 -33.

[80]任宝元.产业结构失衡的金融诱因及治理对策[J].财政研究,1991,9:31 -34.

[81]邓学衷.我国产业结构失衡的信贷成因及对策[J].吉首大学学报,1994,15(1):61 -64.

[82]张飞,孔伟.我国经济结构失衡的土地制度成因探析[J].经济问题探索,2011,4: 45 -48.

[83]张敏,张时淼.地区产业结构失衡对贸易结构的影响——以广东省为例[J].中国经贸导刊,2010,17:53.

[84]刘伟.产业结构失衡与初次分配扭曲[J].上海行政学院学报,2013,14(5):4 -16.

[85]范剑勇.产业结构失衡、空间集聚与中国地区差距变化[J].上海经济研究,2008,2: 3 -13.

[86]武春友,梁潇,房士吉.城市化对产业结构演进的作用机理研究——基于中国省际面板数据的实证[J].中国软科学,2010,A2: 389 -395.

[87]韩峰,李玉双.城市化与产业结构优化——基于湖南省的动态计量分析[J].南京审计学院学报,2010,7(4):8 -15.

[88]王可侠.产业结构调整、工业水平升级与城市化进程[J].经济学家,2012,9:43 -47.

[89]夏泽义,赵曦.城镇化、农业现代化、产业结构三角关系实证研究[J].社会科学家,2013,28(8):54 -58.

[90]马远,龚新蜀.城镇化、农业现代化与产业结构调整——基于VAR模型的计量分析[J].城市研究,2010,105(5):88 -91.

[91]古和今.产业结构调整与区域经济发展的关系[J].江西社会科学,2009,105

(5):112-115.

[92]邹一南,石腾超.产业结构升级的就业效应分析[J].上海经济研究,2012,12:3-13,53.

[93]王跃飞.产业结构升级:欠发达地区可持续发展的关键[J].求是,2012,1:30-31.

[94]赵儒煜.“后工业化”理论与经济增长:基于产业结构视角的分析[J].社会科学战线,2013,4:46-60.

[95]张培刚.农业与工业化[M]武汉:武汉大学出版社,1984.

[96]芮明杰.第三次工业革命与中国选择[M].上海:上海辞书出版社,2013.

[97]辜胜阻.非农化与城镇化研究[M].杭州:浙江人民出版社,1991.

[98]黄国桢.“农业现代化”再界定[J].农业现代化研究,2001,22(1):48-50.

[99]曹俊杰,高峰.工业化和城镇化背景下的农业现代化问题研究[M].北京:中国财政经济出版社,2013.

[100]Solow R. M. A contribution to the theory of economic growth[J]. The quarterly journal of economics, 1956, 70(1):65-94.

[101]Schumpeter J. A. The theory of economic development[M]. Cambridge:Transaction Publishers, 1934.

[102]Cooke P. Regional innovation systems: competitive regulation in the new Europe [J]. Geoforum,1992, 23(3):365-382.

[103]王松,胡树华,牟仁艳.区域创新体系理论溯源与框架[J].科学学研究,2013,31(3):344-349.

[104]Cooke P. Regional innovation systems: origin of the species[J]. International Journal of Technological Learning, Innovation and Development,2008, 1(3):393-409.

[105]柳士双.国外区域创新体系研究新进展与启示[J].现代经济探讨,2012,4:

80 - 83.

[106]Haken H. Synergetics[M]. New York:Springer Verlag,1977.

[107]曹亚梅. 协同理论与生产力的发展[J]. 西藏民族学院学报(社会科学版),1991,12(1):12 - 16.

[108]陈劲,阳银娟. 协同创新的理论基础与内涵[J]. 科学学研究,2012,30(2):161 - 164.

[109]周志太. 提高科学技术对生态文明的支撑能力——从新的视角解析十八大提出的“生态文明建设”[J]. 南京理工大学学报(社会科学版),2013,26(1):36 - 43.

[110]Teece D. J. Profiting from technological innovation: Implications for integration, collaboration, licensing and public policy[J]. Research policy, 1986, 15(6):285 - 305.

[111]Zanfei A. Patterns of collaborative innovation in the US telecommunications industry after divestiture[J]. Research policy, 1993, 22(4):309 - 325.

[112]Barro R. J. ,Sala - i - Martin X. Economic Growth(2nd)[M]. Cambridge: The MIT Press, 2004.

[113]Solow R. M. Technical Change and the Aggregate Production Function[J]. The Review of Economics and Statistics, 1957, 39(3):312 - 320.

[114]Elías V. J. Sources of growth: study of seven Latin American economies[M]. San Francisco: ICS Press, 1992.

[115]Young A. The tyranny of numbers: confronting the statistical realities of the East Asian growth experience[J]. The Quarterly Journal of Economics, 1995, 110(3):641 - 680.

[116]蔡昉. 中国经济增长如何转向全要素生产率驱动型[J]. 中国社会科学,2013,1:56 - 71.

[117] Lewis W. A. Theory of Economic Growth[M]. London: Routledge, 1955.

[118] North D. C. The rise of the western world: A new economic history[M]. Cambridge :Cambridge University Press, 1973.

[119] Kuznets S. Economic growth and income inequality[J]. The American Economic Review, 1955, 45(1):1 – 28.

[120] 王文玺. 主要发达国家农业生产结构的调整[J]. 世界农业,2000,11:8 – 11.

[121] 辜胜阻,刘江日. 城镇化要从“要素驱动”走向“创新驱动”[J]. 人口研究,2012,36(6):3 – 12.

[122] 周一平. 科技创新推进新型城镇化[N]. 中国科学报,2013 – 06 – 17(1).

[123] 林高榜. 衡量城市化与工业化比较水平的新指标研究[J]. 数量经济技术经济研究,2007,24(1):46 – 55.

[124] 袁志刚,范剑勇. 1978 年以来中国的工业化进程及其地区差异分析[J]. 管理世界,2003,7:59 – 66.

[125] 陈佳贵,黄群慧,钟宏武. 中国地区工业化进程的综合评价和特征分析[J]. 济研究,2006,4(6):4 – 15.

[126] 楼培敏. 指标优化:中国城市化面临的任务[J]. 贵州社会科学,2009,11:50 – 55.

[127] 王富喜,孙海燕. 山东省城镇化发展水平测度及其空间差异[J]. 经济地理,2009,29(6):921 – 924.

[128] 赵旭,胡水炜,陈培安. 城镇化可持续发展评价指标体系初步探讨[J]. 资源开发与市场,2009,25(10):889 – 892.

[129] 吴耀,牛俊蜻,郝晋伟. 区域城镇化综合发展水平评价研究——以陕西省为例[J]. 西北大学学报(自然科学版),2009,39(6):1042 – 1047.

[130] 刘盾,胡培,何鹏. 基于粗集与聚类分析的中国城市化评价模型[J]. 西南交通大学学报(社会科学版),2009,10(1):110 – 115.

[131]王新娜. 城市化水平衡量方法的比较研究[J]. 开发研究,2010,05:92-95.

[132]蒋和平,黄德林,郝利. 中国农业现代化发展水平的定量综合评价[J]. 农业经济问题,2005,A1:52-60.

[133]郑丽琳. 信息化水平测度研究综述[J]. 合作经济与科技,2005,3:60-61.

[134]李琳,李宁,王星. 信息化与工业化融合实时测度研究[J]. 情报科学,2013,5:108-112.

[135]张劼圻,郑建明. 信息化与工业化融合测度理论体系[J]. 情报科学,2013,1:35-39,45.

[136]李博. 产业结构优化升级的综合测评和动态监测研究[M]. 武汉:华中科技大学出版社,2013.

附　录

附录 A　部分国家和地区的增长核算

表 A－1　部分国家和地区的增长核算数据

国家	GDP 增长率	资本贡献	劳动力贡献	TFP 贡献
面板 A:OECD 国家(1947～1973 年)				
加拿大	0.0517	0.0254	0.0088	0.0175
		(49%)	(17%)	(34%)
法国	0.0542	0.0225	0.0021	0.0296
		(42%)	(4%)	(54%)
德国	0.0661	0.0269	0.0018	0.0374
		(41%)	(3%)	(56%)
意大利	0.0527	0.0180	0.0011	0.0337
		(34%)	(2%)	(64%)
日本	0.0951	0.0328	0.0221	0.0402
		(35%)	(23%)	(42%)
荷兰	0.0536	0.0247	0.0042	0.0248
		(46%)	(8%)	(46%)
英国	0.0373	0.0176	0.0003	0.0193
		(47%)	(1%)	(52%)
美国	0.0402	0.0171	0.0095	0.0135
		(43%)	(24%)	(34%)

续表

国家	GDP 增长率	资本贡献	劳动力贡献	TFP 贡献
面板 B:OECD 国家(1960~1995 年)				
加拿大	0.0369	0.0186	0.0123	0.0057
		(51%)	(33%)	(16%)
法国	0.0358	0.0180	0.0033	0.0130
		(53%)	(10%)	(38%)
德国	0.0312	0.0177	0.0014	0.0132
		(56%)	(4%)	(42%)
意大利	0.0357	0.0182	0.0035	0.0153
		(51%)	(9%)	(42%)
日本	0.0566	0.0178	0.0125	0.0265
		(31%)	(22%)	(47%)
英国	0.0221	0.0124	0.0017	0.0080
		(56%)	(8%)	(36%)
美国	0.0318	0.0117	0.0127	0.0076
		(37%)	(40%)	(24%)
面板 C:拉美国家(1940~1990 年)				
阿根廷	0.0279	0.0128	0.0097	0.0054
		(46%)	(35%)	(19%)
巴西	0.0558	0.0294	0.0150	0.0114
		(53%)	(27%)	(20%)
智利	0.0362	0.0120	0.0103	0.0138
		(33%)	(28%)	(38%)
哥伦比亚	0.0454	0.0219	0.0152	0.0084
		(48%)	(33%)	(19%)
墨西哥	0.0522	0.0259	0.0150	0.0113
		(50%)	(29%)	(22%)

续表

国家	GDP 增长率	资本贡献	劳动力贡献	TFP 贡献
面板 C:拉美国家(1940~1990 年)				
秘鲁	0.0323	0.0252	0.0134	-0.0062
		(78%)	(41%)	(-19%)
委内瑞拉	0.0443	0.0254	0.0179	0.0011
		(57%)	(40%)	(2%)
面板 D:亚洲国家和地区(1966~1990 年)				
中国香港	0.073	0.030	0.020	0.023
		(41%)	(28%)	(32%)
新加坡	0.087	0.056	0.029	0.002
		(65%)	(33%)	(2%)
韩国	0.103	0.041	0.045	0.017
		(40%)	(44%)	(16%)
中国台湾	0.094	0.032	0.036	0.026
		(34%)	(39%)	(28%)

附录B 2000~2012年期间全国31个省、直辖市、自治区的“四化”同步指数

表B-1 2000~2004年全国31个省、直辖市、自治区的“四化”的同步指数(1)

省、直辖市、自治区	2000年	2001年	2002年	2003年	2004年
北京市	1.326	1.587	0.646	1.066	1.063
天津市	0.755	0.750	0.694	1.027	1.289
河北省	0.474	0.791	1.465	1.487	1.369
山西省	0.356	0.213	0.259	0.249	0.543
内蒙古自治区	0.278	0.260	0.359	0.464	1.967
辽宁省	0.555	0.632	0.712	0.771	0.722
吉林省	0.242	0.295	0.352	0.424	1.029
黑龙江省	0.694	0.612	1.362	1.366	0.645
上海市	0.755	1.590	1.185	1.041	1.213
江苏省	0.741	3.019	1.168	1.630	4.324
浙江省	1.092	1.123	2.669	1.333	2.415
安徽省	0.190	0.521	0.298	0.267	0.475
福建省	1.070	0.478	0.548	0.622	0.947
江西省	0.082	0.107	0.142	0.209	0.360
山东省	1.107	2.611	1.580	1.469	4.996
河南省	0.190	0.407	0.238	0.519	0.582
湖北省	0.260	0.414	0.291	1.111	0.569
湖南省	0.158	0.259	0.218	0.220	0.999
广东省	0.712	1.230	0.925	2.035	1.808

续表

省、直辖市、自治区	2000 年	2001 年	2002 年	2003 年	2004 年
广西壮族自治区	0.164	0.473	0.312	0.143	0.318
海南省	0.246	0.208	0.154	0.140	0.273
重庆市	0.312	0.181	0.154	0.451	0.459
四川省	0.099	0.432	0.103	0.346	0.302
贵州省	0.074	0.056	0.034	0.055	0.071
云南省	0.101	0.153	0.110	0.163	0.197
西藏自治区	0.038	0.079	0.050	0.087	0.090
陕西省	0.252	0.247	0.160	0.524	0.661
甘肃省	0.120	0.107	0.138	0.177	0.176
青海省	0.094	0.100	0.362	0.180	0.238
宁夏回族自治区	0.125	0.147	0.097	0.472	0.245
新疆维吾尔自治区	0.265	0.277	0.499	0.431	0.396
平均值	0.417	0.624	0.558	0.661	0.992

表 B－2　2005～2009 年全国 31 个省、直辖市、自治区的“四化”的同步指数(2)

省、直辖市、自治区	2005 年	2006 年	2007 年	2008 年	2009 年
北京市	1.582	1.206	0.819	2.289	0.982
天津市	1.977	2.591	4.704	4.078	3.002
河北省	3.669	3.915	1.994	3.503	3.431
山西省	0.552	0.556	0.605	0.976	1.150
内蒙古自治区	1.095	1.543	4.523	5.402	4.455
辽宁省	2.788	1.361	2.454	2.256	3.865
吉林省	0.857	0.785	1.395	1.698	6.064
黑龙江省	1.098	1.170	1.648	1.996	1.614
上海市	1.319	1.421	0.931	0.916	1.716
江苏省	4.317	3.397	10.824	11.597	5.257
浙江省	2.137	3.212	3.322	3.046	3.079
安徽省	0.574	2.135	1.137	1.598	3.959
福建省	1.162	0.926	3.605	1.785	2.933
江西省	0.441	1.190	1.003	0.960	1.547
山东省	5.775	3.265	5.407	5.587	7.980
河南省	0.688	0.811	1.380	1.692	2.264
湖北省	0.757	2.025	2.048	1.779	5.355
湖南省	0.529	0.976	0.921	2.030	1.811
广东省	1.587	2.080	2.157	8.610	3.714
广西壮族自治区	0.372	0.591	0.736	0.749	2.955
海南省	0.332	0.520	0.548	1.303	0.931
重庆市	0.371	1.190	1.468	0.741	1.372
四川省	0.617	0.533	0.597	0.729	1.087
贵州省	0.322	0.145	0.208	0.540	0.451
云南省	0.184	0.726	0.385	0.861	0.545
西藏自治区	0.233	0.196	0.171	0.232	0.244

续表

省、直辖市、自治区	2005 年	2006 年	2007 年	2008 年	2009 年
陕西省	0.338	0.635	0.787	1.376	1.488
甘肃省	0.198	0.332	0.380	0.602	0.647
青海省	0.578	0.515	0.454	1.605	1.530
宁夏回族自治区	0.467	0.490	1.100	0.966	0.966
新疆维吾尔自治区	0.645	0.741	2.886	1.328	1.367
平均值	1.212	1.328	1.955	2.349	2.508

表 B-3 2010~2012 年全国 31 个省、直辖市、自治区的"四化"的同步指数(3)

省、直辖市、自治区	2010 年	2011 年	2012 年
北京市	1.351	1.023	2.098
天津市	4.693	5.598	20.216
河北省	5.078	5.963	5.070
山西省	1.797	2.255	4.709
内蒙古自治区	13.254	15.619	7.423
辽宁省	4.162	4.214	4.608
吉林省	3.109	4.095	9.333
黑龙江省	6.184	3.325	5.162
上海市	1.171	0.913	1.238
江苏省	9.287	10.014	14.037
浙江省	4.955	5.888	8.153
安徽省	4.190	4.137	11.320
福建省	2.548	5.127	4.959
江西省	2.045	8.187	3.531
山东省	8.847	8.058	30.225
河南省	2.605	6.608	4.558
湖北省	6.752	3.425	5.783
湖南省	1.843	2.301	3.205
广东省	4.714	10.673	9.539
广西壮族自治区	1.585	3.081	2.247
海南省	0.876	1.752	1.818
重庆市	1.405	2.447	2.534
四川省	1.453	2.403	2.685
贵州省	0.419	1.313	1.451
云南省	1.140	1.194	1.122

续表

省、直辖市、自治区	2010 年	2011 年	2012 年
西藏自治区	0.868	0.432	0.457
陕西省	1.598	7.012	3.437
甘肃省	1.781	1.423	1.124
青海省	0.810	1.387	1.229
宁夏回族自治区	1.193	1.933	1.970
新疆维吾尔自治区	4.170	4.013	2.593
平均值	3.416	4.381	5.737